中国小产业链金融发展与案例

主　编 ◎ 孟祥轶　耿　勇
副主编 ◎ 张云起　傅　强　杨大勇

中国金融出版社

责任编辑：董　飞
责任校对：张志文
责任印制：裴　刚

图书在版编目（CIP）数据

中国小产业链金融发展与案例/孟祥轶，耿勇主编．—北京：中国金融出版社，2020.10

ISBN 978-7-5220-0718-2

Ⅰ.①中…　Ⅱ.①孟…②耿…　Ⅲ.①中小企业—产业链—金融业务—案例—中国　Ⅳ.①F279.243

中国版本图书馆 CIP 数据核字（2020）第 140701 号

中国小产业链金融发展与案例
ZHONGGUO XIAO CHANYELIAN JINRONG FAZHAN YU ANLI

出版
发行　中国金融出版社

社址　北京市丰台区益泽路2号
市场开发部　（010）66024766，63805472，63439533（传真）
网上书店　http://www.chinafph.com
　　　　　（010）66024766，63372837（传真）
读者服务部　（010）66070833，62568380
邮编　100071
经销　新华书店
印刷　保利达印务有限公司
尺寸　169 毫米 × 239 毫米
印张　19.75
字数　286 千
版次　2020 年 10 月第 1 版
印次　2020 年 10 月第 1 次印刷
定价　68.00 元
ISBN 978-7-5220-0718-2
如出现印装错误本社负责调换　联系电话（010）63263947

编者简介

孟祥轶

中央财经大学中国公共财政与政策研究院副教授。分别于北京大学、美国加州大学伯克利分校获得经济学学士和博士学位。其研究成果发表在国内外学术期刊，如 Management Science、China Economic Review、Agricultural Economics、《经济研究》和《世界经济》等。

一直从事有关金融监管及金融风险管理、供应链金融、家庭金融等方面的研究。曾任世界银行、国际金融公司、中国人民银行、中国银监会、中国银行业协会、北京市金融工作局等多项金融监管及金融服务研究项目的负责人、顾问或中国专家。曾任亚洲开发银行、中国自然科学基金、财政部等有关政府债务及地方融资平台多项课题的主要撰稿人之一。

近年来多次受邀在亚太经合组织、世界银行国际金融公司、中国仓储协会等组织的论坛上做有关供应链金融的演讲，并以国际专家身份参与到越南、缅甸、蒙古等国发展动产融资的技术援助项目中。

耿勇

中央财经大学商学院供应链与运营管理系主任，供应链与运营管理系教工党支部书记，管理学博士，副教授，硕士生导师。研究方向：采购与供应管理；物流与供应链管理；互联网供应链金融。

在《管理世界》《中央财经大学学报》《河北经贸大学学报》《北京交通大学学报》《中国流通经济》等发表论文30多篇；参与国家课题、省部级课题10多项，主持和参与企业委托课题20多项；出版《物流基础设施网络》《物流学》《国际物流》《采购管理》《供应链企业实战》《物流与供应链金融》《中国物流与供应链金融发展报告（2017）》《中国物流与供应链金融发展报告（2018）》《中国物流与供应链金融发展报告（2019）》等多部专业著作和报告。获得北京市教学成果一等奖2次、河北省教学成果二等奖1次、中央财经大学教学成果特等奖2次。

社会兼职：中国物流与采购联合会物流与供应链金融分会专家；工信部中国服务型制造联盟专家；中国物流学会特约研究员，中国电子商务创新推进联盟（EBIA）专家。

张云起

现任中央财经大学商学院教授，博士生导师；兼任中国互联网商务金融研究院院长；中国商业统计学会大数据营销分会会长。

长期从事市场营销学科的教学和研究，是营销风险管理学科的创始人。主编的《市场营销学》《营销风险管理》被列入国家规划教材，主持的课程《市场营销学》《如何提升营销力》《营销风险管理》分别是国家在线开放课程（中国大学MOOC）、国家精品视频公开课程和国家精品资源共享课程，受到学界普遍欢迎。被评为教育部新世纪优秀人才，北京市优秀教师和北京市高校教学名师。

近年来对互联网商务金融有深入的研究，是我国"信联网"商务信用体系建设的负责人。"信联网"技术在我国多个领域已经试点应用，对推动我国的商务信用建设，解决信用流通问题起到重要作用。

有多年企业管理的实际经历，担任多地政府及企业顾问，任多家公司独立董事。主持多项国家重大和重点课题，部分报告被政府部门采纳，并多次受到党和国家主要领导人批示。10余项教学、科研成果获国家和省部级教学、科研奖励。

傅强

中央财经大学财经研究院副教授及博士生导师，英国曼彻斯特大学经济学硕士，英国赫尔大学经济学博士，英国森德兰大学计算机、工程与技术学院博士后，兼任国际计量经济学杂志编委。长期致力于金融计量学、空间计量经济学、运筹学、证券投资学、物流与供应链管理等领域研究。曾荣获中央财经大学首届优秀教师奖。

杨大勇

中国人民大学获经济学博士学位，清华大学五道口金融学院金融EMBA，清华大学经管学院数量经济学硕士，北京大学经济学院本科。

现任大中华金融控股集团有限公司行政总裁、执行董事、北京大学全球金融校友联合会副会长，北京中关村互联网金融研究院副理事长，中央财经大学金融学院硕士生导师。

在金融科技、风险管理、投资并购领域有超过15年的经验，专注于金融服务特别是互联网金融、产业链金融和大数据领域发展和投资，对文化创意、医疗健康、电子商务也有所涉及。

序　言

全世界商业信贷的 80% 左右是有担保的[①]。在发达市场中，大部分的担保信贷涉及动产（如应收账款、存货、设备、知识产权、产权文书等）。各国实践已经表明发展动产融资是缓解中小微企业融资难的一个有效途径，其中，以应收账款和存货为依托的供应链金融的作用尤为突出。

供应链金融（Supply Chain Finance，SCF）亦称为产业链金融（Value Chain Finance），是动产融资的一种组织形式，指金融机构依托供应链核心企业，基于核心企业与上下游企业之间的真实交易，利用订单流、物流、信息流、资金流等各类信息，为供应链上下游企业提供应收款融资和存货融资、结算、保证、账款管理、商务信息等一揽子综合金融服务。与传统信贷方法相比，供应链金融对于缺乏不动产担保品的中小微企业尤为重要。金融机构可以借助核心企业批量获客和缓释风险，向上下游的中小微企业提供包括贷款在内的供应链金融服务。

从信贷的角度看，供应链金融与传统放贷方法的不同之处主要有两点。一是供应链金融提供机构不仅仅与某一个客户打交道，而是力图与整个链条打交道；针对一个具体的债权融资客户，要从上下游获得有效信息，利用上下游的商业关系和社会资本监控

---

① 世界银行集团企业调查（Enterprise Survey）数据库。

和制约债务人。供应链金融机构要把单个客户放在整个链条上来分析和管理，看其在链条上所处的位置、提供的附加值、链条关系的稳定性、资金的流向是否与货物或服务的流向一致等。二是它不是传统的"我给贷款，你给担保品，到期还款"的交易结构，而是通常围绕经营循环（现金—存货—应收账款—现金）进行"顺流而动"。融资余额是可以不断变化的，如每一笔应收款回款都应自动抵扣债权融资本金，每一批存货转化为现金后也自动回款和抵扣本金。同样，每产生一笔合格应收款，客户可以自动提款；每产生一批新的合格存货，也可以自动提款。供应链金融机构关注的是现金转换，以及转换后的现金是否用于还款。这些做法的目的是为了深度了解和监控借款人，实现自动风险控制。

在过去十几年中，我国的动产融资得到了快速发展，市场规模不断扩大。各家金融机构也不断创新动产融资产品，供应链金融是其中的一个热点。但是，在产品创新方面，部分金融机构，特别是规模较小的金融机构在开展供应链金融业务时仍存在缺乏激励机制、业务知识有限、创新能力不足、IT及其他资源欠缺、法律和政策限制等困难和问题。例如，汽车、化工等行业的较成熟的供应链通常是跨区域的，而地方性商业银行的网点覆盖区域有限，通常无法与大型全国性银行抗衡。在这一背景下，一些地方性商业银行另辟蹊径，因地制宜地开展创新，依托较小的供应链或大型供应链的本地分支（统称为小产业链）开展供应链金融服务，受到了当地客户特别是农村和小微企业的欢迎。

为进一步推动中国小产业链金融的发展，在世界银行集团国际金融公司（IFC）中国团队的支持下，中国互联网商务金融研究院与中央财经大学的多位研究人员组成的课题组开展了小产业链金融研究，深入了解了中国小产业链融资的市场发展现状，评估了行业的发展前景、机遇和挑战，并提出了相应的政策建议。在这一过程中，研究团队还收集了大量小产业链金融实践案例，并从中精选部分案例汇编成本书。

本书整合了40余个小产业链融资案例，涉及国有大型商业银行、全国性股份制商业银行、地方商业银行、农信社、小额贷款机构、保理公司等多种金融机构类型，所涉及的产业链遍布全国各地。书中对每个案例的地区和行业背景、产品设计思路及创新点进行了介绍和梳理。希望本书能为致力于供应链金融领域创新的各类金融机构提供有益的借鉴，从而促进小产业链金融的推广和普及，进一步提高农村和中小微企业的金融服务可得性。

赖金昌

2020年8月

目　录

第一篇　小产业链金融发展现状

第一章　供应链金融与小产业链金融 ………………………… 3
第一节　供应链金融的市场 ……………………………………… 3
一、全球市场 …………………………………………………… 3
二、国内市场 …………………………………………………… 4
三、国际组织与发达国家政府 ………………………………… 4
四、我国政府 …………………………………………………… 5
第二节　供应链金融的概念与发展 ……………………………… 6
一、供应链金融的概念 ………………………………………… 6
二、供应链金融的核心属性 …………………………………… 8
三、供应链金融与动产融资 …………………………………… 9
四、供应链金融的发展阶段与未来趋势 ……………………… 10
第三节　小产业链金融——为中小微企业与"三农"融资 ……… 16
一、供应链金融与中小微企业融资 …………………………… 16
二、供应链金融与农业金融需求 ……………………………… 20

第二章　小产业链金融：案例概览 …………………………… 23
第一节　小产业链金融的生态圈 ………………………………… 23
第二节　小产业链金融：传统模式 ……………………………… 24

一、应收账款类融资 …………………………………………………… 25
　　二、存货类融资 ………………………………………………………… 27
第三节　小产业链金融：创新模式 …………………………………………… 28
　　一、数据贷 ……………………………………………………………… 28
　　二、在线平台 …………………………………………………………… 30

第二篇　小产业链金融案例

第三章　应收账款类 …………………………………………………… 37
案例一　安家世行融资担保影视文创类产业"影视贷" ……………… 37
　　一、基本情况 …………………………………………………………… 37
　　二、产品设计 …………………………………………………………… 39
案例二　温州乐清农村商业银行茶叶产业链金融服务——
　　　　"订单贷" ……………………………………………………… 44
　　一、基本情况 …………………………………………………………… 44
　　二、产品设计 …………………………………………………………… 47
　　三、风险识别与控制 …………………………………………………… 50
案例三　恒丰银行探路"三农"小微企业金融 ………………………… 52
　　一、基本情况 …………………………………………………………… 52
　　二、产品设计 …………………………………………………………… 54
　　三、金融创新 …………………………………………………………… 57
　　四、小结 ………………………………………………………………… 57
案例四　路桥农村合作银行空调席产业链金融服务——欠条质押……
　　　　………………………………………………………………… 58
　　一、基本情况 …………………………………………………………… 58
　　二、风险识别与控制 …………………………………………………… 61
　　三、小结 ………………………………………………………………… 64

案例五　衢江农村信用联社林业产业链金融服务 …………… 65
　一、基本情况 ………………………………………………… 65
　二、产品设计 ………………………………………………… 67
　三、风险识别与控制 ………………………………………… 70

案例六　黑龙江龙江银行"五里明模式" …………………… 73
　一、基本情况 ………………………………………………… 73
　二、产品设计 ………………………………………………… 77
　三、金融创新 ………………………………………………… 80
　四、小结 ……………………………………………………… 81

第四章　存货类 …………………………………………… 82

案例一　威海商业银行貂类养殖业产业链贷款产品 ………… 82
　一、基本情况 ………………………………………………… 82
　二、威海貂类养殖产业链金融介绍 ………………………… 83
　三、产品设计 ………………………………………………… 85
　四、金融创新 ………………………………………………… 87
　五、小结 ……………………………………………………… 88

案例二　中国邮政储蓄银行通化分行人参存货抵押贷款 …… 89
　一、基本情况 ………………………………………………… 89
　二、通化人参产业供应链金融介绍 ………………………… 89
　三、产品设计 ………………………………………………… 92
　四、金融创新 ………………………………………………… 96
　五、小结 ……………………………………………………… 97

案例三　民生银行海洋渔业质押贷款 ………………………… 97
　一、基本情况 ………………………………………………… 97
　二、海洋渔业产业链金融介绍 ……………………………… 98
　三、产品设计 ………………………………………………… 100

四、金融创新 ·· 104
　　五、小结 ·· 104

案例四　亳州药都农商行存货质押 ······························ 105
　　一、背景 ·· 105
　　二、亳州中药材产业链金融介绍 ································ 106
　　三、产品设计 ·· 109
　　四、金融创新 ·· 114
　　五、小结 ·· 115

案例五　国家开发银行中小企业贷款产品——动产浮动抵押 ······ 115
　　一、基本情况 ·· 115
　　二、四川豆瓣产业产业链金融介绍 ······························ 116
　　三、产品设计 ·· 117
　　四、小结 ·· 118

案例六　信诺微资产管理公司经营性仓储质押融资 ··············· 119
　　一、基本情况 ·· 119
　　二、经营性仓储质押产品设计 ·································· 120

案例七　信诺微资产管理公司经销商采购借款 ··················· 122
　　一、基本情况 ·· 122
　　二、贸易资产产品设计 ·· 124

案例八　辉睿金融仓储担保品管理：砂石产业存货质押 ··········· 126
　　一、基本情况 ·· 126
　　二、产品设计 ·· 127
　　三、小结 ·· 130

案例九　新润源资产管理有限公司担保品管理：粮食质押 ········· 132
　　一、基本情况 ·· 132
　　二、产品设计 ·· 132
　　三、小结 ·· 133

案例十　成都彭州京华制管公司担保品管理：焊管动态质押 …… 134
  一、基本情况 …… 134
  二、合作企业——成都彭州京华制管有限公司情况简介 …… 136
  三、小结 …… 137

案例十一　亿盛资产管理公司担保品管理：皮革类动态质押 …… 138
  一、基本情况 …… 138
  二、山东亿盛资产管理有限公司动产质押监管的业务优势 …… 141
  三、产品设计 …… 142
  四、风险控制 …… 145
  五、小结 …… 147

案例十二　亿盛资产管理公司担保品管理：茶树动态质押 …… 147
  一、背景 …… 147
  二、融资公司基本情况 …… 148
  三、质权人授信意见 …… 150
  四、产品设计 …… 150
  五、小结 …… 150

案例十三　浙江涌金控股"金储仓单"金融产品 …… 151
  一、基本情况 …… 151
  二、产品设计 …… 151
  三、仓单金融业务的创新 …… 154
  四、小结 …… 155

案例十四　普陀农村商业银行远洋渔业产业链金融服务 …… 156
  一、基本情况 …… 156
  二、远洋渔业运行情况 …… 157
  三、我行远洋渔业产业链金融服务现状 …… 157
  四、客户营销模式 …… 157
  五、金融风险识别及控制 …… 158

六、内部管理提升及改造 ………………………………… 159

　　七、小结 …………………………………………………… 160

第五章　数据贷 ……………………………………………… 161

案例一　中国农业银行内蒙古分行数据网贷产品 …………… 161

　　一、基本情况 ……………………………………………… 161

　　二、产品设计 ……………………………………………… 162

　　三、金融创新 ……………………………………………… 164

　　四、小结 …………………………………………………… 165

案例二　中国银行"销易达"经销商融资产品 ……………… 165

　　一、基本情况 ……………………………………………… 165

　　二、产品设计 ……………………………………………… 166

第六章　在线平台融资 ………………………………………… 168

案例一　碧桂园供应商应收账款转让业务 …………………… 168

　　一、基本情况 ……………………………………………… 168

　　二、产品设计 ……………………………………………… 169

案例二　湖南三正电子商务有限公司统购分销 ……………… 170

　　一、基本情况 ……………………………………………… 170

　　二、产品设计 ……………………………………………… 172

　　三、金融创新点 …………………………………………… 176

案例三　装饰行业"供应链贷" ……………………………… 177

　　一、基本情况 ……………………………………………… 177

　　二、产业链介绍 …………………………………………… 179

　　三、产品设计 ……………………………………………… 181

第七章　产业链金融综合体系 ………………………………… 184

案例一　民生银行产业链金融业务体系 ……………………… 184

一、基本情况 …………………………………………… 184
　　二、产品设计 …………………………………………… 186
　　三、小结 ………………………………………………… 191
案例二　杭州联合农村商业银行安吉竹产业链金融 ……… 192
　　一、基本情况 …………………………………………… 192
　　二、竹产品产业链金融服务现状 ……………………… 195
　　三、金融风险识别及控制 ……………………………… 196
　　四、典型金融服务产品 ………………………………… 198
案例三　浙江江山农商行蜂产业链金融服务 ……………… 199
　　一、基本情况 …………………………………………… 199
　　二、产品设计 …………………………………………… 203
　　三、内部管理提升及改造 ……………………………… 205
　　四、典型金融服务产品及模式 ………………………… 206
案例四　磐安农信联社中药材产业链金融服务 …………… 208
　　一、基本情况 …………………………………………… 208
　　二、产品设计 …………………………………………… 209
　　三、存在的主要困难 …………………………………… 212
　　四、小结 ………………………………………………… 213
案例五　松阳联社茶产业链金融 …………………………… 214
　　一、基本情况 …………………………………………… 214
　　二、茶产业金融服务开展情况 ………………………… 216
　　三、产品设计 …………………………………………… 218
　　四、小结 ………………………………………………… 221

第八章　其他产业链金融模式 …………………………… 223
案例一　农业高风险产业价值链融资——对虾养殖链 …… 223
　　一、基本情况 …………………………………………… 223

二、风险、风险控制与贸易信贷 ·············· 225
　　三、小结 ·············· 234
案例二　农业产业链贷款：宜信租赁农机业务 ·············· 234
　　一、基本情况 ·············· 234
　　二、产品设计 ·············· 236
　　三、农机融资租赁金融创新 ·············· 238
　　四、小结 ·············· 241
案例三　亳州药都农商行中药材产业链——核心企业法人
　　　　账户透支 ·············· 243
　　一、基本情况 ·············· 243
　　二、药都农商行中药材产业链金融的产品模式 ·············· 245
　　三、核心企业法人账户透支 ·············· 246
　　四、小结 ·············· 250
案例四　民生银行国内保理模式 ·············· 250
　　一、基本情况 ·············· 250
　　二、国内保理业务 ·············· 254
　　三、风险与风险控制 ·············· 258

第九章　传统贷款模式 ·············· 261

案例一　江苏民丰银行企业保证循环贷 ·············· 261
　　一、基本情况 ·············· 261
　　二、产品设计 ·············· 262
　　三、小结 ·············· 264
案例二　北京银行"5+5"惠农行动支农探索 ·············· 265
　　一、基本情况 ·············· 265
　　二、产品设计 ·············· 265
　　三、金融创新点 ·············· 269

四、小结 ·· 270

案例三　甘肃银行"银行+涉农企业+农户"模式 ········ 271
　　一、基本情况 ······································ 271
　　二、产品设计 ······································ 272
　　三、金融创新点 ···································· 275
　　四、小结 ·· 275

案例四　温岭农商行渔业产业链金融 ················· 276
　　一、基本情况 ······································ 276
　　二、风险识别及控制 ································ 278
　　三、产品设计 ······································ 280
　　四、小结 ·· 281

案例五　徽商银行"金徽通"茶叶"小组贷款" ········ 282
　　一、基本情况 ······································ 282
　　二、产品设计 ······································ 283
　　三、金融创新点 ···································· 287
　　四、小结 ·· 288

案例六　北京农商银行板栗收购贷款产品 ············· 288
　　一、基本情况 ······································ 288
　　二、产业链介绍 ···································· 290
　　三、产品设计 ······································ 291
　　四、金融创新点 ···································· 291

后记 ·· 293

第一篇

小产业链金融发展现状

第一章　供应链金融与小产业链金融

供应链金融是一种为供应链上成员企业的贸易活动提供各种金融服务的模式。从全球范围来看，这一模式在2008年国际金融危机之后蓬勃发展起来，银行、政府、企业和投资机构等都聚焦于供应链金融的发展战略及其在众多行业的商业可行性，对挖掘其潜在市场规模的前景充满热情。

第一节　供应链金融的市场

一、全球市场

一方面，2015年的一项估计认为全球贸易金融的融资缺口达到每年1.9万亿美元。① 另一方面，根据Aite Group在2014年的预测②，供应链金融的一个主要产品——反向保理的潜在市场规模在2550亿～2800亿美元。在此基础上，供应链金融业务的增长也很强劲。运营资本解决方案提供商Demica公司的一份报告③显示，世界主要跨国银行的供应链金融业务年均增长率为30%～40%。以保理为例，2008—2014年，70个国家的国内保理业务量年均增长6%；而国际保理业务量年均增长则达到

---

① Malaket Alexander, "Leveraging Supply Chain Finance for Development," International Centre for Trade and Sustainable Development, September, 2015.
② Enrico Camerinelli, "A Study of the Business Case for Supply Chain Finance," ACCA and Aite Group, 2014.
③ http://www.bankingtech.com/144222/144222/.

更可观的 16.6%。①

二、国内市场

根据国际保理商联合会（Factor Chain International，FCI）的数据②，中国在 2010—2017 年的保理交易总额从约 1546 亿欧元迅速增长到 4055 亿欧元，复合年均增长率（CAGR）约为 14.8%（这一增长率掩盖了中国在 2010—2014 年更加迅猛的发展——CAGR 约为 27.3%）。

前瞻产业研究院发布的《供应链金融市场前瞻与投资战略规划分析报告》统计数据显示，截至 2018 年 9 月，我国规模以上工业类企业应收账款余额为 14.24 万亿元，同比增长 10.8%。2017 年底，规模以上工业类企业应收账款余额达 13.48 万亿元，比 2016 年底同比增长 8.5%。截至 2017 年底，中国供应链金融市场规模达到 14.42 万亿元，受到监管政策影响，互联网金融 C 端业务受到冲击，B 端金融发展有望爆发，预计 2020 年中国供应链金融市场规模将达到 27.01 万亿元。③

更重要的，为了给那些重要却又得不到足够金融服务的中小微企业提供流动性及低成本的融资，世界各国政府也都积极行动起来。在各种解决方案中，供应链金融作为一种非传统银行融资模式的工具，其潜力在近些年受到了越来越多的关注。各国政府也纷纷出台措施以鼓励供应链金融的发展。比如，英国、荷兰、美国以及中国等。

三、国际组织与发达国家政府

世界贸易组织（WTO）在 2016 年的一份报告中重点讨论了全球中小微企业面临的融资困境，并特别强调了供应链金融解决方案的创新对于解决这一巨大融资问题的作用④。

2012 年 12 月，时任英国首相大卫·卡梅隆宣布了一项重要的供应链金融计划，"这个计划不仅会帮助（中小微）企业锁定融资、支撑其

---

① Factor Chain International Statistics (2008—2014), https://fci.nl/en/about-factoring/statistics.
② https://fci.nl/en/solutions/statistics2018.
③ 前瞻产业研究院、易宝研究院和智研咨询。
④ World Trade Organization (2016). Trade finance and SMEs: Bridging the gaps in provision.

现金流,也会帮助一些最大的公司锁定其供应链并保障成千上万的工作。这对于大公司和小供应商是一个双赢的局面,(他们)都会从这个创新的计划中获益。"①

2014年,时任美国总统奥巴马提出了"SupplierPay"的动议,呼吁大公司承诺更快地支付他们的小型供应商,或者推动能够使得供应商以更低成本获得运营资金的融资方案,以此来帮助小企业雇用更多的工人或者发展其业务。这一动议是基于奥巴马总统在2011年推出的"Quick-Pay"动议,这一非常成功的动议要求联邦部门在收到其小型外包商发票的15个工作日内必须支付②。

随着移动互联与计算技术的发展,特别是金融科技的浪潮,连接中小微企业与各种资金方的平台日益增多。欧洲投资银行就专门设立了1亿欧元的项目来支持荷兰建立专门为应收账款融资的数字化平台③。

四、我国政府

2017年3月29日,人民银行、银监会、证监会、保监会及工业和信息化部联合印发了《关于金融支持制造强国建设的指导意见》(银发〔2017〕58号)。该《意见》指出,要紧紧围绕《中国制造2025》重点任务和"1+X"规划体系,加快融资租赁业务发展,鼓励金融机构围绕制造业新型产业链和创新链,结合企业"三表""三单""两品"等非财务信息,运用信用贷款、知识产权质押贷款、股权质押贷款、应收账款质押贷款和以品牌为基础的商标专利权质押贷款等方式,积极满足创新型制造业企业和生产性服务业的资金需求。

2017年4月25日,中国人民银行等七部委联合发布了关于印发《小微企业应收账款融资专项行动工作方案(2017—2019)》的通知,10月13日,国务院办公厅发布了《关于积极推进供应链创新与应用的指导

---

① Cameron, D. (2012). Prime Minister announces Supply Chain Finance scheme. Prime Minister's Office, 10 Downing Street. Retrieved June 4, 2017, from https://www.gov.uk/government/news/prime-minister-announces-supply-chain-finance-scheme.

② https://obamawhitehouse.archives.gov/the-press-office/2014/11/17/fact-sheet-president-obama-s-supplierpay-initiative-expands-21-additiona.

③ http://sparkup.co/blog/supply-chain-finance/?lang=en.

意见》，其中在提到的六项重要任务中提及了大力发展供应链金融，要让供应链金融推动实体经济发展，以及有效管控风险。2018年4月商务部等8部门发布的《关于开展供应链创新与应用试点的通知》中，也明确提出规范发展供应链金融服务实体经济。这些政策举措发布以来，供应链金融成为了众多产业和企业关注的战略方向。

本课题旨在对现有的关于中国供应链，特别是小产业链的融资发展及其最新进展的信息进行评述，分析主要参与者、产品和服务、商业模型、目前趋势和市场规模等，从而为贷款机构、政策制定者、政府机关和市场中产业链领导者提出适当的建议。

第二节 供应链金融的概念与发展

一、供应链金融的概念

供应链金融虽然得到越来越多的认可，其应用与发展也非常迅速，但是其概念性框架仍然处在不断的演化之中，尚缺乏应有的清晰度；无论是产业界还是学术界，在供应链金融的定义上仍然存在很大的差异性。比如，Templar等人（2012）[1]就论道，"为SCF的真正本质下个定义似乎很困难：应该是（按照）模式、领域、技术、产品，还是项目（来定义供应链金融）呢？"

学术界从多种角度提出了不同的定义；有非常狭窄的定义（现在看来并不正确），如SCF就是反向保理（这主要是因为在20世纪90年代至21世纪初10年，供应链金融主要是跨国大企业通过反向保理为其上游的供应商融资以保证其供应链的稳定及优化运营资本[2]）；也有很广泛

---

[1] Templar, S., Cosse, M., Camerinelli, E., & Findlay, C. (2012). An investigation into current supply chain finance practices in business: a case study approach (pp. 1 – 8).

[2] 即使现在的欧洲，供应链金融仍然经常被狭窄地定义为反向保理；国际上关于供应链金融的统计数据也主要局限于这一模式。但是，在亚洲及世界其他地区，供应链金融的范围广泛，比如，International Chamber of Commerce (ICC) 的定义就很广泛；国际金融公司倡导将广义的供应链金融作为动产融资市场的主要部分。

的定义,如 SCF 是指供应链上资金流的管理,包括了财务流程(交易过程、数据处理、发票匹配,等等)和供应链上的融资技术。基于此,Steeman(2014)①总结了学术界关于供应链金融的概念,并提出了一个操作层面的定义:"由供应链上两个(及以上)成员合作达成的、由核心企业协助(推动)的金融安排,目的是改善整体的财务表现及缓释供应链的各种风险。"

在产业界中,关于供应链金融的定义,虽然亦有差异,但是在逐渐地趋同。比如欧洲银行业协会在 2014 年提出,供应链金融是指"使用金融工具、业务和技术来优化管理各个合作商业伙伴在供应链流程中的运营资本和流动性。供应链金融在很大程度上是'事件驱动'的,即金融供应链(Financial Supply Chain)里的每一项活动(无论是融资、风险缓释或支付)都是由物理供应链(Physical Supply Chain)上的某个事件所驱动的。同时,在物理供应链上监督并控制事件的先进技术的发展为启动供应链金融创造了机遇。"② 这一定义特别强调了供应链金融基于物理供应链的"事件驱动"的特性,以及物理供应链的监控技术的发展对供应链金融的强大推动作用。

全球供应链金融论坛在吸纳了众多行业协会(欧洲银行业协会是主要的一个)的意见基础上,于 2016 年出版了《供应链金融技术的标准定义》,提出了供应链金融的主定义:"使用融资和风险缓释技术来优化存在于供应链流程与交易中的运营资本和流动性的管理。SCF 一般应用于赊销贸易中,并被供应链上的事件所驱动。对于金融机构而言,供应链里贸易流动的可视化是供应链融资安排的必要部分,可以通过技术平台来实现。"③ 这一定义可以说是国际上截至目前产业界比较公认的

---

① Steeman, Michiel (2014). The Power of Supply Chain Finance: How companies can apply collaborative finance models in their supply chain to mitigate risks and reduce costs.

② Euro Banking Association (EBA). Supply Chain Finance – EBA Market Guide, page 44. Verson 2.0, June 2014.

③ Global Supply Chain Finance Forum (2016). Standard Definitions For Techniques Of Supply Chain Finance. Joint product of the industry sponsoring associations: Euro Banking Association (EBA), Factors Chain International (FCI), International Chamber of Commerce (ICC) and International Trade and Forfaiting Association (ITFA).

定义。

中国的供应链金融始于21世纪初的深圳发展银行（现平安银行），并由其推动了国内银行及非银行金融机构供应链金融业务的发展。该行把供应链金融定义为："在对供应链内部的交易结构进行分析的基础上，运用自偿性贸易融资的信贷模型，并引入核心企业、物流监管公司、资金流导引工具等新的风险控制变量，对供应链的不同节点提供封闭的授信支持及其他结算、理财等综合金融服务。"[1] 这也是国内以银行为主的供应链金融发展阶段中普遍使用的定义。

二、供应链金融的核心属性

虽然供应链金融的定义众多，但是其核心属性主要有以下几点。[2]

（一）（战略）合作性

大多数的定义都或显或隐地包含了围绕供应链的合作：卖家与买家之间，企业与金融机构之间，也包括与IT供应商的合作；随着供应链越来越复杂，合作可能将包括任何一个链上企业或与供应链链接的企业，比如2级和3级供应商，或者作为优化供应链的合作伙伴的物流企业也变得越来越重要，还要包括交易商和分销网络。供应链金融提升了链条上的企业价值，促成了金融资本与中小微企业的合作，为金融机构及产业链上的企业创建了双赢的战略关系。供应链金融的主要属性就是合作性。

（二）以改善财务表现及缓释风险为目标

大多数定义会涉及SCF的目标，如优化资金配置、价值创造和财务收益等，但最根本的就是两个目标：改善财务表现及缓释风险。前者包括了降低交易成本、融资成本、运输成本等；后者包括了管理供应风险等。

---

[1] 深圳发展银行与中欧国际工商学院"供应链金融"联合课题组：《供应链金融——新经济下的新金融》，第26页，上海远东出版社，2009年1月第一版。

[2] Steeman, Michiel (2014). The Power of Supply Chain Finance: How companies can apply collaborative finance models in their supply chain to mitigate risks and reduce costs.

(三) 核心企业主导或协助

在 SCF 的产生过程中，可以是买家主导，也可以是卖家主导。在很多供应链中都有一个"核心企业"，常常是一个控制及主导供应链的大买家（通过其信用度和采购量来实现）；其他链上成员需要这个大买家的支持来实施 SCF 项目。虽然 SCF 在近些年有了更多的参与者，加上技术的发展使得单单依赖于一个"核心企业"不是必需的，但是即使不需要"核心企业"来主导，核心企业的参与及合作总是会促进 SCF 项目更好、更快地推进。

三、供应链金融与动产融资

单从融资的角度来看，供应链融资是动产融资的一种组织形式。传统上，由于链上企业（通常是中小微企业，包括农户）的商业信用低、可靠的财务信息缺失以及不动产担保物的不足，他们难以从正规金融机构获得贷款。通过利用供应链上的"核心企业（大中型企业）"的地位，金融机构能够有效地整合金融产品和服务、风险管理与市场营销，开发出为中小微企业"量身定制"的融资模式。

和传统的贷款方法相比，供应链融资在满足中小微企业的融资需求上更加合适、有效；它跟踪借款人实际的运营周期（商品和资金的流动），并且在借款人与贷款人的产品设计、监督和担保品上增加了更多的灵活性。

在企业的运营周期中，主要有三类动产融资产品用来解决产业链上中小微企业的融资缺口，即应收账款融资、存货融资及预付款融资。动产融资一般利用交易信息来设计贷款产品和监督借款人，由这些产品组成的各种融资模式在很大程度上缓解了中小微企业面临的融资难题。除此之外，它还使贷款机构一次可以接触到大量的客户，可以提供广泛的解决方案而不仅仅是贷款。

基于以上的总结分析，我们将采取最广泛、可能也是最松散的定义，即为供应链上的企业提供的各类金融服务。因此，我们的案例中既包括动产担保，也包括不动产担保；既包括新型的供应链贷款技术，也包括传统的贷款技术。

四、供应链金融的发展阶段与未来趋势

（一）全球以（跨国/大型）银行为主导的供应链金融阶段

从全球来看，供应链金融的市场出现于20世纪90年代初，但是直到2008年国际金融危机后才真正开始腾飞。这个变化主要源于以下的决定性因素①。

1. 经济全球化使得跨国公司的供应链延长，供应商数目增加，交易的频率及数量也大大增长；再加上直接外包的发展导致供应链更加复杂，从而产生了针对整个供应链的整合方案的需求。

2. 国际金融危机后资本稀缺，资金成本上升，激励企业探索SCF的应用。因为投资级和非投资级评级之间的利差增大，SCF的一个主要有利之处就是使得非投资级评级的供应商可以获得投资级（买方信用）的融资成本。

3. 监管的风险资本要求。这一监管变化使得银行更偏好供应链金融。因为巴塞尔协议，在减少整体交易对手风险方面，供应链金融是一个比传统工具对资本要求更轻的策略。

4. 技术的成熟加上网络效应增加了SCF的使用率。整个应付账款（采购—支付）和应收账款（订单—现金）的自动化推动了"事件驱动"的融资服务。比如，由独立第三方平台提供的应付账款自动化，使得买家和卖家可以链接金融服务并很容易地链接到多个提供流动性的机构，包括小银行。

（二）中国以银行为主导的供应链金融发展历程

中国的供应链金融最早起步的是深圳发展银行，其在总结面向中小企业的货押和票据业务经验的基础上，提出"自偿型贸易融资"理念和

---

① McKinsey & Company (2015). Supply–chain finance: The emergence of a new competitive landscape. *McKinsey on Payments*, Volume 8, Number 22, October 2015.

"1+N"供应链系列产品包,并于2005年总结提升为供应链金融服务,2006年在业内率先推出了"供应链金融"的品牌,系统地对供应链中应收、预付和存货提出了结构性解决方案[①]。现在,国内大部分银行都有了供应链金融部,并逐步推出了N+1+N模式。

目前,一些银行提出并推进在线供应链金融,同时与企业合作,推出了专有的供应链金融产品(如上海钢铁交易中心、宁波阿凡达、深圳怡亚通、深圳年富供应链公司等)。供应链金融已渗透到钢铁、汽车、家电、煤炭、电信、石化、农机、物流、电商等许多行业。银行向核心企业授信,通过资产担保、信用担保等方式为供应链上下游企业提供电子化、网络化、自动化的供应链金融服务。服务功能包括供应链管理、订货计划管理、收款与发货管理、融资管理、资金管理、质量管理、信息共享、风险预警等。

在线供应链金融,是银行将物化的资金流转化为在线数据,并与供应链核心企业对接,向供应链上的所有企业提供更便捷的在线融资、结算、理财等综合融资服务。在线供应链金融实际上是电子商务的一种集成创新,通过全面实现商流、物流、资金流、信息流的四流合一,形成金融资本与实体经济及供应链中的所有企业的良性互动,形成一种可持续发展的产业生态。[②]

这一阶段的典型案例还包括广东发展银行的"物流银行",华夏银行的"融资共赢链",兴业银行的"金芝麻"供应链金融服务,招商银行的"电子供应链金融",民生银行的"特色贸易金融",交通银行的"蕴通财富之供应链",工商银行的"财智供应链融资",浦发银行的"企业供应链融资解决方案",光大银行的"阳光供应链",建设银行的"供应链融资",等等[③]。

---

① 深圳发展银行与中欧国际工商学院"供应链金融"联合课题组:《供应链金融——新经济下的新金融》,第42页,上海远东出版社,2009年1月第一版。
② 丁俊发,http://info.10000link.com/opiniondetail.aspx?doc=2017041390018.
③ 具体案例可见:《供应链金融——新经济下的新金融》,第44-55页。深圳发展银行与中欧国际工商学院联合的"供应链金融"课题组著,上海远东出版社,2009年1月第一版。汤曙光,任建标编著:《银行供应链金融:中小企业信贷的理论、模式与实践》,中国财政经济出版社,2014年7月第二版。

(三) 全球多方参与的供应链金融阶段

传统上，大银行一直支配着全球供应链金融的市场。2005年，全球供应链金融项目的95%仍是由全球大银行支配的，只有5%是由平台提供的，如 Orbian 和 PrimeRevenue。①

然而，最近几年，越来越多的金融科技公司进入这一市场，大大促进了供应链的管理和供应链金融的创新发展。这些公司，或者提供了创新型的商业模式，比如 C2FO、Taulia，或者改进了数字化界面和工具，比如 PrimeSCI，或者简化了项目实施和供应商加入的流程，如 Orbian，以及对于买家和卖家服务需求响应方面的快速创新。以欧洲为例，截至2016年底，有48%的供应链金融项目是在银行的平台上运营的，21%通过供应链上企业的自有平台，还有12%是通过 PrimeRevenue 这样的平台实现的；基于 ERP（Enterprise Resource Planning，企业资源计划）系统、电子票据等技术的平台尚不是很普遍而且主要与其他 SCF 平台合作进行。②

同时，金融科技的发展大大扩大了传统供应链金融的资金来源。由于金融科技公司解决了一些曾经阻碍银行进入的运营及技术上的痛点，供应链金融吸引了资产管理公司、保险公司、养老基金、财务公司、对冲基金、私募股权和风险投资等，大大扩大了资金来源。与传统银行相比，金融科技公司更集中于发展其运营能力并使用各种技术来增强这一能力。比如，尽量使用网络工具并提供培训以帮助供应商参与进来。他们还通过建立与多家金融机构的关系网络以获得多种资金来源。中小微企业可以在金融科技的平台上向多家机构申请融资，与向单一的金融机构/保理公司申请相比，节省了时间和成本。

(四) 中国多方参与的供应链金融阶段

中国的供应链金融市场也进入了各方争雄的时代，逐渐形成广阔的

---

① McKinsey & Company (2015). Supply-chain finance: The emergence of a new competitive landscape. *McKinsey on Payments*, Volume 8, Number 22, October 2015.

② PWC and Supply Chain Finance Community. SCF Barometer, December 2016.

生态圈。一方面，越来越多的中小银行切入供应链金融的创新，包括城商行、农商行、农村合作银行、农信社等。另一方面，在银行之外，也有众多的非银行机构进入供应链金融的市场。这些机构包括海尔集团、新希望集团、碧桂园等核心企业，阿里巴巴、京东商城等电商平台，顺丰快递、德邦物流等物流企业，工具类的SaaS服务，以及P2P等金融科技公司（见图1.1）。其中，金融科技公司占被调查企业样本的比例达到16%，仅次于供应链公司或外贸综合服务平台（27%）和B2B平台（18%）。①

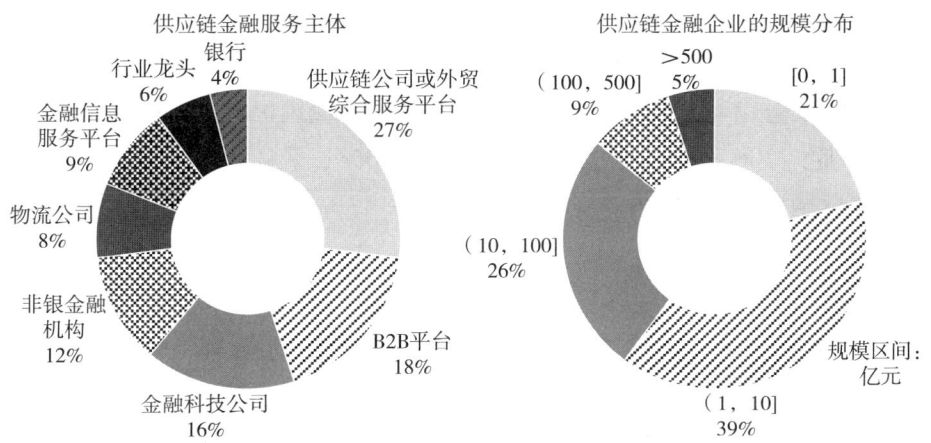

图1.1 供应链金融服务主体的类型与业务规模

2017年上半年，多家金融科技公司宣布了其供应链金融项目。比如，宜信旗下互联网企业级金融服务云平台翼启云服正式与全球知名的Tradeshift达成合作，旨在为中国出口商提供全线上跨境供应链金融服务产品，以帮助中小供应商提前收到货款，解决中小供应商融资难和国际大买家账期短的两难处境。

而在应用区块链技术上，中国公司也不甘落后。互联网金融公司点融网与台湾制造企业富士康旗下金融平台富金通合作，双方推出了一个名为"Chained Finance"的区块链金融平台，用以借助区块链技术破解

---

① 《2017年中国供应链金融调研报告》，万联供应链金融研究院、华夏邓白氏、中国人民大学中国供应链战略管理研究中心。

供应链金融和中小企业融资难题。目前战略是主要面向电子制造业、汽车业和服装业。而 IBM 同四川禾嘉合作设立了基于区块链的药品采购供应链金融服务平台。

供应链金融服务商的年信贷投放规模从千万元级到百亿元级不等，规模差异较大（见图 1.1）。调研结果显示，放贷规模在 1 亿元以下的供应链金融服务商约占 21%，此类机构通常处于供应链金融业务起步或转型阶段。这类企业占比并不小，表明供应链金融行业目前仍处于起步阶段。放贷规模在 1 亿~10 亿元的供应链金融服务商数量占比约 39%。该类供应链金融服务商已初具规模，业务模式相对成熟，具有明确的市场定位，具有较强的客户开发能力和资金供应能力；其中小部分专注于垂直领域和细分市场的供应链金融服务商的放贷规模已渐趋稳定。放贷规模在 10 亿~100 亿元的服务商数量占比约 26%，表明市场中已有一部分供应链金融服务企业具有一定规模。

（五）发展趋势

如上所述，供应链金融的市场正在变得更加宽广、更加深入。一方面，供应链金融的解决方案不再只是为了服务于跨国企业、蓝筹大公司，而是逐渐地扩展到各类企业的运营需求中去；同时，不仅仅是银行及链上企业作为资金和技术的提供者，更多的第三方的资金及技术服务商通过搭建各类平台提供供应链金融服务，从而供应链金融市场的需求和供给都极大地扩展开来。另一方面，由于金融科技的发展，不仅使得供应商的参与数量从最大的 100 家（第 1 级）扩展到多层级的 1 万或 3 万家（第 2、3 级），还使得资金来源更广泛，甚至来自于大众投资者，从而整个供应链金融的市场更加深化。

从全球的发展来看，有四大趋势推动了新的供应链金融模式的发展。[①]

1. 全球化的延续

全球化的延续、直接外包、离岸生产与分销使得供应链越来越长。

[①] Global Business Intelligence. 2016 State of Supply Chain Finance Industry: *Entering a New Era of Maturity*.

在相对较短的时间内,企业从单纯的生产商转型为管理着一个为其产品和品牌进行制造、储存及分销的众多第三方机构所组成的复杂网络。因此,企业资金的主要用途不是在不动产、工厂及设备上,而是为运营资本(存货、应收账款等)进行融资。

2. 贸易单据的数字化和云技术的发展

紧密联系的商业世界正在被两类企业所推动着:一类企业,为了应对政府税收管制(如欧洲)从而把围绕其外包-支付(source to pay)流程的文件及数据交换挪到云端;另一类企业,提供基于平台的技术以改进采购与应收账款领域的效率与实效。这激发了创新的基于数据、技术和新风险模型的应收金融模式。

3. 大数据、贷款的新算法和P2P网络的发展

无论是应收阶段,还是应付阶段,都有方案提供商通过其网络中的数据促使资金方提供融资。利用企业历史业绩的数据,以及可视化技术和风控模型,供应链上的各种事件("触发点")都可以用来盘活现金。这五个主要的触发点是:(1)发出订单;(2)供应商采购的物资;(3)运输状态的确认;(4)开出发票,但是未被核准;(5)核准发票。而且,这些触发点可以用在整个供应链上,既有利于提高融资比例,又可以降低融资成本。

4. 监管带来的结构性转变

新的资本要求与严格的"反洗钱(AML)"和"了解你的客户(KYC)"等合规要求大大降低了融资的供给,如亚洲开发银行的报告[①]指出,大约90%的银行认为"反洗钱"和"了解你的客户"的监管要求是其扩大贸易金融的主要障碍之一,还有77%的银行认为巴塞尔协议Ⅲ的流动性监管要求也是一个重要阻碍。而低利率与其他监管政策也影响了需求一方。因此,资产管理、保险公司、对冲基金、养老金、P2P平台等机构纷纷寻找投资于企业信贷的创新方法与产品。

---

① http://www.thebanker.com/Transactions-Technology/Plugging-the-funding-gap-in-trade 01/11/2016.

第三节 小产业链金融

——为中小微企业与"三农"融资

产业链,根据其在地理空间上的跨度,可以分为全球产业链、国内产业链及地区产业链。一般而言,产业链上的核心企业的实力与信用能力随着地理空间的缩小而变小,因此大的(跨国、全国性)金融机构是这些全球及全国大产业链上的主要金融服务提供商;而地区性的产业链则一般由地区性的金融机构来提供服务。从这个角度出发,小产业链指的是这些相对小的产业链,或者是大产业链的部分链条;一般而言,核心企业与链上的成员主要在一个地区,而且金融机构的主要客户是农业、中小微企业等(其核心企业也可能只是中型企业)。

一、供应链金融与中小微企业融资

(一)中小微企业融资难是全球面临的共同挑战

中小微企业对于大多数发展中国家的经济发展具有举足轻重的作用。以亚洲为例,中小微企业为亚洲发展中国家的就业和 GDP 增长作出了显著的贡献;这一贡献不仅被广泛的研究,并且已经得到了实证的有力支持。有研究表明,亚洲各发展中国家的企业有 80%~90% 是中小微企业,这些中小微企业创造了 50%~80% 的就业。[1]

然而,有限的金融服务可及性一直是全球中小微企业面临的最大挑战之一,特别是农村企业以及从事农业生产经营活动的企业。还是以亚洲为例。据测算,东亚地区的中小企业(SMEs)在 2010 年的正规信贷缺口为 2500 亿~3100 亿美元,南亚的缺口大约为 300 亿~400 亿美元;而且,在发展中国家,45%~55% 的正规中小企业无法从正规金融机构贷款,如果把非正规中小企业和小微企业计算在内,这一比例更是上升

---

[1] Development of SME in ASEAN, ERAI, 2007—2008.

到了 65%～72%。① 另一项研究表明，2012 年全球小农户的信贷需求为 4500 亿美元。②

但是，从理论和实践上来看，为中小微企业融资存在着结构性的障碍。在任一金融市场中，潜在的资金来源方（银行、非银行金融机构、投资者、资产支持贷款机构等）都需要既能够测量风险又能使该风险与可能的收益相匹配的某种工具（方法）；他们还必须监督融资方按照合同约定行事，也要拥有迫使融资方履行合同的手段。然而，对中小微企业的评估及监督要比对大型企业困难得多。这些已经众所周知的原因主要包括③：

1. 信息不对称更严重。中小微企业比金融机构拥有更多、更好有关其运营真实情况的信息，并且其对这些信息是否共享、共享到何种程度有很大的自主权。因此，外部机构很难判断该企业的真实经营情况。

2. 中小微企业信息透明度更低、财务上更不规范。基于财务报表的传统信贷决策取决于借款人提供有价值的财务报表（最好是由信誉高的会计事务所按照较高的会计标准来审计的），而且，报表中体现的财务信息表明借款人的财务状况很好。与大型企业相比，中小微企业一般无法提供类似的信息。

3. 委托代理问题更加严重。一旦得到融资，企业主可能挪用该资金到其他用途上；也可能实施风险更高的项目（因为所有的潜在超额收益都属于企业主）。由于前两个因素，这一点在中小微企业比在大型企业更加严重；而且，大型企业比中小微企业有更多的可以平衡风险与回报的融资选择，比如发行股票。

4. 中小微企业异质性更突出。他们在盈利能力、增长潜力及利润波动上都比大型企业差异性更大。因此，同等条件下，金融机构更愿意和

---

① Two trillion and Counting. Assessing The Credit Gap for Micro, Small, and Medium–size Enterprises in The Developing World, McKinsey & Company and International Finance Corporation, World Bank, 2010.

② "Innovative Agricultural SME Finance Models." International Finance Corporation, World Bank. November 2012.

③ Alternative Financing Instruments for SMEs and Entrepreneurs: the Case of Mezzanine Finance. Final Report OECD 2013.

更大、更长久的公司合作以减少风险。

因此,在一定程度上,提供供应链金融的机会主要在于大企业与中小企业的差异。中小企业当然有自己的优势,更加灵活、更有弹性,经常(或部分)在非正规经济中运营,这些特点使得它们能够以更低的成本、更快的反应速度来满足市场需求,特别是抓住当地的机会。但是这些特点同样使得它们在运营资金上面临重大挑战。比如,

1. 中小企业,与其更大的供应商、买家和竞争者相比,更加缺少经验、可信度和市场中的谈判能力。许多小企业为了购买投入品,经常不得不预付货款,至少也要当场交接付款。它们没有交易记录或者购买能力来确保更好的支付条款。

2. 同时,它们的客户主要是大型企业,要求给与至少60天的延期支付,导致中小企业的运营资金较长时间地"锁定在"供应链中。

3. 中小企业一般没有信用评级,能作为担保的不动产较少,也很少能提供银行贷款所需的财务、运营等方面的记录。缺少运营资金,会导致中小企业不能有效地运营其企业——不能得到大宗购买的折扣,也不能投资于企业的增长。

4. 中小企业对于技术的使用很有限,这导致了资源的浪费、业绩欠佳、重交易轻服务,进而影响其竞争力。许多中小企业依赖于人工流程、纸质文书,导致流程缓慢、不可靠、成本高。同时,这也导致缺乏及时、准确的信息,进一步延迟了发票匹配与收入进账。

(二)我国中小微企业融资也是多年悬而未决的老大难问题

在我国,中小企业对整个经济的贡献巨大。据统计,中小企业贡献了50%以上的税收,创造了60%以上的GDP,完成了70%以上的发明专利,提供了80%以上的城镇就业岗位。[①]

然而,中小企业融资难问题依然突出。以规模以上企业(年主营业务收入为2000万元及以上的中小工业企业法人)为例,国家统计局

---

① http://news.china.com.cn/txt/2018-05/25/content_51521308.htm.

《2017年中国中小工业企业运行报告》[①] 中的数据显示，2017年有融资需求的中小企业中，38.8%的企业反映融资需求不能满足，银行惜贷、压贷、抽贷、断贷现象时有发生。银行对中小企业的贷款利率普遍上浮30%以上。其中，6%~8%的占56.1%，8%~10%的占26.8%，超过10%的占17.1%，超过20%的占1.9%。

中国大型企业延长供应商账期的情况非常严重。研究机构 East and Partners[②] 在2016年调查了8个国家共736家公司的财务总监和首席财务官。该调查显示，中国大型企业延长供应商账期的情况很严重，平均而言，约为110天。这一账期远高于这8个国家的平均水平（63天），更大大高于最低的德国（49天）。

供应链金融的应用率仍然较低。上述调查还发现在供应链金融的使用上，虽然有37.7%的企业使用传统的贸易融资模式，但只有4%的企业使用应收账款为其供应链融资。

在供应链金融的供给上，仍以银行为主，满足了企业为其供应链融资需求的74%；剩下的需求，14.2%由非银行贷款机构提供，而外国银行提供了11.4%。

中小企业的融资成本居高不下。2018年中国社会融资成本指数显示，社会融资（企业）平均融资成本为7.6%，银行贷款平均融资成本为6.6%。其中，与中小企业相关的融资成本包括融资租赁平均融资成本为21.9%，保理平均融资成本为12.1%，小贷公司平均融资成本为21.9%，互联网金融（网贷）平均融资成本为21.0%。

供应链金融可以有效地弥补企业融资市场的空白。国信证券2015年的一份研究[③]表明（见图1.2），虽然银行的资金成本最低，在6%~8%，但是由于前述有关中小微企业的融资困境，这些企业很难得到银行的资金（即使按照前述国家统计局调查的规模以上中小工业企业中，也有接近一半的企业融资成本在8%以上）。从风险收益相匹配及节约交易

---

① http://www.lwzb.gov.cn/pub/lwzb/gzdt/201804/t20180428_4876.html.
② https://www.gtreview.com/news/asia/chinese-banks-to-suffer-supply-chain-finance-shift/.
③ 国信证券，"供应链金融：寻找跨界的金光"，行业研究，2015年9月8日。

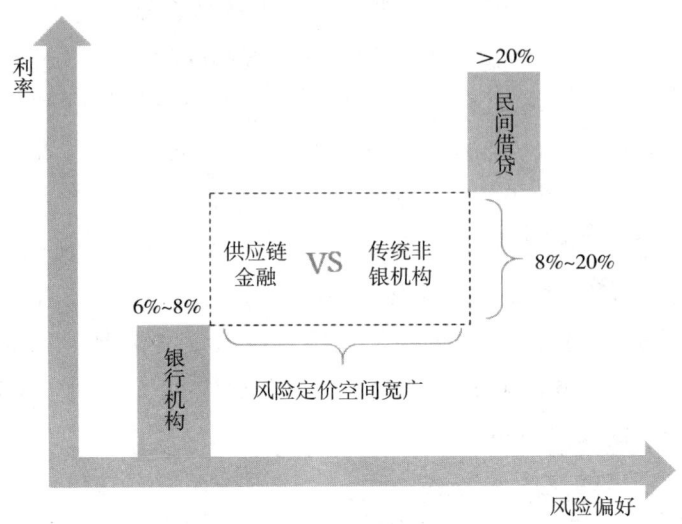

图 1.2　融资成本与融资供给

成本的角度，银行更愿意贷款给大型企业。而民间借贷的利率则高达 20% 以上。因此，为中小微企业提供成本在 8%~20% 的融资服务成为解决其困境的要点。供应链金融因为其相对低风险（或者说风险可控，如果正确操作的话）的特点，可以弥补这一市场空白，从而解决中小微企业生存及发展的难题。

二、供应链金融与农业金融需求

（一）全球的农业企业（农户）面临同样甚至更大的挑战

由于农村地区和农业经济活动的特点，金融机构为"三农"提供金融服务不仅面临服务一般中小微企业同样的困难，还面临额外的、特殊的挑战。这些挑战与季节性、协变风险（covariant risks）和低人口密度密切相关[1][2]。

---

[1] Innovative Agricultural SME Finance models. International Finance Corporation, World Bank Group. November, 2012.

[2] Scaling Up Access to Finance for Agricultural SMEs: Policy Review and Recommendations. International Finance Corporation, World Bank Group. October, 2011.

1. 与非季节性的商业活动相比，农业经济活动具有较强的季节性和较长的孵育期，这导致较长的投资期和缓慢的资金循环；而较长的贷款期限和不规律的还款计划给金融机构的流动性管理带来了挑战。

2. 农业的大部分中小微企业，包括生产者，面临着难以控制、较大的系统性风险和相关性风险。这些风险主要来自于价格波动和天气趋势的可变性，以及这些生产企业（者）往往都集中于同一地区、同一个生产活动或同一个活动组合之中。因此，当风险发生时，不仅单个的生产者收入受到损失，整个地区或整个农业金融组合都会受到影响。也就是说，风险并没有实现真正的分散，而风险缓释机制（农作物保险或套期保值）都几乎不可得。

3. 与城市地区相比，农村地区的人口密度较低、基础设施的质量较差，因此，为"三农"提供金融服务存在较高的交易成本。在偏远地区设立分支机构和派遣人员来处理小额交易，成本是较高的。

（二）我国农业融资面临的挑战[①]

1. 小农经济模式的生产经营较分散，农业产业链金融起步艰难。加上农业企业和农户之间的贸易和交易关系松散等其他因素，导致农业供应链金融的发展环境并不理想，涉农平台在做相关业务的过程中应对这些散乱的状况也较为困难。而从小农经济过渡到大的种植户、农场或者合作社，也需要较为漫长的过程。

2. 征信数据缺失，风控面临较大的难题。与城市相比，农村征信数据缺失的问题更加严重，农户缺少担保品、征信记录缺失、农业风险较大等问题并未因普惠金融的介入而消失。

3. 中小企业融资难，资金成本高。如前所述。

4. 金融机构运营成本高，行业门槛高。供应链金融的特点要求参与者对全产业链的了解要非常细致和充分，并且对底层资产控制能力和技术能力等方面的要求都很高，运营成本很难做到降低。资金成本方面，银行成本最低，但是自身受体制等因素限制又难以具备操作能力，而其

---

① 利基研究院：《农业供应链金融发展研究报告》，2017年。

他金融机构资金成本又偏高,这在一定程度上也增强了实际开展业务的困难程度。

5. 农业生产非标性明显,并有天然的周期性。面对非标性,农业供应链金融企业需要针对不同区域、不同作物建立一套灵活的风控模型,这在现有的情况下无疑是非常困难的。周期性使得金融服务中资金周转和回笼的周期较为固定,但是周期较长。

如前所述,为世界上的中小生产者提供金融服务的最大障碍在于他们与金融机构之间的信息不对称、可接受担保品的不足以及农村地区金融机构及其分支机构的缺失。成功的农业小产业链金融模式可以弥补生产者和金融机构之间的地理距离和信息不对称;这主要是通过在链条上的企业之间创建能够分担贷款风险的机制来实现的。

但是,也有研究表明①:农业产业链金融在成本可控的情况下为更多农村地区的农户服务潜力巨大。在偏远的农村地区,金融机构不必单单考虑在零售店里发展"代理银行",还可以把龙头企业作为给农户提供贷款的服务点。例如,墨西哥的 Bankaool 利用龙头企业作为新的"分支机构",该龙头企业通过管理其客户的金融组合获取银行支付的佣金。

农业产业链金融可以为小农户获得额外的长期投资提供接入口。农业产业链金融模式不能完全解决中小农户的全部融资需要。但是,这些模式可以成为众多小农户建立信用历史、与正规金融机构建立关系的第一步。比如,Bankacool 为供应商提供直接的长期融资,而这些供应商正是那些通过该银行的农产品加工商—供应商融资协议逐步建立了信用历史。

这两个例子表明,农业产业链金融在培育龙头企业、农户及银行三者之间的关系并最终把农户与新的融资机会链接方面潜力巨大。

---

① Financing Agricultural Value Chains in Latin America: Barriers and Opportunities in Mexico, Peru and Honduras. Multilateral Investment Fund, member of Inter-American Development Bank. 2014.

第二章 小产业链金融：案例概览

第一节 小产业链金融的生态圈

小产业链金融的生态圈逐步扩大，越来越多的主体启动或参与到小产业链金融的复杂系统中来（见图2.1）。不仅有传统的大银行（农业银行和中国银行），股份制商业银行（民生银行和邮储银行），还有城商行、农商行、农合行和农村信用社，以及商业保理公司、融资租赁公司和小贷担保公司等。不仅有供应链管理公司、仓储物流企业，还有供应链金融服务企业和龙头企业的金融控股公司。随着"互联网+"的发展，不仅电子商务平台，还有P2P这类新型的机构也迅猛地加入到小产业链金融的体系中来。

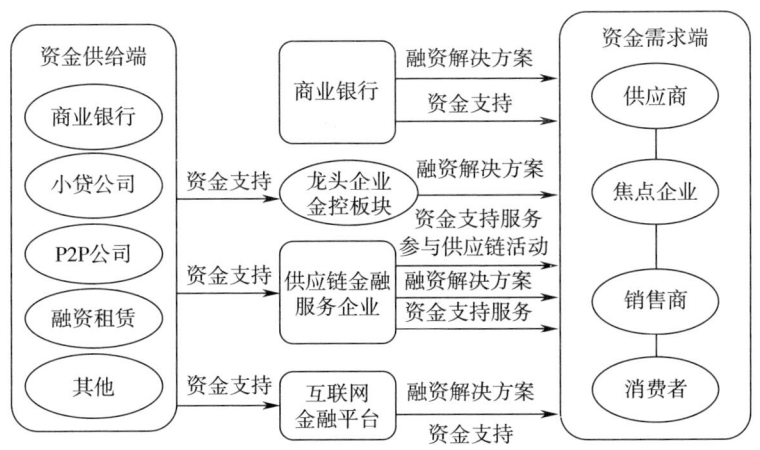

图2.1 小产业链金融生态圈：主导者和参与者

在小产业链金融的供给上,各种融资模式在实践中都有广泛的应用(见图2.2)。不仅有传统的信贷技术,如财务报表贷款、小企业信用评分贷款,还有动产金融的各类融资模式,如应收类融资、存货类融资、预付款类融资和融资租赁模式等。

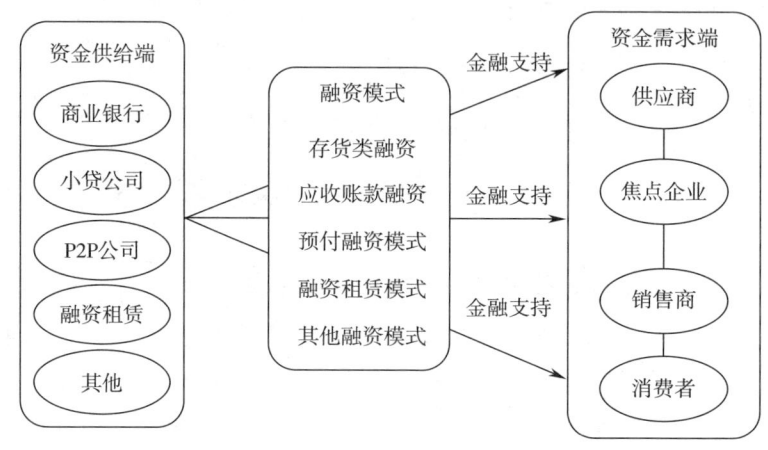

图 2.2 小产业链金融生态圈：融资模式

产业发展对小产业链金融的需求也呈逐渐扩大的趋势。所涉足的产业从传统的制造业和加工业越来越多地向大农业渗透,如种植业、林业、渔业、养殖业等,甚至文化创意产业。与此同时,所涉及的商品种类众多,从钢材、汽车、砂石,到供电、建筑与装饰、家具及家用和远洋渔业,从果汁加工到对虾、貂、奶牛、生猪和蜂的养殖,从粮食、竹、茶树到烟草、中药材、人参、茶叶、板栗、酒等,甚至影视剧。

第二节　小产业链金融：传统模式

在本案例集中,各种常见的资产支持的融资模式都有广泛的使用,应收账款类、存货类、预付款类、融资租赁类,等等。由于预付款类和融资租赁类案例数量较少,在此就不赘述了。

过去十余年来,由于互联网的普及、计算技术的突进等因素的影响,新的贷款技术发展起来，比如，基于企业间真实交易数据的系统的完善，促进了基于大数据的信用贷款技术的应用，即我们将介绍的"数据贷"信用贷款模式；互联网与计算技术的结合，使得在网络平台上提供供应链金融服务成为可能，即"在线平台"融资模式。

一、应收账款类融资

（一）概念

应收账款贷款是指处于供应链中的借款人可以使用现有或未来的贸易应收账款产生的现金流进行还款的融资方式，通常将这些应收款作为贷款的担保，但是也有无担保的情形。[①]

根据中国人民银行颁布的《应收账款融资质押登记办法》，应收账款是指权利人因提供一定的货物、服务或设施而获得的要求义务人付款的权利，包括现有的和未来的金钱债权及其产生的收益，但不包括因票据或其他有价证券而产生的付款请求权。

应收账款融资可以极大地帮助融资难的中小企业取得资金。应收账款类融资产品主要是针对一些卖方以赊销为主要经营方式，且下游买方或付款方信用状况较好的客户，它是属于客户自身动产支持型的融资产品，以客户应收款作为还款来源。与对客户的自身信用状况和授信担保条件要求较高的传统贷款相比，它更关注应收账款的质量和资金流控制。

在基于应收账款的贷款之外，还有应收账款的转让，即保理。保理是指通过为应收账款的债权方提供包括债务管理、催收、债权转让融资、资信评估和信用担保等一系列服务来换取利息、手续费、佣金等收入的金融业务。它是基于企业间赊销而产生的一种综合性金融服务，本质是企业应收账款的债权转让。

伴随着现代贸易市场的蓬勃发展，信用交易（赊销赊购）迅速普及，应收账款成为传统产业部门的重要资产，也成为其现金周转的重要

[①] Standard Definitions for Techniques of Supply Chain Finance, BAFT, EBA, FCI, ICC and ITFA, 2016.

阻碍之一。在买方市场，强势买方企业往往通过赊销或商业票据等结算方式延长付款账期，形成了对供应商的资金占用。在此背景下，针对应收账款提供一系列金融服务的保理业务获得了广阔的发展空间。

保理公司、银行等金融服务商，通过专业金融技术甄选出运营良好的中小企业对实力雄厚的大型企业的应收款债权，以转让和管理应收账款债权为基础开展保理业务。

（二）特色

应收账款融资可以由未来的应收账款提供法律上的担保，也可以是仅仅基于应收账款会在未来通过变现的方式来偿还贷款的无担保贷款。贷款的发放乃是基于卖方（借款人）因提供一定的货物或服务，已经产生的应收账款，或者是通过使用贷款而在未来取得的应收账款。

这种贷款在实践中有不同程度的担保。有些情况下，资金提供者可能完全不需要担保，而仅仅把应收账款的存在看作是非正式的保障，或者名义上满足了金融契约的条件，或者仅仅是对于卖方的测验。它是一种供应链金融技术，有助于供应链上相关活动的运行和整合。在其他情况下，应收账款融资可以看作是一种企业贷款。[①]

（三）具体应用

应收账款类融资模式是得到普遍应用的一种动产融资模式。不仅有银行主导的应收账款质押融资，如亳州药都银行、路桥农合行、乐清农商行和衢江农村信用联社，还有龙头或核心企业主动与银行机构合作建立供应链金融项目，为其上下游的中小企业融资。除了普遍的单笔应收账款的质押融资，还有应收账款池质押融资，如恒丰银行为"三农"中的小微企业提供的该项服务。保理业务也得到了广泛的采用。比如，民生银行的国内保理业务种类众多，分为单保理与双保理，明保理与暗保理，有无追索权保理等。

未来收益权质押融资也得到更多的应用。龙江银行与中粮信托公司

---

① Standard Definitions for Techniques of Supply Chain Finance, BAFT, EBA, FCI, ICC and ITFA, 2016.

合作，将土地承包经营权、农机设备收益权以及鱼塘承包经营权委托给中粮信托，设立自益型财产权信托，中粮信托将信托收益权质押给龙江银行，作为玉米种植合作社的贷款偿还担保。

知识产权质押融资在政策鼓励下得到较大发展。国家知识产权局统计数据显示：2017 年，我国专利质押融资总额为 720 亿元，同比增长 65%；专利质押项目总数为 4177 项，同比增长 60%。2018 年，质押融资工作更是增长迅速，仅 1—4 月新增专利质押融资金额就达到 261 亿元，同比增长 26%；专利质押项目数量达到 1256 项，同比增长 37%。[①] 如安家世行融资担保公司为电视剧及电视栏目提供的"版权 + 应收账款"质押的贷款。而赣榆农商行创新地以"船网工具指标书"这一有技术含量、一定市场价值的资质证书为质押提供贷款。

二、存货类融资

（一）概念

存货类融资是指基于买家或者卖家持有的（或者仓储中的）货物而提供的融资，这些货物可以是预售的、未出售的，或者用于套期保值的，通常融资提供方获得货物之上的担保权益或者转让的权利，并对货物有一定的控制权。

（二）特色

存货质押融资可以发生在供应链的任何阶段，可以适用于供应链上的任意一个买方或者卖方，融资需求的发生则取决于货物生产和交付的周期。存货融资的适用对象通常限于合格的可销售商品（如矿物类的原材料、金属、农产品等，这类存货的价值能可靠地计量）；或者是产成品、已有确认潜在买方或者已签发购买合同的在产品（确保其拥有潜在的市场性）。存货融资的期限通常较短。

存货质押融资的交易主要涉及两方，借款人（可能是买方或者卖

---

① http://ip.people.com.cn/n1/2018/1031/c179663-30373460.html.

方）和资金供应商。此外，可能会涉及第三方仓储方，质押的存货可选择储存在信誉良好的第三方仓储公司，或者资金供应商处，也可以储存在借款人自身的场所。

存货质押的安全性通过多方面的措施来保证，如存货的所有权在贷款偿还前由资金供应商获得；控制存货相关的仓单转让或各种形式的产权转让许可；了解法律相关意见作为预防措施；对于运输途中的货物可采取运输提单质押的形式等。

此外，存货质押融资的最大益处在于，对借款人而言，能够基于质押其可用货物，在采购与销售实现期间出现巨大资金缺口时获得资金支援；对资金供应者而言，为他们也提供了很好的短期商业机会，既有可靠的预期还款，也有可靠的易变现的货物作为质押。

（三）具体应用

存货类融资也是得到广泛应用的一类动产融资模式。与应收账款类融资类似，银行业金融机构与非银行类机构均参与广泛。如邮储银行、民生银行，以及威海商业银行、亳州药都银行，还有政策性银行如国家开发银行。

不同行业的仓储物流公司也有广泛的参与，包括砂石、粮食、焊管、皮革、茶树等。从质押模式上看，既有静态质押，也有动态质押。

仓单质押在行业规范发展、技术成熟的助力下也有日益增多的使用。如浙江涌金公司的"金储仓单"，普陀农商行的"仓单通"质押产品的设计与应用等。

第三节 小产业链金融：创新模式

一、数据贷

（一）概念

近年来随着计算机的运算能力大幅提升，分布式并行计算技术日益成熟，为大数据等数据处理技术提供了发展支撑；数据挖掘、数据清洗等技术也日渐成为热点，这些使得金融机构可以运用技术手段深入分析数据以控制风险、重构业务运营管理模式，为数据贷的发展提供了技术土壤。

数据贷金融服务也称作"数据网贷"业务，是通过与金融机构、仓储公司、监管公司、回购公司等进行合作，依托大型优质核心企业ERP系统的历史交易数据，借助互联网技术手段对交易数据进行分析并作出决策，为其上下游贸易关系稳定、履约记录良好的中小微客户集群提供批量、自动、便捷的短期融资服务。它的推出为破解中小微企业传统贷款准入难、审批难、担保难等困境提供了一条新路，开启了重信用、轻担保、无抵押的中小微企业普惠金融服务模式，为金融机构拓展中小微信贷蓝海市场提供了有力支撑。通过数据分析，依托以往的借款记录、经营状况，用系统方式自动为借款人量身定制贷款方案，利率、手续费、还款方式、期限、额度等个性化、定制化的方案，结合借款人及不同风险承受能力的投资人的需求，尽量做到系统的自动匹配和推荐。

数据贷融资模式的最大特点是选出具备完善ERP系统管理的核心企业，以核心企业为出发点，为核心企业的上下游企业提供金融服务。除此之外，数据贷还有以下两个突出特点：首先，它针对不同的客户提供差异化的支付结算方案与基于数据的融资方案，满足客户的运营资金需求；其次，它方便快捷，突出客户"自金融"体验，实现了全程网上操作，业务操作简便、期限灵活、随借随还，客户足不出户即可实现在银行借款和还款。数据网贷的这些特点决定了它可以最大程度地降低融资成本。

（二）具体应用

银行纷纷搭建自己的"数据网贷"体系。如中国农业银行开发的"数据网贷"，通过选取核心企业为主体，将其与其上游的企业构建成一个商圈，通过分析企业ERP系统中与供应商多年历史及实时的交易数据做贷款依据，对整个商圈上游供应商进行客户评价，实现商圈企业批量授信审批，供应商可自助进行在线申请以及贷款发放，实现全流程无人工干预、无纸化操作。中国农业银行内蒙古分行依托"数据网贷"为乳业产业链上的核心企业的上下游供应商和经销商提供批量授信。

银行与 ERP 系统提供商合作对接，为企业提供供应链金融服务。如平安银行的橙 e 网体系，是其旗下供应链生意平台和金融电商平台的整合体。橙 e 平台通过与金蝶 ERP 平台对接合作，在经客户授权后，取得其使用金蝶 ERP 产品的经营数据。通过对经营数据的分析建模，在平安银行橙 e 网体系下，为小企业主提供以小额信用循环授信为核心的，含结算、融资、理财、资讯等多项功能的综合金融服务方案。

银行主动与核心企业对接，为其上下游客户提供金融服务。如中国银行依托其供应链金融业务系统，通过银企直连，与核心企业的电商平台对接；核心企业的经销商实现了从融资申请、发放到还款的全程"无纸化"处理，融资发放及归还可实现"T+0"处理，帮助核心企业及其经销商降低了经营成本，提高了处理效率。

电商平台依托自身交易数据，为平台商家提供信用贷款。如我国最大的自营性电商平台——京东，为其平台开发商家设计推出了"京小贷"金融产品。它基于高质量且真实的交易数据实现了授信与风控，具有贷款还款灵活、全线上审批简单快捷、1 分钟融资到位、个性化贷款利率、随借随还等优势。京小贷强调以信用为基础，依据京东自有大数据确定放贷，无需商家抵押或提供担保，因此借款人借贷成本就是 12%~24%。

二、在线平台

1. 概念

近年来伴随着电子商务、物联网和云计算的发展，"互联网+"概念得到迅速推广，银行、电商平台和传统行业积极探索如何利用互联网使供应链金融从线下走向线上，即"供应链金融的在线平台融资模式"。

关于"供应链金融的在线平台融资模式"，至今没有一个统一的定义。孙爱丽和牛淑珍（2014）认为"线上供应链金融"是通过银行服务平台与供应链协同电子商务平台、物流仓储管理平台无缝衔接，将供应链企业之间交易所引发的商流、资金流、物流展现在多方共用的网络平台之上，实现供应链服务和管理的整体电子化，为企业提供无纸化、标准化、便捷高效、低运营成本的金融服务。并且认为供应链协同电子商务平台+线上供应链金融系统将成为解决我国中小企业融资的创新路径[①]。与此同时，袁昌劲（2014）定义了"互联网供应链金融"，是指兼具电商平台经营者和资金提供者身份的电商或商业银行，在对电子商务平台长期积累的大量信用数据以及借此建立起来的诚信体系进行分析的基础上，运用自偿性贸易融资的信贷方式，引入资金支付工具监管的手段，向在电子商务平台从事交易的中小企业或小微企业提供封闭的授信支持及其他资金管理、支付结算等综合金融服务的一种全新的金融模式[②]。在此，我们把"线上供应链金融"和"互联网供应链金融"统称为"供应链金融的在线平台融资模式"进行分析。

2. 具体应用

（1）商业银行电子商务平台的创新

目前，一些商业银行正在尝试自建或者与电商平台合作开展在线平台融资，通过在线平台优化物流链、资金链和信息链实现资源整合，为核心企业及其上下游提供金融服务。企业可以在商业银行的电子商务平台自助申请贷款，由系统实时审批并决定是否放款。通过这种途径，银行可以最大限度地掌握供应链中的物流、商流、信息流、资金流等信息。以平安银行橙e网为例：橙e网是由平安银行出资运营的电子商务云服务平台，通过协同物流和第三方信息平台，快速实现其供应链上下游企业的商务电子协同化，实现订单、运单和收单一体化，以及商务服务的一站共享。

（2）基于B2B及B2C平台的电商企业强势崛起

电商平台在解决中小企业贷款信息不对称和贷款流程复杂问题上具备显著优势：电商平台依靠自身庞大的客户资源和沉淀的海量交易信息，通过挖掘交易行为数据来归纳和分析借款人的信用特征，进而判断其偿债能力。借助于B2B电商平台，可以将有融资需求企业的电子信用转化

---

① 孙爱丽，牛淑珍. 中小企业融资创新研究线上供应链金融[J]. 商业时代，2014，01：66-69.

② 袁昌劲. 互联网供应链金融的识别及概念构建[J]. 北方经贸，2014，03：135-142.

为金融信用，避免了银企之间的信息不对称和信息失真，在降低银行贷款信用风险的同时提高资金的流动效率，降低运营成本。近年来，京东商城凭借其在商品流、信息流方面的优势，进入供应链金融领域，帮助其供应商解决融资问题。

（3）基于支付的在线平台融资具备先天优势

第三方支付公司切入供应链金融领域颇具先天优势：经过用户数据的多年累积，第三方支付公司形成了信息流和资金流的闭环。较为典型的是，阿里小贷利用数据模型和资信调查模式，引入淘宝、支付宝上累积的客户数据，将数据映射为信用评级。在风险控制方面，阿里"诚信通"下的电商企业，在与阿里长期的合作中已经产生了信用评分，这种信用评分可以沿用到"e贷通"和"易融通"等贷款产品，银行仅需要阿里评估即可。2011年之前，阿里与银行合作推出"e贷通"和"易融通"，如建设银行与阿里合作的案例。2011年开始，阿里独立发展。

（4）基于一站式供应链管理平台的供应链金融

一站式供应链管理平台运用互联网、大数据、云计算等技术，依托可视的封闭物流体系，集合商务、物流、结算、资金等一站式供应链管理，围绕核心企业为链上中小企业提供在线融资服务。一站式供应链管理平台充分掌控供应链上下游物流、存货信息，从而构建一个大数据平台。平台提供的服务内容包括但不局限于：电子保理、订单融资、存货抵质押、仓单质押、电子保兑仓融资、采购融资等。以湖北三正电商的一力钢铁网为例，一力钢铁网是集第三方电子商务交易与服务、网上融资、信息发布、货物管理、运输配送、在线支付、供应链管理等多功能于一体的钢铁行业电子商务服务平台与物流信息平台。三正电商的母公司湖南一力股份提供资金为三正电商建立灵活的一站式融资方案提供了支撑（见图2.3）。

（5）基于P2P平台的供应链金融

供应链金融已成为P2P平台业务的重要发展方向，P2P平台涉足供应链金融主要有四种方式。一是与核心企业合作，为其上下游企业融资，例如电网贷，其业务来源有深圳国投保理、国家电网、南方电网、中国电信等大型集团公司或电力企业；二是由核心企业发起创立，如"胖胖

第二章 小产业链金融：案例概览

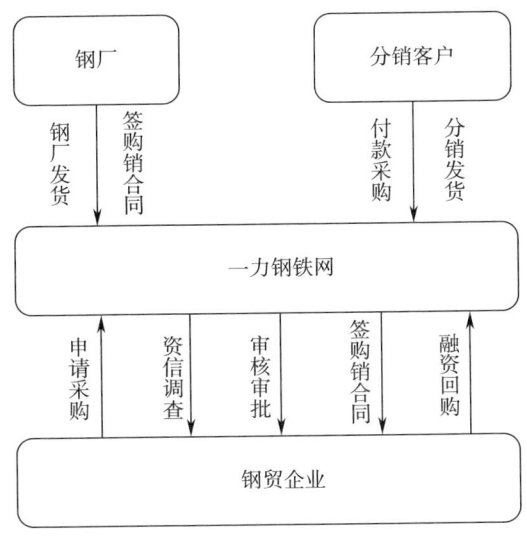

图 2.3 三正电商供应链金融

猪"，为装饰业提供供应链融资服务，其股东背景包括中化岩土、K2 地产、建元控股等。三是 P2P 平台与商业保理公司合作，企业将应收账款转让给保理公司，保理公司再通过 P2P 平台向投资者出售保理资产收益权，到期后由保理公司负责回购，如"普惠理财"平台（见图 2.4）。四

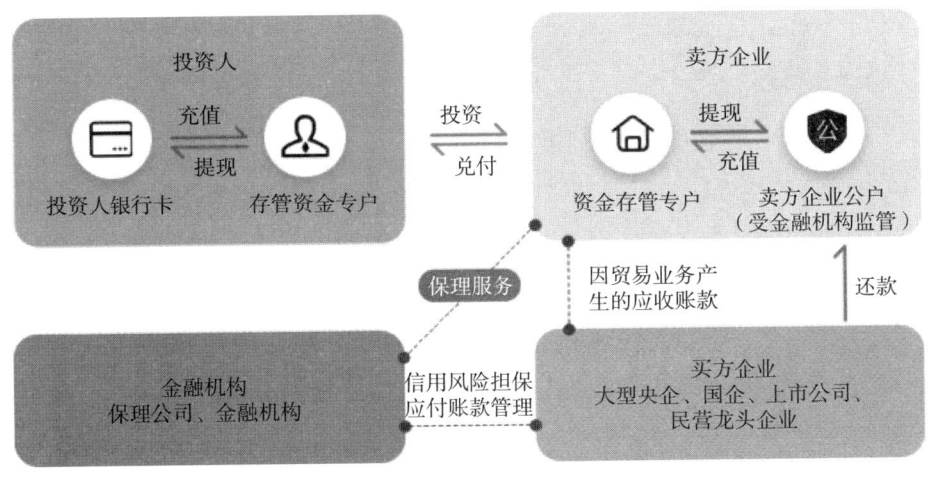

图 2.4 "普惠理财"P2P 平台保理融资服务流程

33

是由核心企业独立设立的纯粹的互联网供应链金融服务平台，例如"碧有信"，乃是大型房企碧桂园集团的金控所设立专门为碧桂园供应商提供供应链融资服务的平台（见图2.5）。

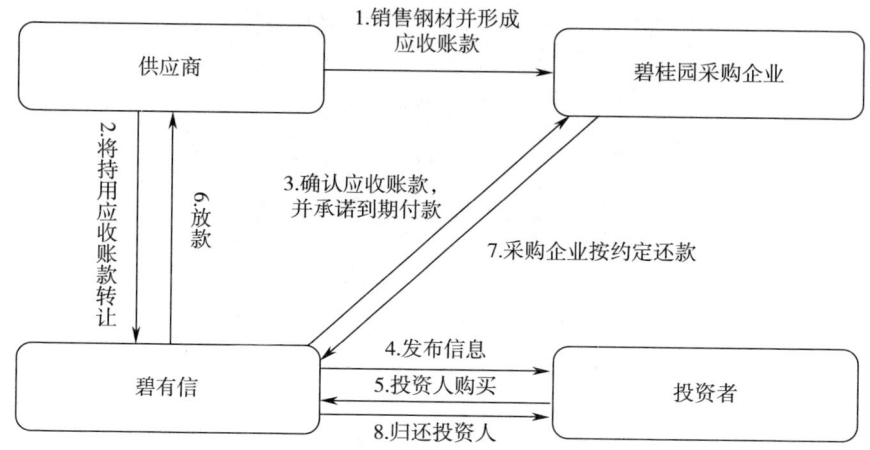

图 2.5 "碧有信" P2P 平台应收账款服务流程

第二篇

小产业链金融案例

第三章 应收账款类

案例一 安家世行融资担保
影视文创类产业"影视贷"[①]

一、基本情况

(一) 行业背景

影视文创产业发展迅速,产业规模不断壮大,销售收入大幅攀升给创意产业的繁荣创造了必要的市场环境,新闻出版广电总局电影局通报的数据显示,截至 2015 年 12 月 18 日,全国电影总票房 409.5 亿元,首次突破 400 亿元大关,国产片整体票房 245.8 亿元,占总票房的 60.02%,国产片再次战胜进口片,并且领先优势越来越大,国产电影《捉妖记》《港囧》《夏洛特烦恼》《大圣归来》等前十名共拿下 110.93 亿元票房。

而电视剧方面随着《花千骨》《伪装者》《盗墓笔记》《琅琊榜》等一大批影视剧作品的火爆荧屏,带来了产业腾飞,其中,《琅琊榜》更是让背后的出品方儒意影业被市场熟知,让山东影视收获了大量粉丝和业内的赞誉,成为品质的代名词,此后由花儿影视和儒意欣欣出品的《芈月传》还在后期制作期间就完成了 5 亿元销售额,由此,我国创意

---

① 来源:北京安家世行融资担保有限公司提供。

产业迎来大发展时代也创造出一种"蝴蝶效应",影响着演员、投资公司甚至中国影视行业发展的方向。

2015年,中国影视产业在跨界资本影视项目投资、大数据及科技服务创新、影视产业链流程再造等领域将呈现新特点,"互联网+传统行业"也成为产业间融合发展的新模式。影视文创企业想要获得产业的提质增效,离不开金融和科技资源的对接与融合,而这正成为其发展的强劲动力。

(二)"影视贷"金融产品介绍

影视文创企业一般自有资金低,每个项目前期投入大,投入期较长,资金使用时间计划性差、资金使用期限差异较大,同时具备轻资产,无抵押、高成长,高收益等特点。企业在投入期融资以内源融资为主,主要依靠股东资金投入,行业内其他资金补充。由于影视文创产业的无形资产是非标准化的,而非标准化的金融产品在资本市场上很难具有流动性,其商业模式的专业特性造成传统融资方式存在着诸多的不匹配问题,如企业融资难,融资渠道单一,融资需求得不到满足。

安家"影视贷"产品是专为支持文化创意企业及文化创意集聚区建设而量身定制的特色金融组合产品,旨在满足不同阶段影视文创企业的各项融资需求,产品从整个行业的产业链上做文章,在信贷设计上一定是事前管理,贷前需要进行更为严格的审查。除了常规审查外,还需重点关注企业的市场定位、运作团队、团队核心人物的影响力、发行方式、作品的购买方,以及影视剧制作投资占主营业务收入的比重。通常情况下电视剧版权收益主要依赖于第一轮的播放产生的收益,电视剧从拍摄到一轮播放实现收益的期限为1年半至2年,因此按照这种属性判断来制定相关符合行业特性的贷款期限,合理选择不同的担保方式组合,加入适当的债权融资担保方式以及夹层基金的思路来设计,这样不仅仅对于企业融资得到实惠,同时又对其用款用途以及贷后检查提供了相关的佐证文件。

通过专业性的评估,鉴定出好的项目,对接互联网的投资平台,不仅仅满足了影视企业的融资需求,更通过互联网平台的海量用户提前锁定观影大众,定向进行宣传,拉近"高大上"的文创行业与投资人的距离。作品还处于筹资阶段就可以引发大量关注,剧本的修改,演员的甄选,场景的设计,都可以通过网民参与决策;在营销阶段,可以通过各种服务项目,引爆用户持续关注和消费热情,起到一定的宣传作用。

二、产品设计

(一)融资方案设计

1. 融资需求特点

(1)影视制作企业多为轻资产公司,制作团队临时组建,分工明确,拍摄完成后,按合同付费,现款现结,项目盈亏与否都由投资方承担,资金回收周期较长,一部电视剧制作到销售大概要用1年半的时间,前期投入大,投入期较长,企业自有资金不足,金融服务需求急切;

(2)资金使用时间计划性差、资金使用期限差异较大,大部分企业除资金需求外,也有很高的金融服务需求,例如怎样做好投资规划与融资方案能提高资金使用效率又能降低成本;

(3)项目难以在制作影视作品前准确预估,存在较高经营风险,导致企业融资渠道单一,融资需求得不到满足。

2. 产品设计的主导思想

(1)贷款项目版权关联关系清晰,部分或者全部版权方明确为贷款主体所在企业;

(2)贷款主体所在企业为项目主要控制公司,主要是制作环节和销售环节的控制;

(3)项目需要取得广电公示和摄制许可证;

(4)项目其他投资的资金计划到位情况;自投资金不少于项目总投资额的35%;贷款额控制在总投资额的30%之内;

(5)项目制作周期计划明确,发行计划明确;

(6)编剧、导演、主演及制片团队确定并有合同;

(7)场地、设备、服装等确定并有合同;

(8)项目预算完整,明确有超预算的预案;

（9）项目回款账户为我司指定银行账户；

（10）投放比例完全按照项目的执行进度进行分批动拨的模式。

（二）具体案例

1. 具体案例一：版权+应收账款质押

（1）项目情况

某公司是一家集制作发行电视剧、舞台剧、音乐剧，艺人经纪、广告宣传，策划大型演艺活动于一身的产业经营一体化企业，公司经过4年多的筹备，于2014年10月1日开机拍摄38集电视剧《傻柱》，投资预算为4800余万元，制作周期为100天，后期制作100天左右。北京电视台已经表示收购意向只等拍摄完成签订正式合同，同时向各省级上星卫视及地方发行联盟发行。

（2）资金需求

投资预算为4800余万元，资金缺口为850万元左右，向我司申请融资800万元。

（3）融资方案

明确资金用途：

《傻柱》的拍摄即将完成，将在2014年12月底杀青，各演员及工作人员已经进入结账阶段，此次借款为《傻柱》拍摄补充资金。

锁定还款来源：

①该公司股东及总经理，个人固投的800万元以北京幸福影视有限公司拍摄的电视剧《爆米花》在2015年5月25日的本息一次性1040万元回款。

②电视剧《傻柱》的播映回款，电视剧《傻柱》实际拍摄38集，剪辑后预计42~45集。按每集120万元计算，《傻柱》这部电视剧的首轮播出的预期收益为5000万元左右。

反担保措施：

①电视剧《傻柱》的版权质押；

②公司承担无限连带担保责任；

③法人承担无限连带担保责任；

④同时还可以接受传统担保、知识产权等无形资产担保、应收账款质押、未来收益权质押。

2. 具体案例二：合同质押+分批动拨

（1）项目情况

某公司成立于2004年，是拥有国家正式演出经验资质的专业公司。公司核心团队汇聚了国内资深的电视文艺界策划人、撰稿人、优秀导演、音乐制作人、传媒人士，并且与港台地区及海内外众多知名艺人保持着良好的合作。自公司成立以来，已全权制作了几十台有影响力的大型文艺晚会，在业内占据领先之地，本次制作《纲到你身边》是湖北卫视为郭德纲量身打造了一档娱乐新闻时评脱口秀栏目，节目将在每周一播出，每期邀请娱乐圈各行各业知名人士作为嘉宾，以时事、新闻词汇和郭德纲独有的幽默风趣，就某一话题开怀畅聊，娱乐大众。

（2）资金需求

每期节目支付制作经费25万元，全年节目总期数52期，共1300万元；

节目制作舞美及场地录影预计260万元，共计1560万元，该公司自有资金500万元（首期234万元及制作节目的舞美260万元）；

资金缺口为1066万元左右，计划在我司借款1000万元。

（3）融资方案

明确资金用途：该公司已与北京德艺巨佳文化传媒公司签订了节目制作协议，并于2015年1月5日前向对方支付了234万元，后续将根据制作进度，支付相关的费用，此次借款，即用作后续制作费用的补充。

锁定还款来源：

①《纲到你身边》播映权的回款：已与湖北卫视接洽，初步定于2015年2月初正式签署购买协议，购买经费为每期25万元，共52期，共计1300万元，付费方式为每月25日支付上月制作费用。

②冠名商收入：目前已洽谈的冠名商分别为：青岛啤酒700万元/半年，恩威药业800万元/半年，某企业800万元/全年，和德艺巨佳三七分成，则该公司至少取得1610万元的冠名收益。

网络收入：主打乐视TV、爱奇艺等，每期10万元，52期总收益

520万元。

反担保措施：
①企业法人个人承担无限连带担保责任；
②关联企业"国韵文化公司"承担无限连带担保责任；
③监管项目回款账款，增加预留印鉴；
④融资款定向支付；
⑤融资款根据节目制作进度按期动拨。
目前该项目已按时还本付息。

（三）影视贷融资的具体模式

1. 适合对象

中小影视文创企业及从事文化创意的中小企业。

2. 产品特色

担保灵活、方便快捷、注重实效、创新担保方式，知识产权等无形资产担保

应收账款质押、未来收益权质押、法人无限连带责任等组合担保方式。

3. 申请条件

（1）企业情况：原则上企业成立时间在一年以上，注册资本不低于100万元；企业要有以往相关项目的成功操作经验。

（2）项目情况：项目已取得相关部门的立项批准，并提供相关批准文件或备案公示；企业负责人需有相关项目的从业经历；或已进入具体实施阶段的，企业要有一定比例自有资金投入；产品原创性高，具有较好的市场潜力，能够产生较好的经济效益和社会效益。

（3）版权情况：如申请版权质押融资贷款，应确保版权所有关系清晰，借款人具备版权质押条件。

（4）其他情况：企业应满足其他公司规定和一般授信条件。

4. 贷款期限

根据项目制作回款周期灵活设定，可根据具体情况设定1—2个月的宽限期，原则上不超过一年。

5. 贷款额度

根据项目总预算评定,即依项目盈利分析及借款申请人的经营、财务和资信状况等因素予以确定。

6. 贷款利率

影视贷费率根据企业资质、用款期限、风险程度、项目收益率、借款人诚信度等,实行差别的综合费率15%~22%。

7. 还款方式

按月还息、到期还本的偿还方式。

8. 贷款办理流程如图3.1所示,贷款经最终审批通过后逐一落实审批附加意见,并签订有关借款合同、质押担保合同、发放贷款。

资料收集 → 方案设定 → 尽调报告 → 内部审批 → 平台对接 → 风控手续 → 放款 → 贷后审核

图 3.1　贷款办理流程

9. 需提供的材料清单

(1) 企业基本资料;

(2) 行业资料;

(3) 影视作品资料,包括剧情梗概;

(4) 广电总局审核通过证明(由他人申请的提供转让协议或声明);

(5) 联合制作协议;

(6) 著作权登记证书及转让协议;

(7) 电视台购买意向或合同(过往的结算凭证);

(8) 项目制作、发行计划表及预算表;

(9) 编剧、导演、主演及制片团队名单及签约合同;

(10) 场地、设备、服装等租用合同;

(11) 企业以往影视剧销售合同及过往付款凭证;

(12) 广电总局拍摄制作许可证。

10. 风险控制

贷前除内部审核外还会请业内的专业人士对剧本、主创团队、发行方式多围度评估;

专职贷后操作人员定期跟踪监督项目进度；

及时了解发行计划是否落实；

应收账款回款情况时时跟进。

案例二　温州乐清农村商业银行茶叶产业链金融服务

——"订单贷"

一、基本情况

（一）历史渊源

浙江是名茶之乡，现有名茶27种。雁荡山毛峰茶古称"雁茗"，相传起于晋代，明代被列为贡品，历史悠久，有"祛腥腻，除烦恼、却昏散，清积食"之效。历史上的雁荡山毛峰茶，受当时的条件限制，茶产量并不高。新中国成立以后，经过茶叶干部和茶农的共同努力，产量和质量均有所提高，至1964年，始被定名为"雁荡毛峰"，1986年，被列为浙江省省级名茶。近几年，茶叶品质和加工工艺继续得到提高，且易于贮藏，有"三年不败黄金芽"之誉。近年来，雁荡毛峰茶在全国及省市名优茶评比、博览会上获得近百个金奖，产品质量得到业内专家高度评价。同时，涌现出如"雁白云""能仁""芳芯绿雁"等大量知名品牌。

（二）发展现状

1. 市场需求

2010—2013年，雁荡山茶市中高档名优茶的价格一直维持在4000元/斤以上，最高可到8000～10000元/斤。名优茶的利润占到其产值的10%～20%，知名品牌的雁荡毛峰茶利润在30%左右。今年以来，受政府采购减少的影响，整体销售总额有所下滑，但是高档茶叶还是逆市上扬，最高达18000元/斤。

2. 生产状况

据调查，目前雁荡地区茶叶种植面积约 266 万平方米，年产值约 4000 多万元。上规模的持证茶企 6 家，从事茶产业的家庭 600 多户、1200 多人。

(三) 发展趋势

从我国茶叶行业发展整体情况来看，决定产业发展的因素主要有四方面：政策支持、投资者、茶叶加工技术（手工作坊或流水线生产作业）、产品开发。结合乐清本地茶产业市场，总体认为产业发展趋势如下。

1. 消费需求进一步增强

茶叶已成为我国居民日常生活的必需品。随着国民经济增长、百姓收入水平提高、健康理念深入，茶叶消费量将进一步增加。

2. 质量和品牌成为竞争关键

国家出台茶叶质量标准，相关部门对茶产品的质量把关更加严格，消费者除传统的口感需求外，对茶叶品牌认同感增强。地方政府提出打造产业品牌的目标，雁荡毛峰的品牌优势将更加突出。以能仁村茶叶专业合作社为例，近三年来对新引进的近 6 个茶种品系通过数百次小样加工试验，进行了红茶加工技术的摸索工作，利用雁荡山高山野生茶加工的"能仁红韵"红茶精品进军了高端市场。

3. 消费市场拓展

过去，受地域及交通限制，茶叶生产、销售和消费多局限于当地或邻近地区。近年来交通运输与物流业的快速发展，人员流动加速逐步带动了茶叶产品在产地外区域的推广，茶叶企业的销售半径不断扩大，品饮习惯的区域性特征逐步淡化。

4. 生产方式逐步升级

传统茶叶生产多以家庭为单位，茶叶加工企业多为手工作坊，规模小、产品质量不稳定、品牌知名度差，竞争劣势逐步凸显。规模化、产业化、机械化生产方式将成为茶叶行业发展的必然趋势。

5. 销售方式多元化

传统产业生产销售终端多以单店模式为主，部分企业为加强品牌推广，开始走大规模连锁经营道路。部分地区将农业与旅游相结合，开发茶文化休闲旅游基地,利用生产空闲时间,增加茶企和茶农的收入,带动茶叶销售。

(四) 茶叶产业链运行情况

雁荡山产茶区域主要集中在能仁村、下灵岩和响岭头。经过十几年的发展,该地区茶产业逐步由分散向集中转变,形成以龙头茶企带动茶农发展的种产销链条。

1. 产业链主体构成

如图3.2所示,主体包括:茶农,种植茶叶并出售茶青;核心加工企业,将茶青加工为成品茶,自行销售或者销售给经销商;经销商:收购茶叶并转售给零售渠道;茶文化企业,包括茶叶观光休闲园、茶农交流会等。

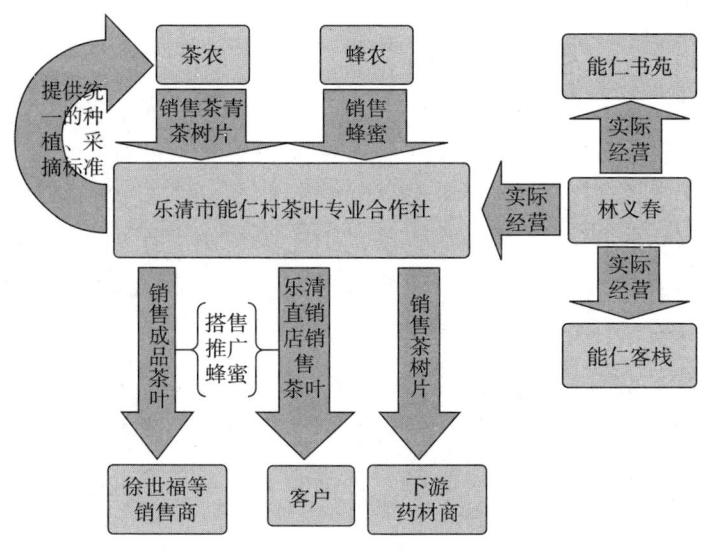

图3.2 能仁茶叶专业合作社产业链示意图

2. 产业链交易关系

以加工企业为核心:①对上游,与农户签订农产品种植收购协议,提供信息指导和技术服务;除按订单收购农产品外,还实施盈余返还分成机制(即加工企业拿出一定比例的茶叶销售利润返回给农户),从而提升农户合作密度。②对下游:与经营商签订供货合同。③大力发展茶文化附加项目，形成企业内部"加工—销售—旅游休闲"循环体系。

（五）本行社产业链金融服务现状

1. 金融需求摸底

（1）种植期融资需求，包括：9—11月日常田间维护费用，2—3月采摘雇工费用。3月茶叶开始上市，5月达到高峰，农户资金逐步回收；（2）收购期融资支持，加工企业开展批量收购时，面临短期资金短缺；（3）文化、观光等附加项目生产期融资支持；（4）销售环节融资支持，如茶叶经销商、下游药材商、包装材料生产企业在销售中形成垫款或预付款，需要资金支持；（5）综合金融服务，包括结算、移动POS机、农产品推介平台。

2. 金融服务现状

乐清农商行现有茶叶种植类贷款客户45户，450万元，期限一般在1至2年。目前，金融服务手段主要分为两种：

（1）传统农户及企业融资服务；

（2）产业链金融服务。如，认定乐清市能仁村茶叶专业合作社为核心企业，由其推介链条上的客户，对该产业链授信总额为370万元，其中核心企业100万元，上游茶农200万元，下游茶商70万元。

（六）客户营销方法

（1）陌生拜访；（2）实施网格化经营管理。建设信用村，将911个行政村划分区域到支行、到客户经理，客户经理走村入户建立客户档案；（3）精准营销。通过大数据平台分析数据，设计条件筛选客户，制定精准营销客户名单并下发支行，实施针对性营销；（4）链圈金融模式。通过产业链由核心企业向上下游的卫星客户延伸。

二、产品设计

（一）主要产业链金融产品及服务模式

针对紧密型、中间型、松散型三型农业产业链，形成了基于交易合同分析、经营分包、核心企业带动、特色产业集聚的"农链通"四种服务模式，并推出了订单贷、承包贷、流量贷、诚信贷四类产品。

1. 订单贷（基于交易合同分析）

根据卫星客户与核心企业的合同订单，签订三方协议，以应收账款信用为额度依据，以各个环节实际资金回笼为期限的农链通系列产品。

2. 承包贷（基于经营分包）

根据卫星客户与核心企业（农业带头人）的经营承包合同，签署种植率真实性声明书，以各个环节实际资金回笼为期限的农链通系列产品。

3. 流量贷（基于核心企业带动）

根据卫星客户与核心企业之间的现金流量交易，综合判定产业链各个环节的资金需求，以各个环节实际资金回笼为期限的农链通系列产品。

4. 诚信贷（特色产业集聚）

根据农业产业链集聚的区域结合信用村、信用农户评定技术，降低农业产业链融资成本，以各个环节实际资金回笼为期限的农链通系列产品。

（二）典型案例——能仁茶产业链"订单贷"模式

能仁村茶叶专业合作社提供统一的茶叶种植标准，对土壤、施肥标准、采摘时间、每天采摘数量等做明确规定，对符合标准的茶叶进行统一收购并签订订单。核心企业与茶农签订最低合同保护价格，具体浮动根据当前茶叶市场供需情况和采摘的人工费确定。农户根据订单的种植标准，承包土地、购买化肥、进行种植，并在规定时间进行采摘，人工采摘费为300元每人/每天。现以能仁村茶叶专业合作社为核心，建立"银行＋专业合作社＋农户"融资服务方案。

1. 核定授信额度

订单金额＝茶叶种植亩数×预期每亩茶叶产量×茶叶收购价格

农户融资资金敞口＝今年订单金额－去年订单收入留存

银行根据农民今年的订单金额、农户资金敞口对客户进行综合授信。在我行星级贷政策的评定基础上，通过《个贷风险测评模型》，以年龄、信誉度、婚姻状况、行业、信用情况等指标对客户进行量化打分，根据客户的得分情况，一般为70~80分，贷款额度一般为订单金额的30%~80%。

2. 担保方式

开展订单质押贷款；执行"信四条"：凡符合"借款人已婚、经营3年以上、在他行没有贷款、信用良好"四条标准的都可办理信用贷款；配套"一免责一提升"：凡链条信用不良贷款未发现有违规行为的免除风险金，不良容忍度从0.6%提升至1%。

3. 还款方式

根据三方共同约定，要求专业合作社和农户均在我行开立结算账户，所有交易均在我行发生。进行资金封闭管理和监控。在每年核心客户支付货款时，直接将货款转账至卫星客户的贷款专用账户内，确保第一还款来源的准确性与及时性。

4. 贷款期限

根据农业产业链生产周期的特点及卫星客户的贷款需求设定贷款期限。一般3—4月茶农采摘茶叶，5月核心企业收购茶叶付订单货款，7—8月茶农与核心企业签订明年订单。茶叶种植产业链的贷款期限一般在6个月至1年。

5. 信息交叉验证

自行开发了"农链通"综合管理平台，核心企业和卫星客户整条产业链的账户信息录入系统，监测和验证农户及核心企业的资金流、信息流情况。包括：通过核心企业验证农户茶叶种植情况；通过受结算渠道监测茶农资金用途情况；通过茶农的水、电费等信息了解茶农生产信息；通过下游茶叶销售的徐世福等销售商、销售客户和下游药材商的订单和销售情况掌握核心企业的茶叶经营情况；通过能仁书苑、能仁客栈的经营情况，客户订餐情况等掌握核心企业资金流和信息流。

6. 综合服务

由于专业合作社建在山上，不通电话，乐清农商银行为客户提供结算、代缴、移动POS机、微信平台农产品推介等综合性的金融服务。雁荡山的茶企和茶农普遍只做一季茶，产茶季为清明谷雨前，这段时间内存在大量茶叶交易。为解决资金"结算难"问题，我行为核心企业能仁茶叶专业合作社办理了移动POS机，为27户农户办理了手机银行和网银，通过企业微信平台发布农资信息，推送农业产业链的产品信息，打开农产品销售渠道，实现了多方共赢。

三、风险识别与控制

（一）产业风险点识别

1. 生产风险

（1）雁荡茶叶以春茶为主，只采一季，生产成本不断增加，盈利空间越来越小，茶叶资源浪费。（2）整体生产技术落后，转型升级面临投资压力，政府补助相对较少。

2. 资金使用风险

（1）茶叶生产时间集中，茶农多从事其他商业活动，资金用途难以把握。（2）茶树成长期长，一般从树苗到采茶需5年时间，导致投资回报期长，资金压力较大。

3. 自然气候风险

4. 市场环境风险

茶叶市场主体多、品牌杂、QS认证等管理机制相对薄弱，多地政府兴建茶叶市场，竞争日趋复杂激烈。

（二）准入政策

1. 客户人品

重点把关客户的信用品质及生产经营能力，通过多个渠道全面了解客户，特别关注客户是否有不良嗜好。

2. 经营情况

优先选择经营时间3年以上、资本积累良好、使用机械加工、有固定客户群体的茶叶经营主体。对新进入我行业的客户严格把关。

3. 产品评价

重点判断茶叶品质。评价维度包括茶叶品种，采摘的时间、加工的技术、土壤的酸碱度、施肥的效果、气候的变化等。

4. 资产负债情况

关注客户在他行的借贷情况，特别是民间借贷、隐性负债。通过从客户周边人员直接、间接进行打听，了解客户的负债与其资产实力是否匹配，是否具有偿债能力。审慎介入融资银行超过3家的客户。

5. 现金流

关注客户销售收入与资产水平是否吻合，对客户货款周转和回笼情况进行审计及评价。

（三）茶产业链金融风险控制方法

1. 建立客户准入评价体系

一是通过银政合作整合信息。乐清农商银行专门成立茶叶、瓜果种植、水产养殖、农副产品、石斛等行业的专家小组，并外聘中科院、农业局、农计站等农业专家为顾问，指导产业客户营销。二是通过银企合作共享信息。通过核心企业推荐及提供担保的贷款准入方式，使合作社不得不选择财务状况良好，能够按时还贷的茶户。

2. 动态监测产业链客户"三流"

建立农链通管理信息系统，实时采集上下游客户现金流、物流、信息流数据，动态监测客户经营情况，对经营风险、市场风险、财务风险、关联企业风险和重大事项进行分析。

3. 产业链信用增级

（1）以大助小。由核心加工企业为上游的茶农和下游的经销商提供担保，使商业信用转化为银行信用。

（2）聚弱成强。推出规模企业联合体担保贷款和农户联保贷款，将一批实力较弱的经营者集合起来，使原本产业链上因势利较弱无法获得融资农户个体通过信用共享和风险分担，达到融资方的融资标准。

案例三 恒丰银行探路"三农"小微企业金融

一、基本情况

(一) 背景介绍

2015年中央一号文件《关于加大改革创新力度加快农业现代化建设的若干意见》出台,这是自2004年以来,中央一号文件连续第十二次聚焦"三农",意义之重大不言而喻。新形势下加快农村发展,关键是紧紧扭住发展现代农业、增加农民收入、建设社会主义新农村三大任务。"十围之木持千钧之屋",发展现代农业,核心是构建现代农业产业体系、生产体系、经营体系,加快构建职业农民队伍,形成一支高素质农业生产经营者队伍;增加农民收入,重点是构建长效政策机制,通过多种途径让广大农民尽快富起来。

但是涉农企业和小微企业一直受到金融机构冷落,其融资难是一个不争的事实。由于农业面临的自然风险和市场风险较大,加上农村普遍缺乏抵押物等因素,对大多数金融机构来讲,"三农"领域的业务,向来不太受青睐。但与此同时,"三农"企业对金融产品的需求巨大,大多数金融机构不愿意进入"三农"领域,反而让这个市场成为诱人的蓝海。

恒丰银行正是发现了这个蓝海市场,近年来一直深耕农村金融市场。恒丰银行持续加大对"三农"领域的支持力度,全行从信贷额度、审批流程、产品创新等方面都给予"三农"业务充分的优先权。

(二) "三农"企业金融问题

改革开放以来,党和政府对"三农"问题越来越关注,越来越重视,采取了一系列促进农业生产、加强农村建设、减轻农民负担、增加农民收入的重大举措，使我国农业发展迈上了新台阶，农民整体生活水平有了显著改善。但当期制约农业生产进一步发展、农民收入进一步提高的因素还存在，特别是农村金融服务部门尚未形成服务"三农"的有机整体，从而抑制了农村金融完善和农村经济发展。我国农村经济形式货币化、市场化、产业化和城镇化趋势明显，这种变化对农村金融服务的要求是：资金需求量大且期限长、金融机构种类多且布局合理、金融业务需求多样化、金融产品创新化、金融设施现代化等。

但是现实却和要求相差甚远。国有银行呈现出不同程度的离农倾向。为了增收节支，国有银行逐步放弃了一些乡镇网点，留下的网点也更多地发挥了其吸储功能，而没有放贷功能。放贷过程也更多地体现出对优质企业的倾向，支农力度不足。国有银行的撤离造成了农村金融的空洞化，"三农"金融问题比较严重。

2012年2月24日至25日，中共中央政治局委员、国务院副总理王岐山在河南省郑州市、许昌市考察金融工作，并主持召开中小金融机构座谈会。他强调，"三农"和小微企业关乎促进就业、改善民生、经济发展和社会稳定的大局。要认真落实中央经济工作会议和全国金融工作会议精神，推进金融体制机制改革和组织制度创新，优化金融结构和布局，促进中小金融机构健康发展，努力破解"三农"和小微企业融资难题，更好地服务于实体经济。

根据党中央、国务院领导同志批示指示精神，加大金融对"三农"、小微企业等经济领域薄弱环节的支持力度，2015年12月形成了《吉林省农村金融综合改革试验方案》《浙江省台州市小微企业金融服务改革创新试验区总体方案》。下一步，央行将不断完善涉农信贷政策导向评估机制，加强货币信贷政策和财税政策的协同配合，完善差异化政策支农体系；会同有关部门研究制定农村承包土地经营权抵押贷款试点办法，推动黑龙江"两大平原"等地现代农业综合示范区金融改革工作，鼓励金融机构支持农业适度规模经营和新型农业经营主体发展。继续大力推动农村信用体系和支付体系建设，着力提升金融普惠性。

二、产品设计

(一) 产品设计的主导思想

恒丰银行自上而下都对"三农"问题高度重视,在组织体系上,该行从2009年起就专门成立了中小企业信贷管理部,建立了从总行到分行的中小企业信贷管理条线,明确了部门职责、岗位设置和业务流程。

为提高审批效率,该行对中小企业信贷流程进行再造:在贷前调查环节,适当简化调查手续,将简化后的调查报告模板嵌入信贷管理系统,实现系统自动生成调查报告;在贷中审查环节,推行"后手修正前手"的审查原则,尽可能避免重复的形式性工作;在总行审批环节,在总行中小企业信贷管理部负责人审查同意后,直接提交有权人签批,不需再经贷款审查委员会审议;贷后管理环节,适当简化现行的贷后操作程序,进一步推进贷后检查向实质性检查的转变。

经过多年的精耕细作,恒丰银行创新性地开发了多种金融产品,用以满足不同地区、不同类型的"三农"企业对金融产品的需求。这种半定制化的服务更好地贴合了"三农"企业的需求,有效地缓解了它们的金融压力,切实有效地推动了"三农"企业的发展。

(二) 恒丰银行"三农"金融主产品

恒丰银行的"三农"金融产品具有明显的地域特色,不同分行针对当地不同的"三农"企业开发了不同种类的金融产品。这些分行都根据恒丰银行的基本小微金融产品开发出了更具创新性的产品,切实满足当地"三农"企业的需求。但是从本质来看,恒丰银行解决"三农"问题的主要金融产品,仍是小微企业超额抵押贷款和应收账款池质押授信两种模式。

例如,成都分行立足四川省农林资源较丰富的实际,根据各地区资源禀赋情况,有针对性地选择营销区域优势资源明显的"三农"企业客户,以带动当地经济发展。针对乐山等地生猪养殖业发达、竹林资源丰富的特点,专门针对两大行业内的龙头企业开发金融产品,帮助企业进行原料采购和产品研发，对促进当地农业产业化发展、农民增收起到积极促进作用。根据"三农"经济和涉农企业的需求，恒丰银行成都分行简化创新贷款审批程序，变原来大小企业统一参加贷审会为小微企业单独走零售通道审批，分门别类突出重点，缩短了涉农企业的审批时间。与此同时，该行在内部管理方面建立了相配套的业务流程。一是推行限时服务。要求审查、审批、出账等中后部门，在营销部门上报贷前调查资料后及时完成各项工作，承诺在企业提交材料两周内完成审批；二是开辟"绿色通道"，做到对"三农"企业优先营销、优先审批、优先出账，提高涉农贷款不良率的容忍度，并建立了与此配套的内部业务办理流程。

恒丰银行南京分行在涉农金融服务中，坚持"一户一策"思路，不拘一格，鼓励创新，满足各地在发展"三农"过程中的多样化需求。在南京，恒丰银行南京分行本部不仅简化了贷款流程，而且优化筛选模式，降低"三农"企业准入门槛。同时加强与南京市经信委和科委的沟通联系，主动与取得省科技厅、省经信委及国家项目的科技型涉农中小企业联系，主动将金融服务送进涉农企业。在无锡，恒丰银行打造"财运恒通"综合金融服务品牌，实行贷款、还款和续贷的"无缝对接"，建立贷款限时办结承诺制，对涉农企业授信审查工作时限控制在3—5个工作日内；降低涉农企业经营成本，实行贷款利率专项倾斜和优惠，对"三农"经济主体通过网银结算、手机银行、ATM跨行转账等业务实行手续费全免。在镇江，扬中恒丰村镇银行对于部分"三农"贷款，规模小、资产少、经营实力弱，无法有效落实担保的问题，推出了多户联保贷款制度，将五户或五户以上的"三农"贷款捆绑成一个共同体，实行"联贷联保"，帮助"三农"企业抱团取暖。

为了更深刻地理解恒丰银行对"三农"企业的金融支持，我们将分析其利用的两种本质金融工具——小微企业超额抵押贷款和应收账款池质押授信，从根本上剖析恒丰银行是如何帮助三农企业发展的。

1. 小微企业超额抵押贷款

（1）产品介绍

小微企业超额抵押贷款指以不动产抵押为主担保方式，通过追加其他担保措施,给予客户最高不超过抵押物评估值100%的贷款产品。

（2）产品特色

①缓解小微企业营运资金压力,支持小微企业发展；

②担保方式灵活,抵押价值最大化。

（3）申请条件

借款人办理小微企业超额抵押贷款,应同时具备以下条件：

①借款人依法设立；

②借款人生产经营合法、合规；

③借款人信用状况良好,无重大不良记录；

④借款用途明确、合法合规；

⑤借款人具有持续经营能力,有合法的还款来源；

⑥本行要求的其他条件。

（4）贷款期限

一般期限在1年以内（含1年）。

2. 应收账款池质押授信

（1）产品介绍

小微企业应收账款池质押授信业务是指符合银行授信条件的受信人以现有或将来一段时间发生的,以核心企业为买方和债务支付方的应收账款集合向银行出质进行短期融资的贷款产品。

（2）产品特色

①依托企业真实交易,实现贷款业务批量办理；

②为其上游供应商提供融资,增加核心企业与其供应商黏性。

（3）申请条件

借款人办理小微企业应收账款池质押授信业务,应同时具备以下条件：

①借款人依法设立；

②借款人生产经营合法、合规；

③借款人信用状况良好,无重大不良记录；

④借款用途明确、合法合规；

⑤借款人具有持续经营能力,有合法的还款来源；

⑥本行要求的其他条件。

(4) 贷款期限

一般期限在 1 年以内（含 1 年）。

三、金融创新

(一) 创新性的抵押、担保方式

为了最大程度地满足客户的需求，恒丰银行针对不同行业、不同特点的企业设计了一些不同的贷款模式，最大程度做到"一行一策"甚至"一户一策"。这种模式不仅解决了现有产品无法满足所有用户的困难，也使得企业可以向银行定制自己需要的产品。

(二) 打通了"三农"服务"最后一公里"

服务难、信息不对称是农村金融服务"最后一公里"障碍。恒丰银行把被动服务变成了主动营销，主动去了解企业的需求，设计好服务提供给企业，转变了银行的服务形式。

(三) 不以"利"字当头，主动承担社会责任

恒丰银行主动承担社会责任，不以"利"字当头，在抵押物、利率等方面给予企业一定倾斜，或在双方协商基础上开展合作，这在股份制商业银行里十分难得。

四、小结

(一) 本案例金融创新产品的主要优势

1. 国家扶植"三农"发展，金融政策相对宽松。
2. 恒丰银行"三农"金融贷款发展情况良好，业务开展范围广，具有较好的代表性和研究意义。
3. 案例丰富，可以切实体会到恒丰银行政策在"三农"发展中的各种应用。

(二)"三农"企业金融问题特点

1. 潜力巨大：作为农业大国，我国"三农"企业对金融产品的需求程度远超想象；

2. 时效性强、季节性强、需求时间集中：资金需求季节性强，不仅有资金需求，也有很高的金融服务要求，要求金融产品能够迅速满足"三农"企业的需求；

3. 重视合作社的作用：农户分散贷款的需求非常少，单从农村的资金需求看，合作社、大户比较多一些，通过扶持龙头企业、合作社等新型经营主体，拉动产业发展，从而让分散的农民从整个产业链上获益。

（执笔：徐正达　孙军锋）

案例四　路桥农村合作银行空调席产业链金融服务
——欠条质押[①]

一、基本情况

(一)产业发展情况

浙江省台州市全市生产空调席的企业有300多家，而其中半数以上集中在路桥区金清镇，其余未入园的家庭小作坊则不计其数，主要分布在友谊村、五丰村、上盟村、下盟村、南盟村、三涂村、腰塘村、金星村、联盟村等十多个村，在这些村有近三分之一农户从事草席、纸席制品的加工编织。经过20多年的发展，金清镇的纸编行业已形成以200多家龙头企业为主，个体工商户类型的家庭作坊式的生产为辅，年产值规

[①] 来源：路桥农村合作银行提供。

模达 35 亿元，产量和产值占全国近八成的现状。当地从事空调席行业的农户有 1 万多人，加上外地务工人员，总从业人数达 2 万多人，成为下梁、南盟、下盟、上盟等村的支柱产业，当地农户均以此发家致富，昔日贫穷落后的村容村貌得到彻底改变，成为名副其实的富农产业。

金清的空调席产业是在不断适应市场变化的基础上发展起来的，由最初的草席到后来的竹席，再到目前的纸席，产品经历了前后三代的变化。2004 年，村民林邦球最早在金清开办了编织草席厂，一边做草席一边做草帽，草帽以再生纤维纸加工而成，主要以出口为主。随着居民生活水平的提高，市民都喜欢用更凉快、美观的竹凉席，而容易发霉长虫的草席则被日益淘汰，市场日益萎缩，林邦球和许多草席加工大户陷入了转型的困境。当时，凉快、美观的竹凉席非常畅销，林邦球也想从做机制草席转产竹凉席。可是，路桥一带不出产竹子，要做竹凉席，就得从外面采购竹料。竹子一根长几米而且较重，如果所有的竹料都要靠从外面运到金清，成本和运输都是很大的问题，产品也不具市场竞争力。林邦球和一些加工大户们经过慎重考虑后决定，既然市场淘汰了草席，那他们就考虑用新的原料替代草席，于是他们选中了用编织草帽的再生纤维纸试制纸席。样品制成后，林邦球拿回家试睡一周，效果非常不错，立马决定开始批量生产。"从表面看，纸席像是竹子编织成的，但分量比竹席要轻得多，也不占地方，换季时方便收纳，加上我们的产品环保、安全，所以一面市很快就被市场认可。"如今的林邦球，已经成为纸编协会的会长，在他的办公室，放着不同款式用再生纤维纸加工成的席子工艺品，主人不介绍的话还以为是竹席。"根据我们制作草席的经验，总结出了一套完整的编席过程和技术，纸席制作要经历开条、拉丝、编织、防霉、杀菌、压布、包边、检验、包装等九道工序。"现在所有程序全部是机器化生产，目前金清镇的空调席产品已延伸到纸席、藤席、冰丝席，主要原材料则包括纸、棉纱及塑料纤维。

（二）产业链运行情况

金清镇空调席生产加工企业及个体户主要集中在南盟村、上盟村、下盟村、塘上村、下梁工业区等，几家规模较大的生产企业包括：台州市丝丝美席业有限公司、台州市兴欣席业有限公司、台州市舒美席业有限公司、台州市路桥区金煌草编厂、台州市家春秋席业有限公司等。

除了规模较大的几家企业有自主品牌之外，大多数家庭作坊式的生产企业都以帮大企业代加工或贴牌生产为主。以某家公司为例，该公司在空调席行业有10多年的生产经营经验，并逐渐成长为颇具规模的大型龙头企业，该企业目前年产值达12000多万元，拥有100多台织机，雇用了180余名员工，旺季时还与其他小企业、个体工商户签订外包加工合同，与其长期合作的加工户达到50多家。由于该企业信用较好，加工户都愿意欠款为其加工，货款一般一个月或两三个月结算一次。因此空调席产业的核心企业只需维持自身企业的日常生产经营的流动资金及下游销售商的欠款，上游加工户的垫付资金一般不产生还款压力。而相对于核心企业的上游加工户而言，因要垫资生产，其资金缺口相对较大，因此需对外融资。

（三）我行支持产业链现状

我行通过成立农业产业链普查小组，全面掌握辖内新型农业经营主体发展现状。强化普惠金融工程功能，准确识别与控制农业产业链关键结点与核心企业。建立健全空调席产业链各环节经营主体信息档案库，档案信息内容包括法人和关联农户两个层面，信息涵盖生产经营、资产负债、组织管理、金融需求、社会荣誉等多个维度。通过推进"阳光信贷""百晓送贷""百晓金融讲堂""普惠金融村村行"等一系列活动，将我行支农支小的观念深入人心。在加强宣传与影响力的基础上，我行针对农业产业链的特点，于2014年6月专门制定《农业产业链贷款管理办法》，并创新性地试点以欠条质押方式发放贷款，实行专项信贷支持。实施信贷规模倾斜政策，优先满足农业产业链各环节经营主体的贷款需求。基于我行在金清当地多年积累下来的影响力，目前空调席产业链运行中的资金缺口一般都通过我行予以及时解决，特别是产业链中的上游加工户，90%以上的生产资金缺口由我行提供，目前建立长期信贷合作关系的企业和加工户达150多户，信贷支持规模达7000多万元，为空调席行业的发展提供了有力的支持。

(四)积极开拓客户资源

我行要求辖内的金清、下梁、卷桥等三家支行主动加强与地方党委、政府、以及农业主管部门、工商行政部门的联系,特别是与当地行业协会的沟通联系,要求走访到位,了解到位。争取第一时间掌握工商在册的空调席生产企业,以及新加入纸编协会的新老会员的动向,从掌握企业产销数据入手,掌握核心企业的配套加工户及空调席区域经销商、终端销售商的情况。

二、风险识别与控制

(一)产业风险

金清的空调席产业经过20多年的发展,已从最初的农民副业,发展成为具有全国影响力和定价权的支柱产业,但由于编织纸席产品属于技术含量相对较低的传统产品,加上产品类同化严重,大部分都是外观设计专利。企业间仿冒现象非常严重,相互压价、无序竞争严重挫伤了企业研发新产品的积极性。在本次调研中我们就发现,部分企业就非常注重产品库的保密工作,一般不带人参观公司的设计室,就是为了防止新产品未推出就被仿冒。多数企业主都有同感,认为"现在的纸席、草席、竹席的生产越来越难做"。据了解,大部分空调席企业的产品分为成品和半成品。几家核心企业虽树立了自己的品牌,但为了便于通过家纺专卖店途径销售产品,一般都会采取贴牌方式直接以家纺销售企业的产品名称出货,比如贴牌罗莱、富安娜、罗曼罗兰等品牌。而对于实力相对较弱的小企业及加工户,则主要为代加工,没有自身的品牌,不少生产企业、个体户都为当地及宁波大企业加工贸易半成品或成品,处于为他人做"嫁衣裳"的阶段。只能在"量"上快速增长扩张,"质"上还没有实现突破,仍处在产业链的最低端,附加值不高、利润低。

2013年启动的针对违章建筑的"三改一拆"政策给本地空调席行业的发展也带来了一定的负面影响。空调席的生产经营用地量较大,大多数生产企业特别是小型加工户由于受资金限制,购置国有出让土地自建厂房的比较少,很多都为租用村集体土地的违章建筑。在这次"三改一拆"行动后,很多经营户失去了生产场地,只能租用他人厂房进行生产,租金成本大幅增加,本就不多的利润空间进一步压缩。这几年房地产行业的持续低迷也对空调席的销售产生了一定的影响,随着购房人群的减少,相应的装修、购买家居用品的人数也在减少,消费者数量的减少,必然影响产品的销售,进而传递到生产企业。而且由于空调席产业的准入门槛较低,几乎不存在技术壁垒,许多原来的门外汉也纷纷踏入该产业,导致"僧多粥少"现象越来越明显,一部分产品质量差、成本控制不严格、销售渠道不健全的企业必然会遭到市场淘汰。

(二)产业链风险识别与控制

1. 风险识别

上游小企业及加工户由于规模小、抗风险能力弱,自主销售途径有限,易受核心企业影响,且一般都有2—3个月的货款垫付期,资金需求压力较大,一旦核心企业出现问题,将直接影响小企业及加工户的生存。

中游核心生产企业同样面临着应收账款的资金压力,据台州市舒美席业有限公司老总夏文斌介绍,该公司主要以自主生产经营为主,外包加工很少,因此几乎没有多少应付账款。其主要销售渠道为广东南天市场、南通国际家纺城、宁波开城公司、宁波华业公司等,而货款一般为3个月结算一次,有些甚至要拖过整个销售旺季,无形中加大了企业的资金压力,企业应收账款高达2000多万元。而近几年下游家纺企业不景气,有些甚至面临倒闭,应收账款收不回来的现象时有发生,极易导致生产企业资金链的断裂。再加上下游销售商受房地产市场疲软、经济形势不景气的影响,销量有所减少,直接导致订单量的减少。

2. 风险控制方法

上游小企业及加工户多为个体经营,在融资过程中既无法提供抵押,又惧怕担保链造成的不良影响。鉴于此情况,我行试行采用欠条质押形式发放贷款,加工户向龙头企业交货后,由龙头企业出具欠条,加工户持欠条向我行申请质押贷款。既可采用持单笔欠条逐笔申请贷款,也可以采用按总欠款额综合授信后,再持欠条逐笔发放贷款,方式可由客户自由选择。以台州市兴欣席业有限公司为例,我行将贷款发放给加工户后,一旦兴欣席业有限公司开始支付货款时,只要通知我行对相应的加工户账户进行止付收贷就可以顺利收回贷款,将欠条归还兴欣席业有限公司,缓解了加工户的资金压力。而我行凭借一张欠条既可顺利从货款中取得偿贷资金,又可在货款没有顺利到位的时候,将借款人、核心企业一同设定为债务人,扩大了还贷的途径。

而对于中游核心企业来说,林邦球的一句话说出了心声"没有自己的主打品牌和销售途径,总感觉被别人牵着鼻子走"。几年来大家都认识到这一情况,路桥几名席业龙头企业老总经常聚在一起,商谈产品标准化、研发新产品等重要话题,谈论如何壮大席业,走向全国,向家庭用品、装潢装饰方向发展,将纸编的用途扩大化。2010年10月,台州编织纸席协会在路桥成立。自协会成立后,会员开始统一生产标准,规范经营行为。整个行业一旦做优做强了,抗风险能力自然加强了,产品定价能力也更有话语权。而对于信贷资金安全而言,通过行业协会的信息交流,也更利于及早发现风险点。同时通过我行自行设定的现金流监测体系,可以及时测算企业的资金缺口,配合应收账款质押对贷款资金的控制,尽量按生产的实际需求发放贷款,而不至于盲目增贷。

当然无论是上游加工户还是中游的核心企业,贷前、贷中、贷后的检查都是关键所在。尽可能全方位掌握贷前信息,把好客户准入关,是信贷风险防范的关键所在,在这方面我们主要通过实地走访、驻村金融联络员和行业协会三个渠道了解客户在行业中的发展情况,其次通过上下游关联企业与加工户了解相关应收、应付款的到账与发放情况,从而了解客户的资信变化状况;贷中环节主要加强信贷资料完整性与合规性审查工作;贷后环节主要做好凭证、账户、财务报告等非现场检查,同时加强贷后现场检查的频率和力度。

(三) 生产经营主体项下的风险识别与控制

1. 借款主体风险识别

我行一直坚持做小做散的经营方针,空调席产业链中的上游小企业及加工户是主要的信贷支持对象,这部分客户群体目前生产经营规模普遍较小,经营管理大都以家庭成员及少量雇员为主,使用的设备也比较传统,只能被动承受市场风险,风险抵御能力较低。

2. 风险控制方法

经过多年的资本积累,空调席生产企业及加工户都已累积了一定的原始资本,日常生产经营所需资金的缺口并不大,目前主要进入机器设备更新换代及扩大生产用房阶段,针对这些贷款需求,我行要求客户经理进行现场调查,合理测算产能扩大后的市场前景,并要求客户提供设备订购单据,以减少信贷资金被挪用的风险。而针对日常生产经营提出的资金需求,我行通过自编财务报告进行交叉检验、现金需求量测算、信用等级评定等多种方式验证客户的信用状况、资金需求状况。提供多样化金融服务,除传统的融资模式外,我行将对有条件的企业实行应收账款质押,对目前不具备条件的小企业、加工户推行欠条质押贷款,既实现信贷资金专款专用,又为信贷资金安全加一道无形锁。

三、小结

欠条质押贷款实质上是应收账款质押的一种改良形式,主要是为更好地适应核心企业与农户之间的供销关系而推出的一种贷款品种。上游加工户凭核心企业出具的欠条作为质押标的,既可采用持单笔欠条逐笔申请贷款,也可采用按全年总欠款额综合授信后,再持欠条逐笔发放贷款。我行通过约定回款账户、到款止付等方式控制风险,解决应收账款质押必须有正式发票的难题,有效盘活了农业产业链条中的资金,并实现了专款专用的放贷目的。最关键的优势是农户不必再费心找担保人,解决了当前担保验证问题。我行凭借一张欠条既可在应收账款顺利收回中取得偿贷资金,又可在应收账款没有顺利到位的时候,将借款人、核心企业一同设定为债务人,扩大了贷款清偿途径。

案例五 衢江农村信用联社林业产业链金融服务[①]

一、基本情况

（一）林业产业简介

1. 林业产业发展情况

衢江区林业用地近 200 万亩，占土地总面积的 75%，林木总蓄积量 273.82 万立方米，其中竹林 46.34 万亩。2013 年林业产业总产值达 28.27 亿元。

2. 生产加工主体多，需求大

目前已发展林产品加工企业 310 家，省级林业龙头企业 7 家，市级农业龙头企业 17 家，其中竹产品加工企业 155 家，林业专业合作社 20 家，竹产业家庭农场 76 家，竹产品加工专业村 53 个，加工专业户 3876 户，年产值超 5000 万元的企业 5 家，超亿元的 1 家，衢江农产品生产加工业潜力巨大。

3. 交通物流便利

衢江区素有"衢通四省"之称，320 国道、46 省道、杭金衢高速、黄衢南高速、杭新景高速公路穿境而过；浙赣电气化铁路、杭长客户专线横贯东西；衢州民航开通了至北京、深圳、厦门等多条航线。10 平方公里的市综合物流园区位于衢江境内，新农都－衢州农贸城落户衢江区，优质放心农产品辐射面将进一步扩大。

（二）产业链运行及金融服务情况

衢江联社出台"聚富宝"产业链金融服务实施方案，并以产业链试点为契机，确立"四注重、四提升"的农业产业链金融服务工作目标：

[①] 来源：衢江农村信用联社提供。

注重产业融合,促进农业园区品位提升;注重主体培育,促进农业活力提升;注重品牌打造,促进农产品质量提升;注重链式金融服务,促进农业综合效益提升。

1. 开展调查摸底,确定以林业产业链开展金融服务试点

客户经理充分发挥人缘地缘优势,对辖区内农业产业链情况进行调查摸底,摸清农业产业链各环节的主体构成,具体对农户、种养专业大户、农民专业合作社、家庭农场新型经济体、购销商贩、生产企业、中间商、电子商务企业以及物流园区展开调研,掌握各个节点的生产规律、交易关系及资金需求,归集建立动态的农业产业链客户金融服务库,并从中选择林业产业链金融服务首批试点单位。

2. 建立专业化营销体系,做强做大林业产业链金融业务

一是通过区农业局、林业局、工商局充分了解林业客户资源,初步掌握辖区当地规模化、具有代表性的个体工商户、家庭农场、加工企业、农林业龙头企业,做好客户基础信息储备。二是发挥家庭农场协会、林产业协会、各类商会等社会团体优势,筛选一批成规模、有活力、示范性的各产业节点客户,及时落实产业链综合服务方案。三是围绕龙头企业和重点客户,延伸产业上下游,深入开展进村入企活动,了解产业规律、深度挖掘客户、加强业务合度、提高客户粘合度。四是及时了解政府主导的产业链指导意见和实施规划,强化集约管理,提高金融服务效率,满足林业产业链多元化融资服务需求。

3. 构建以核心龙头企业主导型为主线的产业链金融服务模式

通过前期的市场调研,结合衢江区的产业发展总体情况,确立以核心龙头企业主导型为主线的产业链金融服务,主要采取"1+N"的供应链融资新模式,采取以"核心企业"为主导的模式,由核心龙头企业按照市场需求,与农户、农民专业合作社或家庭农场新型经济体签订生产协议,依据一定的规格标准生产供给初级农产品,企业为上游客户提供技术服务,并统一收购加工的农产品。由联社根据企业经营融资和金融服务需求,对产业链的不同节点提供可循环的信贷支持和结算、理财等综合金融服务。积极扶强林业产业链主导龙头企业和处于生产环节的家庭农场。通过由核心企业提供担保、借款客户互助、信用评级、担保机

构增信、综合保险缓释等多种方式,为上下游合作伙伴提供多样化的产业链服务产品和服务方式创新,截至 2016 年 6 月底,已累计发放林业产业链贷款 579 户,贷款金额 18625 万元。

4. 打造产业链综合性的增值金融服务

根据产业链上客户需求特性,将信贷产品与行内其他金融产品捆绑营销,推动适合交易的全天候即时结算需要的网银、电话银行、手机银行等多种电子产品,建立起新型的林业产业链结算平台。通过为企业、农民专业合作社、家庭农场、个体商户等安装 POS 机,为农户及企业开办银行卡,并为其开通网银、手机银行、电话银行等服务,实现有效的产品组合,引导产业链各节点通过银行卡以及电子渠道进行转账结算,加快了产业链上资金的转账和结算效率,也有利于信用社及时监督信贷资金的使用方向,通过分析产业链资金流情况,从中挖掘产业链自身价值,实现增值服务,为产业链各主体提供全方位服务打造综合性服务体系。截至 2016 年 6 月末,为农业产业链农户及企业办理网银 112 户,安装助农 POS 机 10 台,手机银行 320 户,建立手机支付示范区 2 个,通过新结算平台的结算量已超 3950 万余元。

二、产品设计

(一)"金伞贷"小额保证保险贷款

1. 申请要求

(1)依法登记、管理规范、生产正常经营的家庭农场(包括家庭农场主)即可申请。

(2)贷款用途:贷款资金只能用于生产性用途和经营性用途,不得用于消费和其他用途。

(3)贷款额度:家庭农场主(包括家庭农场)单户发放金额不超过 30 万元。

(4)贷款期限:最长不得超过 1 年。

(5)贷款利率:央行同期基准贷款利率。

(6)贷款担保方式:信用贷款,免担保。

（7）保险费用：保险费按贷款本息的2%计算。

2. 运作流程

（1）开展家庭农场信用评级。按照家庭农场信用评级管理办法，根据道德品质、金融信用记录、经营财力指标、规范管理、奖惩情况、政策调整项等六个方面指标计算分值，进行批量信用等级测评。

（2）各网点客户经理主动与家庭农场主进行业务对接，对符合条件的家庭农场定期上报授信清单，由联社统一授信，并经人保财险公司审核同意方可办理。

（3）家庭农场主要以书面形式向贷款人提出贷款申请，同时提供相关资料。

（4）经审核相关资料后，合理确定贷款期限和贷款额度。对不在授信清单范围内的家庭农场提出的借款申请，可采用一事一议，经信用社和人保财险公司一致审核同意也可办理。

（5）与借款人签订信用借款合同和签署《小额贷款保证保险追偿协议》（一式三份），并在信贷系统中录入借款申请信息后，通知借款人向人保财险公司指定的账户缴纳保险费，到柜面办理小额保证保险贷款。

（6）客户经理将人保财险公司需要的相关资料整理造册于每月18日和次月3日前上交联社信贷业务管理部，由信贷业务管理部统一收集报送人保财险公司，由人保财险公司出具小额贷款保证保险保险单。保单原件留信用社保存，复印件交给借款人。

（7）当借款人欠息连续三个月以上或贷款逾期后一个月后仍未偿还本金的，信用社可就未能清偿的贷款本息，向人保财险公司提出书面索赔申请，并按《衢江区家庭农场小额贷款保证保险试点合作协议》相关规定执行。

3. 风险控制

（1）由区农业局、农信联社联合采用统一的评分卡对家庭农场进行批量开展信用评定，依据不同信用等级给予最高授信50万元的信用额度，同时根据家庭农场经营规模、生产周期、资信情况、偿债能力等因素合理测算资金需求，确定综合授信贷款额度，实行年度统一授信，对评定信用等级的家庭农场在最高信用额度内给予享受基准利率，超过最高信用额度部分，实行差别化优惠利率。

(2) 实行信贷风险分担。贷款银行与保险机构统一按 3∶7 的比例分摊贷款本息损失风险,即发生保险事故时,保险机构承担贷款本金及利息损失的 70%,其余部分由贷款银行承担。

(3) 采取叫停风险机制。在协议合作期间,当试点银行小额贷款不良率超过 3% 或保险机构实际支付的赔款总额超过其实收保费的 1.5 倍时,应立即停止新办此项业务,但已经收取保险费的业务不受影响,仍应按照协议约定执行。

4. 服务效果

截至 2016 年 6 月底,已对 530 家家庭农场统一授信小额保证保险贷款额度 9293 万元,目前已累计发放小额保证保险贷款 781 笔,贷款余额 1.47 亿元。

(二)"财期贷"涉农补助期权质押贷款

1. 申请要求

(1) 项目实施主体凭由区财政、涉农主管部门联合下发的项目建设计划文件即可申请,项目实施主体主要是指种养大户、家庭农场、农民专业合作社或联合社、农业龙头企业等。

(2) 贷款用途:"财期贷"项目贷款专项用于财政扶持的农业项目建设,不得用于与项目建设无关的支出。

(3) 贷款额度:不高于项目建设财政补助资金额度,可根据项目进展情况分次发放。

(4) 贷款期限:各金融机构根据项目建设进度完成情况,合理确定贷款期限,贷款期限=项目实施期限+还款宽限期(3 个月),如项目未通过验收需要整改等特殊情况可展期。

(5) 贷款利率:贷款利率实行优惠。

(6) 贷款担保方式:质押。

2. 运作流程

(1) 贷款申请与受理。凡符合条件的项目建设实施主体,可向金融机构营业网点办理申请"财期贷"贷款,并提供相关资料,开立资金结算账户。

(2) 贷款审查与登记。各金融机构营业网点接到贷款申请后,要在承诺的贷款调查时间内对是否符合贷款申请额度给出明确答复。符合质押贷款条件的项目建设实施主体,凭衢江区财政局、区涉农主管部门或其上级部门下发的项目建设计划文件,以及填制《衢江区"财期贷"农业项目补助期权质押贷款登记表》并报请相关涉农主管部门签字盖章后到金融机构营业网点申请办理相关手续。

(3) 办理质押登记手续。借款合同签订后,应及时到区涉农主管部门办理农业项目补助资金质押登记手续,确保质押手续的合法、合规。

(4) 贷款发放与回收。经金融机构营业网点在完成上述材料核查后,及时按照相关贷款操作规程发放贷款。项目建设实施主体要按借款合同约定的时间按时足额归还"财期贷"贷款本息。项目完成验收,财政拨付项目补助资金到位后无论贷款是否到期必须用于归还该笔贷款。

3. 风险控制

(1) 建立信息通报共享机制。各金融机构要落实专门人员对"财期贷"贷款进行专项管理,按月(每月10日前)将"财期贷"贷款发放、收回情况及时向区财政、涉农主管部门报送。区涉农主管部门在项目建设实施过程中按月(每月10日前)向各金融机构通报项目建设进度情况。

(2) 加强贷款风险管理。贷款资金按合同约定的用途使用。借款人不得以任何方式将资金移作他用,否则,一经发现,将取消其"财期贷"贷款资格,并提前收回贷款。经验收通过后,区财政、涉农主管部门及时将农业建设项目财政补助资金划入指定的金融机构贷款账户内。

4. 服务效果

截至 2016 年 6 月底,已发放"财期贷"涉农补助期权质押贷款 2 笔,贷款余额 500 万元。

三、风险识别与控制

(一) 产业金融风险识别及控制

1. 准入政策

一是优先支持订单农业以及处于林业产业化链条上的农户和示范性家庭农场;省、市、区级林业龙头企业等。

二是适度支持有能力有信用的种养大户、家庭农场、专业合作社社员等规模化经营农户；农场大户、农业经纪人、农产品运销专业户等经营大户；个体工商户、回乡创业私营业主等新型农户。

三是禁止介入对土地实行过度开发或掠夺式利用的林业企业；国家限期淘汰关闭、破坏资源、污染环境、技术装备落后、不符合安全生产条件的各类林业企业。

2. 产业链风险识别与控制

林业属于弱质产业，自然灾害、存储保鲜、价格波动、农药残留、物流运输等都会带来风险。因此，在风险防控方面：

一是以核心企业为主线，加大对在当地的行业龙头企业或发展前景良好的企业的融资需求支持，关注上下游小微企业的资金流和物流，把单个企业不可控风险转化为供应链企业整体的可控风险，通过获取各类信息数据，将风险控制在可控范围内。

二是打破对固定资产抵押严格限定的授信条件，将对产业链中核心企业的财务状况以及整个产业链效率的评估作为授信的依据，主要是评估其在产业链中的地位。

三是资金用途限定于产业链内部交易，严格控制资金挪用，并以技术措施引入核心企业的资信作为控制授信风险的辅助手段。

四是产业链融资强调授信还款来源的自偿性，引导销售收入直接用于偿还授信。

五是依靠行业协会组织内部农业经营主体间在信息、资源、技术、销售渠道上的相互依存关系来减少农业信贷风险。

3. 生产经营主体的风险识别与控制

随着农业产业链的日趋复杂，如果对于贷前、贷中和贷后的制度设计、管理流程和风险监测不完善，就会导致产业链融资操作中不准确的资金配置和无效管理，从而导致信贷风险。

一是相对于农户来说，产业链上的龙头企业处于优势地位。如果龙头企业与农户良性合作，可以将农户的边际信用提高到与龙头企业同等水平，但是如果龙头企业出现道德风险，则可以利用价格、交易、账期方面的优势侵占农户利益。

二是龙头企业通过迫使产业链融资紧张，诱导农户融资，引起农户承受高债务负担，由于农户缺乏议价能力，一旦债务超出其负担能力，他们极容易违约，造成农业产业链的不稳定。

（二）内部管理提升及改造

1. 整合团队资源，推进专业化运营

由联社层面对全行的业务进行统一规划，对人力、物力资源进行优化配置，组建微贷中心和公司部，克服产业链服务客户经理分散的困难，更有效地将责、权、利三方面结合起来，精耕产业价值，开展专业化运营，形成行业规模效应，发挥行业孵化作用，在捆绑核心企业及上下游联盟的同时，拓宽获客渠道。

2. 合理确定产业链金融服务的发展路径

通过精选产业链，并对产业链横向和纵向的行业特点、金融需求、资金流向进行深入研究，对产业链金融服务进行全局规划，设计出有针对性的金融服务模式，实现多元化、全方位的金融服务。把符合市场需求并具有竞争优势的特色产业纳入产业链融资服务项目库。同时，积极参与地方政府主导的农牧业产业化项目，支持搭建产业化龙头企业与农牧户的连接桥梁，适应龙头企业产业链条整体发展的需要，抓住产业链关键环节，充分发挥银行产品、网络、科技等优势，向以龙头企业为核心、辐射其产业链的上下游客户提供全流程、一揽子金融服务。

3. 以平台建设为基础，打造产业链综合服务

在全产业链金融服务过程中，提供综合金融、产融结合、产业联盟、结算和信息等多项服务平台。

一是超越过去传统的单纯融资的资金提供方角色，成为企业的金融和咨询服务提供商，提供一站式的金融服务。

二是帮助企业降低管理成本，提高资金使用效率，强化资金风险管理控制，实现企业产融结合的目标。

三是为产业链内部企业提供数据信息的整合、交互和处理的服务，改变传统产业链金融中信息缺失、信息不对称等种种数据信息由核心企业掌控带来的弊端，从而推动整体产业链内部企业的对接效率和整个产

业链的凝聚力。

四是要结合行业特征，对内部企业进行整合，以服务产业为导向，以共享资源为基础，搭建产业联盟平台，并以平台为载体，实现关联方价值链增值。

4. 完善考评激励约束机制

强化客户经理的管理，完善绩效考核办法，调整客户经理绩效考核计酬，增加小微企业增量扩面计酬标准，以及贷款户均余额考核。同时建立专门的产业链金融专项营销考核激励制度，定期监测实施进度和效果。

一是对产业化龙头企业金融服务重点，要按照业务发展、绩效贡献、结构调整和风险管理等指标进行考核。

二是实行阳光信贷公开化管理，规范化操作，加强社会监督提高信贷业务透明度，打造规范化高效互惠互利的惠农便民绿色通道。

三是实行"整村授信，整村批发"信用贷款尽职免责管理，打造"整村授信，整村批发"普惠式金融服务，建立良好的农村信用生态环境，鼓励信贷客户经理积极推广"整村授信，整村批发"信用贷款，明确信贷客户经理在信用等级评定、建立农户档案、授信等各个环节均依据规范操作。在贷前调查、贷时审查和贷后检查等工作中尽责尽力，仍造成信用贷款损失的免除其信贷风险责任。

四是要通过实施客户经理日志制度、每月客户经理营销业绩报告制度、每季营销业绩点评及考核制度等常态化管理手段，把产业链金融服务质量作为年度争先创优评比依据，充分调动客户经理的积极性和创造性。

案例六　黑龙江龙江银行"五里明模式"

一、基本情况

（一）背景

五里明镇坐落在松花江北岸，松嫩平原腹地，位于黑龙江省肇东市西南部 30 公里处。该镇总面积 194 平方公里，耕地面积 20 万亩，辖 5 个行政村，66 个自然屯，总人口 3.9 万人，其中农业人口 3.8 万人。该镇是黑龙江省重要的产粮大镇，主要种植作物为玉米。

为了提高粮食产量、促进农民增收，五里明镇政府以农业规模化发展为方向，加快发展现代化大农业。从 2008 年开始，五里明镇政府以现代农业示范区为载体，建立了政府、龙头企业、商业银行、科研院校与农业开发公司有机衔接的农业产业链生产要素配置模式。这种模式整体提高了农业生产组织化程度，实现了项目、资金、市场、科技、土地等各类生产要素有效整合。

龙江银行成立于 2009 年 12 月 25 日，是黑龙江省政府在原齐齐哈尔市商业银行、大庆市商业银行、牡丹江市商业银行和七台河城市信用社的基础上，吸收大正投资集团、中粮集团和北大荒集团等优质股东成立的一家城市商业银行。龙江银行紧紧围绕黑龙江是农业大省的省情，始终将目光投向"三农"，结合当地农业产业特点，按照供应链金融理念，逐步摸索出了农业供应链金融新模式。

所谓农业供应链金融是以特色农业和优势农产品的供应链核心企业为中心，对其上下游中小企业、农户或消费者利益进行捆绑，通过科学合理设计金融产品，满足供应链各环节融资需求，推进农业供应链整体协调运转的系统性解决方案。农业供应链融资技术的发展为农村金融创新提供了一种选择。农业供应链金融因具有"产业联动、以大代小"的特征，而使农户以产业链为纽带实现了集约化、组织化，解决了小农户和大市场对接的问题。

（二）"五里明模式"产业链金融介绍

龙江银行利用价值链经营理念，依托五里明镇建立的农业产业链，开发出以金融和农业产业链相结合的涉农金融产品。该金融产品整合了各方资源，形成了"公司+合作社+农户+银行+保险+政府+科技+信托"的农业供应链金融服务模式，被称为"五里明模式"。

"五里明模式"的参与方涉及多个主体，包括农户、合作社、五里明镇政府（以下简称镇政府）、龙江银行、东北农业大学、黑龙江省农业科学院、肇东市农业技术推广中心、中粮集团生化能源（肇东）有限公司（以下简称中粮公司）、中粮信托有限责任公司（以下简称中粮信托）。

政府在"五里明模式"中发挥着主导作用，其余各方积极参与。这些参与主体之间的关系如下：镇政府推动成立了肇东市五里明镇胜利农业开发有限公司（以下简称胜利农业公司），胜利农业公司下设8个农民专业合作社，即五里明农机作业专业合作社、东升农机作业专业合作社、东升玉米种植农民专业合作社、先锋玉米种植农民专业合作社、胜平玉米种植农民专业合作社、利国玉米种植农民专业合作社、棒柴玉米种植农民专业合作社和米业种植农民专业合作社。其中有5个玉米合作社、2个农机合作社和1个米业合作社，实现农民的组织化。合作社通过签立订单，将生产出来的粮食销售给中粮公司；龙江银行与中粮信托合作，创新抵押品扩展机制，为合作社发放贷款；龙江银行又聘请东北农业大学、黑龙江省农业科学院、肇东市农业技术推广中心的农业专家对粮食生产实行全过程指导。"五里明模式"中各参与主体的功能及运营机制如图3.3所示。

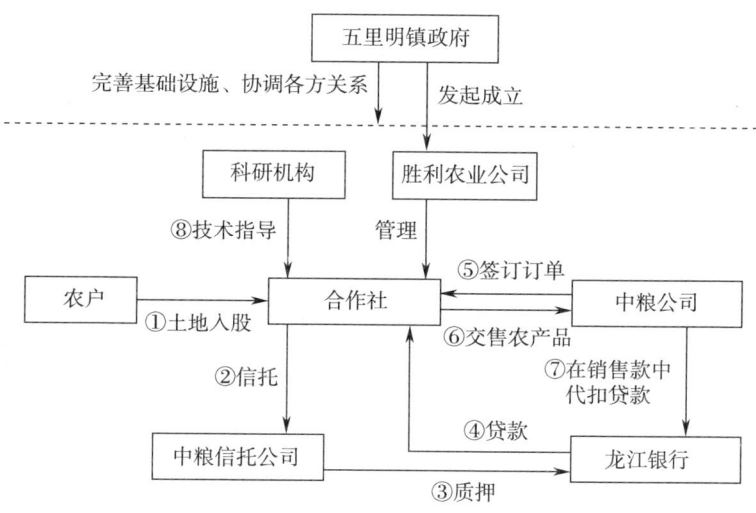

图3.3 "五里明模式"运行图

1. 镇政府、农户、胜利农业公司、农民专业合作社

镇政府从2008年开始建设五里明现代农业示范区，规模经营总面积达到7万亩，大约占五里明镇土地总面积的1/3，入社农户由最初的366户增加到现在的2300户，现在的参与农户达到了8050人。同时，镇政府探索了具有现代企业特点的"1+8"模式。其中"1"是指镇里成立1家胜利农业公司，"8"是指下设2个农机作业合作社、5个玉米种植专业合作社和1个米业专业合作社。

镇政府通过胜利农业公司引导现代农业示范区的发展。对内，胜利农业公司统一领导8个农民专业合作社，并管理合作社的国有资产；对外，胜利农业公司负责与金融机构、中粮公司以及科研院所等外部机构的协调工作。特别值得一提的是，上级财政部门的各类专项项目资金，如土地整理资金、扶贫开发资金、新农村建设补贴资金、粮食补贴资金以及农机补贴资金等，都统一由现代农业公司管理，并集中用于胜利农业示范区的建设。

胜利农业公司与8个农民专业合作社实行"统分结合、以分为主"的管理方式。其中"统"是指"六统一"，即统一整地、统一良种、统一机播、统一田管、统一收获、统一销售。"分"是指8个合作社分别成立独立法人，自主经营，自负盈亏，独立核算，既强化了总公司的统筹性，又赋予了合作社的自主权。

为了推进土地规模经营，实现土地流转，镇政府引导农民以土地入股，组成5个玉米种植合作社，土地由合作社统一经营。

2. 龙江银行、中粮信托

缺乏有效抵押品是金融机构为农村地区提供金融服务的主要障碍之一。为解决该难题，龙江银行与中粮信托共同开发出创新抵押品扩展机制模式，该模式最早是在3个玉米合作社开始试点的。具体操作过程如下：

第一，五里明镇政府将其下属的3个玉米种植合作社（先锋、东风和胜平）的土地承包经营权、农机合作社的农机设备收益权以及镇里的一处鱼塘承包经营权委托给中粮信托，设立自益型财产权信托。

第二，中粮信托将信托收益权质押给龙江银行，作为3个玉米种植

合作社的贷款偿还担保。

第三，为确保玉米种植合作社积极还款，降低信用风险，玉米种植合作社全部股东及镇领导干部分别与龙江银行签订了个人保证合同，为贷款承担连带责任，龙江银行为三个玉米种植合作社发放贷款。

第四，中粮信托将土地出租给玉米种植合作社。

第五，玉米种植合作社与中粮公司签订购销协议，合作社将生产出来的玉米销售给中粮公司。

第六，完成玉米收购以后，中粮公司委托龙江银行结算划款，将玉米的销售款交付给龙江银行。

第七，龙江银行通过龙头企业的资金账户划拨，扣除贷款利息，将剩余的资金转到合作社的账户上。

3. 东北农业大学、黑龙江省农业科学院、肇东市农业技术推广中心

大力发展现代化大农业离不开科学技术的支持，龙江银行和胜利农业公司聘请东北农业大学、黑龙江省农业科学院和肇东市农业技术推广中心的专家对粮食生产进行全过程指导。

二、产品设计

（一）产品设计的主导思想

1. 组建合作社提高农民的组织化程度，解决了交易成本高的问题

农户的分散化使得金融机构提供服务的成本非常高，这是制约金融机构向农村地区提供金融服务的重要原因。在"五里明模式"的农业产业链中，镇政府成立了胜利农业公司，胜利农业公司下又设立了专业合作社，农户以土地入股加入合作社。这样的做法大大提高了农民的组织化程度。

同时，针对农业供应链融资的特点，龙江银行开发了"农信通"等信贷产品。该金融产品的服务对象正是土地规模化经营的合作社。这种金融工具的创新使得龙江银行为农户提供金融服务的交易成本大大降低。

2. 创新抵押品扩展机制，解决了农村地区有效抵押品缺乏的问题

由于我国法律规定农村土地所有权不能转让，因此以家庭承包方式

取得的土地承包经营权，以招标等方式取得的鱼塘、荒山的承包经营权将是农村可转让财产的最重要组成形式。但目前的法律法规均不支持以土地承包经营权进行抵押。

中粮信托利用信托的财产隔离制度功能，以玉米种植合作社为借款主体，为龙江银行发放的贷款设计了土地承包经营权信托和鱼塘承包权信托，并利用信托受益权质押为合作社贷款提供担保，从而解决了合作社贷款没有合适的资产用于抵押的问题。

从银行的角度来看，龙江银行利用供应链贸易自偿性等特点，将玉米合作社不能直接抵押的土地承包经营权进行资产信托化，使其变为能够合理抵押的资产，从而增强了合作社规模化融资能力。

3. 参与主体各司其职，解决了农业信贷风险的问题

首先，五里明农业产业链的建立依托五里明镇现代农业示范区的建设。五里明现代农业示范区整合各类资金，加强农田、水利等基础设施建设，能够降低农业面临的自然风险，保证了贷款的及时偿还。

其次，该产业链上的合作社与中粮集团统一签立订单，中粮公司承诺以高于市场的价格，收购合作社生产出来的农产品，这样的合同安排规避了由于农产品价格波动造成的市场风险，保证了还款来源，从而降低了农业信贷风险。

再次，中粮集团委托龙江银行结算划款，龙江银行通过中粮集团的资金账户划拨资金，确保了信贷资金的封闭运行，较好地防范了信贷风险。

最后，为确保借款主体积极还款，玉米种植合作社全部股东及镇领导干部都必须与龙江银行签订个人保证合同，为贷款承担连带责任。这种个人责任制的引入也可以有效降低贷款的信用风险。

综上所述，龙江银行这种基于产业链的金融创新，不仅有效推动了银行本身的发展，也有效推动了农村金融服务创新和农村金融覆盖面的扩展，为我国农村金融发展作出了重要贡献。

（二）具体业务模式

1. 适合对象

主要是致力于农业合作社。

2. 产品特色

质押灵活、方便快捷、注重实效、手续简便。

3. 申请条件

（1）生产经营正常，符合国家产业、环保政策；

（2）债权的产权明确，无悬而未决的争议和债务纠纷；

（3）资信状况良好，无商业不良信誉风险记录，贸易双方无逾期或违约记录。

4. 贷款期限

应收账款质押贷款的期限最长不得超过应收账款付款人承诺的付款期限，到期后不得办理展期。原则上不超过一年。

5. 贷款额度

根据信托化资产价值，结合信托资产的收益决定。

6. 贷款利率

信托资产贷款的利率根据贷款种类、期限、风险程度、项目收益率、借款人诚信度等，实行差别利率。

7. 还款方式

信托资产质押贷款根据贷款的用途、期限、额度等情况合理确定还款方式。贷款执行利随本清或按季结息、到期还本的偿还方式。

8. 贷款办理流程

（1）信托资产质押担保贷款业务受理后，贷前调查人员除应按照一般的调查方式和内容对贷款申请人的主体资格、经营状况等进行调查外，应特别针对信托资产的真实性、有效性、付款计划和获得支付的可能性等进行深入调查，并提供相关凭据附入贷款审批资料；

（2）贷款经最终审批通过后，客户经理应逐一落实贷款审批附加意见和有关要求，签订质押贷款合同；

（3）贷款审批附加意见明确要求对应收账款的按约支付购买保险的，应当要求借款人或出质人向龙江银行认可的保险公司购买以龙江银行作为第一收益人的保险；

（4）质押登记手续办妥后即可按照有关规定和相关约定发放贷款。

简言之，通过贷款直通车或柜面申请→客户经理上门调查→信托资产登记→审查审批→签订借款合同→贷款发放。

9. 需提供的材料清单

借款人须提供以下资料（个人申请贷款按照其他管理规定提供资料）：

（1）借款申请书；

（2）经年检的借款人营业执照复印件、组织机构代码证复印件、信用等级复印件及有效的贷款卡；

（3）经审计的近三年的财务报表和近期财务报表；

（4）表明真实贸易背景的合同、发货单、发票（存根）、付款人收货验收单等相关凭证；

（5）借款人为有限责任公司或股份有限公司的应提供公司董事会（股东会）同意质押意见书；

（6）开户证明书等。

10. 风险控制

（1）信托资产收益权质押设定后，由专职的监管信贷员定期跟踪监督应收账款的增减变化情况。

（2）对信托资产的管理必须坚持"及时核对、锁定余额、定向支付"的原则。

三、金融创新

（一）拓展了业务范围，提升了业务量

"五里明模式"中，银行能够将自身的贷款对象扩展到不具备抵押品的合作社，使得更多工作社能够满足贷款要求。在扩大市场的同时，吸引了一批合作社、企业在该行开设基本账户，提升了业务量。

（二）引入信托公司，创新了抵押担保机制

引入信托公司设立自益型财产权信托，创新了抵押担保机制。中粮信托利用信托的财产隔离功能，将不能直接抵押的土地承包经营权和鱼塘承包权进行资产信托化，将信托收益权质押给龙江银行，为合作社贷

款提供担保，解决了合作社贷款没有合适资产用于抵押的问题。

（三）合作社提高了农民组织化程度，大大降低了单位贷款交易成本

"五里明模式"使合作社成为承贷主体，改变了过去面向小规模农户的一对一的金融服务方式，降低了信贷服务成本。

四、小结

首先，引入科研机构对粮食生产进行全程指导，大大降低了农业的自然风险；中粮公司对合作社的产品实行订单收购规避了由农产品价格波动造成的市场风险；中粮公司委托龙江银行结算划账，这种货款自动回笼机制有效防范信贷风险。

其次，龙江银行致力于推进农村金融创新，专业服务、为客户着想、审核简单迅速、利率极低，有良好的客户关系。

最后，政府的积极参与和多方协调保障了"五里明模式"的有效运行。五里明镇政府推动成立的胜利农业公司是其发挥协调和监管作用的纽带。该公司对内管理其下辖的8个合作社及入社社员，对外则负责与金融机构、中粮公司以及科研院所等机构的协调工作。

（执笔：梁露茜 孙军锋）

第四章 存货类

案例一 威海商业银行
貂类养殖业产业链贷款产品

一、基本情况

文登是特种毛皮生产基地,先后被授予山东省毛皮裘革之都、中国毛皮产业发展示范市、中国裘皮产业基地、中国毛皮产业名城等荣誉称号,形成了以奥吉丽斯貂业、天智皮毛、天威毛皮等为龙头,养殖规模达 839.6 万只的皮草产业链条,可生产特种动物毛皮 783 万张。文登地处沿海地区,气候适宜,低值水产品饲料资源丰富,发展以水貂、狐狸、貉子等为主要代表的特种毛皮动物养殖条件得天独厚。近年来,依托资源优势,文登市采取"一户带多户、多户带全村,一村带多村、多村成基地"的方式,以侯家镇为中心建立了特种毛皮动物示范基地,带动周边群众发展特种毛皮动物养殖。在示范养殖户的带动下,一个个养殖基地脱颖而出,规模迅速扩大,逐步形成现在全市 13 个镇、3 个办事处大范围内的特种毛皮动物养殖产业群。

但是,仅仅作为原料产地,难以有效抵御国际毛皮市场的大起大落。为保障特种毛皮动物养殖业的健康有序发展,文登市以产业化经营的理念,采取一系列扶持措施,致力于构建一条以企业为龙头、以利益为纽带,紧密联系、有机衔接的完整的毛皮产业链条。

威海市商业银行作为当地城商行,开展貂类养殖产业链金融业务具有得天独厚的优势,一方面,国家支持"三农"发展,当地政府支持貂类养殖企业进步，且大力拓宽产业链；另一方面，文登是以毛皮生产加工闻名，自然环境优越，产业历史悠久，有着长期的积累与巨大的市场；此外，威海市商业银行通过创新金融服务产品以支持产业链中核心企业发展、扶持上下游产业的整体协同发展的同时，可以实现自身更长远的发展。

优质的服务和良好的业绩，赢得了各级政府的高度评价和社会各界的广泛赞誉。威海市商业银行先后荣获"中国金融机构金牌榜·金龙奖""中国最佳特色银行""中国最佳零售银行""中国最佳中小企业金融服务机构""中国金融行业企业文化建设示范单位""山东省首批 A 级纳税金融单位""山东省质量奖""山东省管理创新优秀企业"等奖项，行内多家分支机构多次被评为"全国青年文明号"和"全国文明规范服务示范窗口"，品牌美誉度和社会影响力显著提升。

为更好地服务于当地貂类养殖产业链的发展，威海市商业银行创新运用专业合作社、养殖链上下游、担保公司担保和貂皮质押等方式，降低融资门槛，以灵活的方式满足养殖户的资金需求，为养殖户拓宽了增收途径和融资渠道，充分发挥了金融机构在农村基层的惠农、助农作用。

二、威海貂类养殖产业链金融介绍

"渠道金融"是近年来金融企业探索的一种创新型金融服务。它的最大特点就是在产业链中寻找出一个大的核心企业，以核心企业为出发点，为产业链提供金融支持。一方面，将资金有效注入处于相对弱势的上下游配套中小企业，解决中小企业融资难和产业链失衡的问题；另一方面，将银行信用融入上下游企业的购销行为，增强其商业信用，促进中小企业与核心企业建立长期战略协同关系，提升产业链的竞争能力。文登貂类养殖产业链，由养殖企业、加工厂、仓储企业、销售商等几个环节构成，形成了以加工厂为核心的完整貂类养殖产业链。威海市商业银行将着力建设以貂类养殖为核心的营销渠道金融服务体系。

文登具有多家大规模貂类养殖企业，它们对小额金融服务需求急切，但以往很难得到满足。威海市商业银行推出的速贷通业务从金融创新的角度极大地解决了这个问题。速贷通是本行针对小企业客户推出的各种应收账款融资业务，具体包括普通应收账款质押贷款、收费权质押贷款等系列产品。养殖企业将货物卖给生产加工企业，无法及时获得货款，以其应收账款作为质押，可以获得银行授信，解决了养殖企业及养殖户养殖及生活上的资金急需问题。创新探索以养殖企业及养殖户的土地承包权、宅基地所有权和集体财产收益权等为抵押的小额贷款服务，切实解决药农贷款难的问题。

文登作为貂类养殖的主要地区，具有多家大型毛皮生产加工企业，这些是威海市商业银行客户群中的中坚力量。貂类养殖具有季节性特点，在收购原料的季节，资金需求突增，在销售获益的季节，资金积累较多，所以毛皮生产加工企业不仅有大量的临时资金需求，也有频率很高的金融服务要求，还有淡季闲置资金的投资理财需求。这类客户在文登数量众多，是貂类养殖产业链的两个重点环节。因此，威海市商业银行应将这部分业务作为增长点，争取通过资金扶持的方式，吸引他们来威海市商业银行开户，并将其往来业务流量作为贷款量评估和利率优惠的基础。在销售淡季，毛皮生产加工企业会有较多的毛皮库存累积，这在很大程度上影响企业现金流，影响企业正常生产经营，也不利于市场资金拓

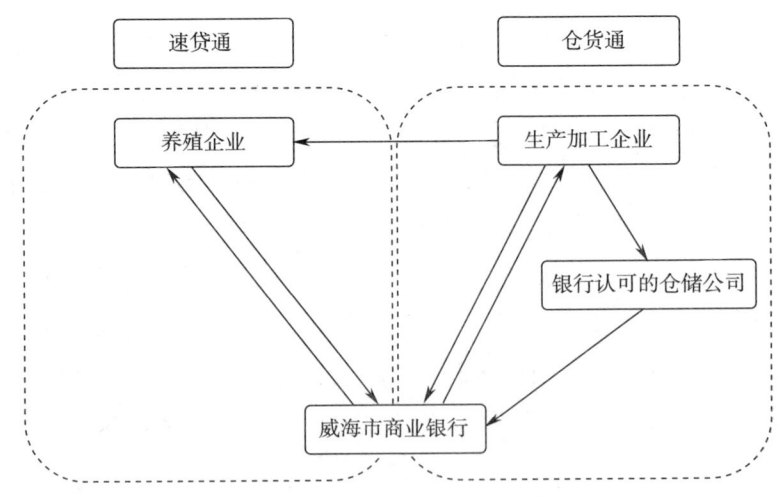

图4.1　貂类养殖产业链金融结构

宽渠道。威海市商业银行金融创新开设仓货通贷款产品，这是威海市商业银行针对小企业客户推出的由认可仓储公司签发的各种仓单质押融资业务。通过该项业务，企业可以将库存变现成资金，迅速有效盘活企业存货资源，提高资产利用效率，降低因存货增加而带来的资金周转压力。

三、产品设计

（一）产品设计的主导思想

威海市商业银行在探索金融服务产品创新的同时，一方面要整合金融资源支持地方经济，另一方面要利用原有的优良客户关系和优质的客户服务建立与客户更加便利的沟通渠道，实施客户关怀，为客户创造更高的价值，提高客户的满意度和忠诚度，从而实现自身更长远的发展。

生产加工企业是文登貂类养殖产业中的核心环节，由于规模相对较大，其资金需求量也较大，金融服务要求也较高。因而选择其中具有一定规模、实力较强、信用较好的骨干企业为主体，通过这些核心骨干企业的营销渠道，将其上下游的企业和农户构建成一个商圈，以毛皮市场的产业链贯通威海市商业银行的金融服务链。对貂类养殖产业链整体授信，除对生产加工企业自身所需资金支持外，还对其上游养殖企业或个人提供金融服务。将其商圈的资金流量整体纳入生产加工企业的资信管理体系，并作为审核信用额度和利率优惠的依据。

对貂类养殖企业及个体，可以以销货之后的应收账款为质押向银行申请授信。对生产加工企业的金融创新，将以前的库存占用盘活为抵押品向银行申请授信，可以激活生产加工企业的生命力，使企业有更丰富的资金改进修缮设备，提升经营环境，提高产品质量，为产品竞争力打下坚实基础。此环节中需要引入银行认可的第三方仓储企业。文登市具有2家大型仓储公司，融汇仓储公司和玉全仓储公司，在仓储公司的配合下完成仓货通的授信业务。

（二）貂类养殖产业链金融产品——应收账款质押贷款、货物质押贷款

貂类养殖企业或个人以应收账款作为质押，由威海市商业银行授信放款；由银行认可的仓储公司作为监督方，毛皮生产加工企业将库存转入仓储公司作为质押，由银行审核授信放款，即实现威海市商业银行速贷通和仓货通两项金融授信业务。这些业务主要是为毛皮生产加工企业及其上下游客户提供貂类养殖供应链金融服务，满足中小微企业"短、频、快"的融资需求。

1. 速贷通金融业务具体模式

（1）产品介绍

速贷通是威海市商业银行针对小企业客户推出的各种应收账款融资业务，具体包括普通应收账款质押贷款、收费权质押贷款等系列产品。

（2）产品优点

①依托下游购货商的信用，降低借款企业的贷款条件，降低融资成本。

②缩短下游购货商的资金占用时间，加快资金回笼，扩大销售。

③迅速有效盘活企业应收账款资产资源，使未来的现金流提前变现，提高流动性，提高经营的杠杆效应。

④对于应收账款稳定、交易对手付款频繁的，根据出质的应收账款金额核定授信额度后，可循环使用，随借随还，十分方便。

（3）申请条件

①面向广大企业法人或其他经济组织等小企业客户。

②产品有市场，经营有效益，收入来源稳定。

③在威海市商业银行开立结算账户。

④具有真实、合法、有效的销售背景，交易的结算方式为赊销，应收账款债权依法可以转让，无瑕疵，不存在任何争议。

⑤已按合同约定履行了交货等主要义务，并能提供相应的证明材料，不存在任何争议。

⑥交易双方资信状况良好，卖方及其供应商均未采取保留所有权或

寄售的方式进行销售，也未设定任何形式的限制或担保。

⑦符合威海市商业银行要求的其他条件。

2. 仓货通金融业务具体模式

（1）产品介绍

仓货通是威海市商业银行针对小企业客户推出的由认可仓储公司签发的各种仓单质押融资业务。

（2）产品优点

①节约融资成本、节省仓储成本，有利于流通企业发展壮大。

②迅速有效盘活企业存货资源，提高资产利用效率，降低因存货增加而带来的资金周转压力。

③对存货销售频繁、下游客户付款及时的客户，可有条件替换仓单项下标的货物，也可以银行存款置换仓单或以仓单置换仓单，十分方便。

（3）申请条件

①面向广大企业法人或其他经济组织等小企业客户。

②在威海市商业银行开立结算账户。

③主营产品的供销渠道和上下游客户稳定，经营有效益，收入来源稳定。

④认可仓储公司拥有将仓单及其标的货物质押给本行的完全权利。

⑤出质仓单项下的标的货物产权明晰，不存在其他权利人设定的他项权利；物理、化学性质稳定，易于储存保管；价格稳定，容易变现。

⑥符合威海市商业银行要求的其他条件。

四、金融创新

（一）实现了业务风险的有效控制

针对貂类养殖产业链上下游之间形成的应收账款进行质押贷款，通过对应收账款形成的过程及回款跟踪、账户监控等风险控制手段，实现了业务风险的有效控制。

以生产加工企业的货物作为质押，有银行认可的第三方仓储公司专业监管，有效控制授信风险。

（二）拓展了业务范围，提升了业务量

盘活产业链的同时，所有授信客户都在威海市商业银行开设结算账户，可以将这些客户的闲置资金用于银行理财、吸纳存款，威海市商业银行对产业链的授信也是貂类养殖产业链上的客户以威海市商业银行为结算行，大大增加了威海市商业银行的业务量。

（三）解决了文登貂类养殖产业发展中的资金限制问题

应收账款是货物流通和加工企业的常规和主要资产，长期以来这种资产很难进行融资，此项金融创新满足了貂类养殖产业链上的主要客户的融资需求。

仓货通以库存为质押，将现金占用变为抵押融资，解放了库存对资金的束缚。

五、小结

（一）本案例金融创新产品的主要优势

1. 和时宜：国家扶植"三农"发展，当地政府大力支持养殖业进步，金融政策相对宽松。

2. 占地利：文登市毛皮生产传承悠久，自然条件适合发展，有地利优势。

3. 促发展：超值服务、为客户着想、有良好的客户关系。

（二）中药材产业链上各主体融资需求特点

1. 貂类养殖企业与个人：对小额金融服务需求急切，但以往很难得到满足。

2. 生产加工企业：资金需求季节性强，不仅有资金需求，也有很高的金融服务要求，有时候还有闲置资金的理财投资需求。

（执笔：石鹏　张云起）

案例二 中国邮政储蓄银行通化分行人参存货抵押贷款[①]

一、基本情况

吉林省通化市位于吉林省南部，地理坐标位于东经125°10′~126°44′，北纬40°52′~43°3′。东接白山市，西与辽宁省的本溪、抚顺、丹东等市相邻，南与朝鲜民主主义人民共和国的慈江道隔鸭绿江相望，北连辽源市、吉林市。南北长238千米，东西宽108千米。辖东昌区、二道江区两个市辖区，通化县、柳河县、辉南县三个县，代管集安市、梅河口市两个县级市。全境幅员15698平方千米，人口约227.2万。通化市是吉林省东南部和东北东部最大的区域中心城市，吉林省第五大城市，是中国医药城、中国葡萄酒城、中国钢铁城。通化地区多为山区，所以药产资源丰富。既是"东北三宝"的主要产地，也是中国主要天然药库。通化人参的产量大约占全国人参总产量的40%，有上百个系列产品，是名副其实的"人参之乡"，其中当地通化县为本区最大的人参产业加工集散地，有自己的人参商会，包括企业级和个体工商户500余户。

二、通化人参产业供应链金融介绍

（一）目标行业的宏观背景分析

人参，"东北三宝"之一，有"百草之王"的美誉。我国是世界上人参生产大国，产量约占世界总产量的2/3左右，产区主要分布在中国东北三省，以吉林省为主，全省人参产量约占全国总量的85%。2010年，通化市被中国医药企业管理协会命名为"中国人参产业基地"；

---

① 来源：中国邮政储蓄银行通化分行提供。

2011年初,吉林省正式公布了"人工种植人参进入食品试点已经获得国家批准"的消息,这表明,被誉为"东北三宝"之首的人参将进军食品行业。通化市作为全国第一个被命名的"中国医药城"将借此机遇大放异彩。

(二)目标行业主要经营数据情况

通化人参具有文化优势、区位优势、加工优势、技术优势、品牌优势、市场优势。通化作为中国人参文化的发源地和人参主产区,人工栽培人参有400年的历史,具有发展人参产业的独特优势。通化人参产业发展在龙头企业建设、标准化种植基地建设、产品深度开发、打造品牌等方面都取得了较快进展。概括起来,主要有五个方面的有利条件:

在种植方面,通化具有适宜人参生长的生态环境,通化人参已经通过国家地理标识产品保护。所辖7个县(市、区)均有人参种植,集安市、通化县和辉南县列入吉林长白山人参原产地域保护县(市),GAP种植面积占吉林省的50%。集安益盛药业结合中药材GAP规范,在国内率先采用了平地栽参种植方式,被专家称为"人参种植生产的革命"。目前,全市园参留存面积达到1010万平方米,林下参19万亩;鲜参产量达到6400吨,约占全省的三分之一、全国五分之一。

在加工方面,通化的人参加工能力和工艺国内领先。现有人参加工企业456户,年加工人参4000吨,分别占全省的32%、全国的28%。加工品种涵盖医药、化工、保健品等8大系列、40多个品种。全市84户制药企业,有56户以人参为主要原料。东宝、修正、万通、紫鑫、益盛、振国、长龙等39户医药企业,已成为全省人参加工重点龙头企业。

在科技方面,拥有吉林省人参研究院、吉林大学通化医药学院、集安人参研究所、通化师院中药系、通化市园艺研究所5个人参科研专门机构,有修正、万通、紫鑫等18个省级以上企业技术中心;专职科研人员100多人、医药企业人参科研专门人才近千人;取得科研成果15项,其中国家级5项、省级10项,基本具备了自主研制开发能力。

在品牌方面,紫鑫药业加快建设人参生产加工基地,深入推进人参产品的深加工、精加工,该企业的人参产品系列化项目正在组织推进,呈现出巨大潜力和广阔前景。康美新开河是亚洲规模最大的集生产、加工、营销为一体的人参加工企业，生产工艺居同行业领先水平，"新开河"是唯一获得中国驰名商标的人参品牌。益盛药业以人参为原料自主研发生产的心悦胶囊是国家二类新药、人参降糖胶囊是国家中药保护品种，人参单体 Re、西洋参二醇组注射液分别列入国家星火计划和"863"计划。修正、万通等企业以人参为原料的医药产品现有 31 种，形成了人参品牌集群优势。

在市场方面，通化的人参及其制品在国内外均有销售，主要销往广东、浙江、江苏、福建、上海等省（市）和港澳台以及日本、美国、东南亚等 120 多个国家和地区。有 6 处年交易量 100 吨以上的人参交易场所，集安清河是全国最大的山参交易市场，年鲜参交易量 2000 多吨，辐射东北三省、内蒙古及南方部分省市。通化先后实施了总投资 33 亿元的长白山人参贸易园区、总投资 19.9 亿元的长白山医药物流项目，这些项目正在加紧组织推进，将于"十二五"末建成使用，届时通化将成为东北东部最大的人参和中药材交易中心。

（三）目标行业的相关政策

2010 年 9 月 20 日，吉林省政府出台了《关于振兴人参产业的意见》，对吉林人参产业政策进行了调整。确立重点的人参生产基地，优化人参种植结构，加强产业园区建设。培养壮大人参龙头企业，带动人参产业务发展。实施品牌战略，发展人参文化，加强产业标准体系建设。规范种植，做到绿色、有机、无公害，用国际一流的设备、工艺、管理，生产出质量一流的产品。做到种植、生产、销售环节整齐划一，对人参深加工企业加大投入，增加其人参种植的投入，以及人参深加工、人参科技研究的投入，将政策与企业发展联系到一起。

（四）目标行业的重要工艺流程

本地人参产业多数是以原料参，通过筛选、分类、清洗、蒸煮、晾晒等环节，加工为生晒参或红参直接对外销售的，再由购买方针对其产品需要（如药品、食品、化妆品）进行深度加工。

三、产品设计

（一）产品设计的主导思想

人参属于季节性产品，一般水参都在 4 年以上才能收获，参农每年年初需资金购买人参种子。7—9 月开始集中收购成品水参，也是价格波动最大的时间，加工企业需要大量的资金，所以当地从事人参行业的人都会在每年的 1 月开始囤积人参干货，直至每年的秋季人参加工过后开始销售。而且囤参客户都是在满足自身保有量的同时，采取以新换旧的方式，对存货进行周转和变现，以维持持续经营获利，据调查，存货在 50 万~100 万元的有 500 户以上；在 100 万~500 万元的有 200 余户；在 1000 万元以上的有 60 余户。

近年来人参产业的蓬勃发展，导致客户的资金需求日益强烈。人参行业 2009 年至今得到了快速的发展，从事人参种植、生产加工、贸易以及相关产品及包装加工的人员及企业不断扩大，虽然人参及相关产品的市场价格连年攀升，使原有从事该行业的个人及企业资产、现金均有较大规模提升，但这远远不能满足广大企业的日常流动资金需求，由于单户资金需求额度较大，从银行获得贷款便成为其最有效的方式。

（二）人参产业主要贷款产品——人参存货抵押贷款

人参抵押小企业贷款业务（以下简称人参抵押贷款）是指中国邮政储蓄银行向符合条件的借款申请人发放的用于其人参生产经营活动的，以其合法拥有的符合条件的人参存货抵押给该行，并由与该行建立合作关系的仓储监管机构对抵押物进行占有、监管，以人参存货抵押为主要担保方式的短期人民币贷款业务。

1. 具体业务模式

（1）适合对象

人参抵押贷款业务的贷款对象为从事人参干货（主要指红参、生晒参与西洋参等）收购、加工、销售等相关行业，能够提供符合该行要求的人参干货作为抵押物,且符合该行授信对象标准的生产加工型或商贸流通型企业、企业主或其他符合条件的农村、城镇生产经营者。

(2) 产品特色

担保灵活、方便快捷、注重实效、手续简便。

(3) 申请条件

①从事人参干货(主要指红参、生晒参和西洋参等)收购、加工、销售相关行业的生产加工型或商贸流通型企业、企业主或其他符合条件的农村、城镇生产经营者,且人参为其主营业务内容;

②提供抵押物符合该行人参抵押贷款业务对人参的要求;

③借款人对抵押物享有合法、完整的所有权,不存在权属、货款、税收等方面的纠纷和争议;

④借款人能将人参存货存放在该行合作仓储监管机构的指定冷库,并与该行及仓储监管机构签订监管协议;

⑤能在该行开立基本存款账户或一般结算账户(该账户在贷款发放前开立即可),并保有一定的结算量;

⑥能在该行开立保证金账户和销售资金专用账户;

⑦贷款行要求的其他条件。

(4) 贷款期限

人参抵押贷款采用单笔授信方式,贷款期限根据借款人的合理资金需求确定,原则上最长不得超过 12 个月。

贷款到期后,一律收回,不得展期。

(5) 贷款额度

贷款金额应综合考虑借款人资产规模、经营收入、现金流情况、抵押人参与抵押房产(若有)的评估价值等因素合理确定,且贷款金额须同时满足以下条件:

①不得超过借款人的实际资金需求。

②贷款金额不超过规定的担保方式计算的担保物提供的担保上限。

③贷款金额不得超过《小企业授信业务管理办法》中小企业法人授信业务或个人商务贷款业务授信金额管理的相关规定。

(6) 贷款利率

贷款行应根据业务授权及借款人的资信状况、市场竞争情况、收益情况等实行差别化利率定价。

(7) 还款方式

可采用等额本息、阶段性等额本息（宽限期最长不超过 6 个月）、按月（季）付息到期一次性还本或一次性还本付息（仅限于贷款期限不超过 6 个月的贷款）四种还款方式。

(8) 担保方式

人参抵押小企业贷款以人参存货抵押为主要担保方式，也可采用"人参存货抵押 + 房地产抵押 + 保证金（若有）"的组合担保方式。

其中，采用组合担保方式的，房地产抵押原则上为第一顺位抵押；房地产评估价值不得低于人参评估价值的 15%，若房地产评估价值无法达到人参评估价值的 15%，则须缴纳保证金，且房地产评估价值与缴纳保证金之和不得低于人参评估价值的 20%。

缴存保证金非贷款必要担保条件，保证金担保适用于组合担保方式下借款人提供房产评估价值不足人参评估价值的 15%、核货入库时抵押人参价值低于审批价值、自愿在抵押物跌价时进行跌价补偿、在贷款期间进行赎货四种情况。

(9) 贷款办理流程

①申请受理

除提供小企业法人贷款或个人商务贷款要求的基本资料外，借款人还需提供以下资料：

• 借款人从事人参加工的，应提供工商、卫生、质量技术监督、食品药品监管等行政主管部门的生产许可证；

• 若抵押物在企业名下，则需提供同意提供货物进行抵押的董事会决议、股东会决议或其他有效文件；若抵押物在个人名下，则需提供同意提供货物进行抵押的承诺书；

• 符合该行准入标准的抵押物清单，须记载人参种类、品质、数量、价格、权属、包装；原料人参的产地、生长年限等；

• 抵押物权属证明材料，包括但不限于收参订单、购销合同、检验报告书、货运单据(货运单、到货单)、付款凭证(汇款凭证或收据)、出厂证明、出入库凭证、进销货台账、经营日志、产品质量档案、质量合格证明等;同时,借款人对上述资料的真实性、有效性负责,并应提供保证抵押物权属真实、有效的承诺书;

● 抵押物品质证明:借款人应提供产品质量档案及专业机构出具的检验报告;

● 人参抵押贷款业务所需的其他相关材料。

②授信调查

贷前调查人员除应按照一般的调查方式和内容对贷款申请人主体资格、经营状况等进行调查外,还需对抵押物的下列内容进行重点关注:

● 借款人的主营业务内容是否为人参;

● 借款人囤积人参的理由是否合理,有无囤积居奇、炒作人参价格的嫌疑,是否存在投机居奇、套取贷款的情况;

● 借款人的贷款用途是否用于收购人参或人参经营的合理用款;

● 现有市场价格下企业是否有客户需求,若有,分析企业为何不进行出售,若没有,分析其原因。

● 抵押物权属是否真实、合法、有效

● 抵押物权属是否清晰,货权、税收等方面是否存在纠纷和争议调查方式为查询抵押物是否存在出租、抵押、查封、扣押、冻结、监管等情况。

③授信审批

人参抵押贷款业务审批须重点关注:抵押物权属的确定性、抵押物估价合理性、变现风险和价格波动风险、抵押物到期变现价值对贷款的预期覆盖水平。

④合同签署

管户客户经理应及时准备好相关协议,包括《人参抵押小企业借款及担保合同》或《个人商务贷款借款及担保合同》。

同时,准备《人参抵押小企业贷款仓储监管三方协议》以及《人参抵押小企业贷款抵押物委托变卖协议》。

管户客户经理填写协议合同文本中除签字部分外的其他要素。协议填写时应注意协议编号、主从协议衔接、要素齐全、内容规范准确等。

⑤贷款发放

合同协议签署后，管户客户经理应按照审批决策意见的要求，及时与客户、仓储监管机构协商落实贷款发放条件。原则上，从合同签署之日起，20天内落实完放款条件并放款，否则须重新落实贷款发放条件。贷款发放条件包括：保证金账户开立、支付费用与办理抵押物保险、监管条件落实、抵押物价格核定、抵押物入库、办理人参抵押登记、办理不动产抵押登记等。

2. 风险控制

（1）严格对仓储监管机构进行合作管理。严格按照仓储监管合作机构准入条件和准入流程进行准入，并做好仓储监管机构的年度审核、日常监测、预警管理和退出管理等工作。监管机构对存储货物的种类、数量和质量承担监管责任。监管场地须安装符合要求的监控设备及公安联网报警系统，以防范业务风险。安排行内员工或聘用安保人员1—2人，进驻仓储场地对仓储货物进行看管。

（2）设专职价格及担保管理岗。做好人参的价格评估、核定和管理工作，密切监控人参价格，专人负责，形成人参价格监控台账登记簿，并确保价格监控体系符合风险控制的要求，及时识别和预防市场风险，防范抵押物价格波动的风险。

（3）做好抵押人参的货权管理工作。在贷前、贷中、贷后各环节做好抵押物权属材料的收集和审核工作，每笔业务均须到工商部门办理动产抵押登记工作，避免抵押物权属出现法律瑕疵。

（4）做好抵押人参的质量鉴别工作，严防假冒伪劣人参。提高业务人员的人参质量鉴别能力，视情况外聘人参产业办、研究所等机构的专业人员协助进行鉴定。

（5）做好巡库、提货及换货等贷后管理工作。

四、金融创新

中国邮政储蓄银行通化分行从2014年初对本地人参产业开展调研和人参贷款新产品申报工作，成为总行级"通化县人参特色支行"，并依托于特色支行，围绕壮大人参交易市场，为人参产业客户开办了人参互惠担保基金贷款、人参动产抵押贷款、家庭农场（专业大户）贷款等一系列"扶持人参产业客户，支持地方人参产业发展"的项目，经过全行上下的齐心协力，2014—2015年共为百余户人参种植户、加工户发放各类贷款过亿元，有力地支持了通化人参产业发展。

五、小结

（一）需要改善之处

人参行业现存在以下问题：一是质量低、有农药残留的问题；二是缺少人参精加工的技术，对人参研究还严重不足；三是对人参文化的宣传不到位，品牌意识差，国际上认知较少；四是政府没有专门的机构和相应的产业政策，产业链不完善，缺乏国际规模流通网络；五是国外如高丽参、西洋参占据了大量消费市场；六是保健品市场的管理混乱降低了人们对保健品市场的信心；七是人参出口对我国人参设定的技术标准和关税壁垒。

（二）政策建议

1. 希望政府设立专门的机构和出台相应的产业政策；
2. 地方政府应加大对产业发展的资金扶持力度；
3. 希望建立规模流通网络，加强价格管理。

案例三　民生银行海洋渔业质押贷款

一、基本情况

宁波地处我国东部沿海，海洋渔业有着悠久的历史，近年来，宁波市海洋与渔业系统紧紧围绕市委、市政府和上级主管部门重大决策部署，推动产业转型、抓好专项整治，以渔业可持续发展和渔民增收为目标，扎实推进海洋与渔业各项工作，使全市渔业经济保持平稳运行的发展态势。水产出口贸易积极向好，水产品出口名列宁波市农产品出口前茅，成为宁波市农产品出口中最具活力的产业。产品结构的调整，为水产品出口持续增长提供了后劲；市场拓展能力的增强，为在竞争激烈的国际市场中赢得了先机；稳定的产品质量是占有国际市场份额的基本保证。

我国"十二五"规划中，已经将山东、浙江和广东3省列为"海洋经济发展试点"，拉开了我国发展海洋经济的大幕。渔业（水产业）按作业水域可分为淡水渔业和海洋渔业。随着近年来我国海洋经济的不断发展，国家海洋经济发展"十二五"规划明确指出未来发展战略目标：海洋经济总体实力进一步提升，海洋生产总值年均增长8%，2015年占国内生产总值的比重达到10%。海洋经济的发展离不开大量的资金支持，强有力的金融保障是我国海洋经济战略能否顺利实现的关键。通过深耕产业链金融服务，民生银行将自身的发展和对广大小微企业的支持很好地结合在了一起。近三年来，民生银行累计向小微企业发放贷款近7000亿元，户均贷款大约在150万元，而不良率只有0.4%。

2012年，中国民生银行成立的海洋渔业金融中心，广泛地联合保险、信托、基金等各类金融机构，为育苗、养殖、捕捞、加工、销售、冷链等产业链各环节提供全方位金融服务。计划到2016年年底，成功开发100户大公司核心客户、1000户稳定的中小企业客户、10000户以合作社和产业链为纽带的小微集群客户，贷款余额达到400亿元，非贷款融资余额达到550亿元。

选择深耕海洋渔业产业链，是民生银行紧跟国家政策、高瞻远瞩、敢于创新、勇于实践的最好体现。当前，作为国民经济重要组成部分和沿海地区支柱产业的海洋渔业，正处于产业升级和战略转型的重要机遇期，大量的民营企业和成千上万的小微商户的金融服务需求也正好契合了民生银行"做民营企业的银行、小微企业的银行、高端客户的银行"的战略定位。

二、海洋渔业产业链金融介绍

海洋渔业是海洋经济的核心部分，是指捕捞和养殖海洋鱼类和其他海洋动物及海藻类等水生植物以取得水产品的社会生产部门。海洋渔业产业不仅包括传统的养殖（育苗）、捕捞等主要环节，还可延伸到加工、批发贸易、冷链物流等多个领域（见图4.2）。

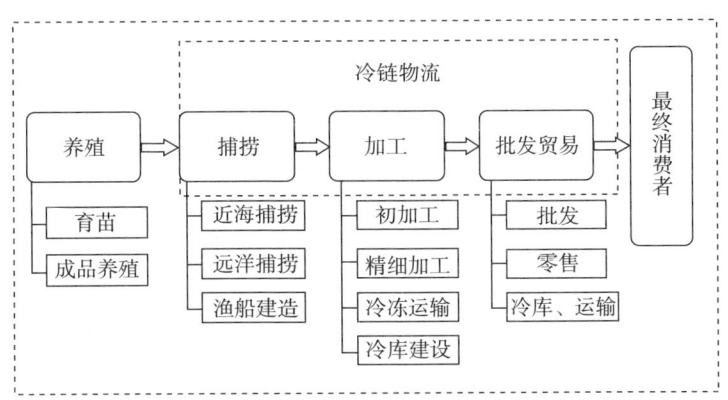

图4.2　海洋渔业产业链全流程

海洋渔业产业客户主要包括渔民、渔企、专业合作社、上下游经销商、渔业加工企业、水产品交易市场（包括冷链物流）等。这些群体位于产业链不同环节，发挥着不同的服务功能，也随之产生了多样化的金融需求。

实际运作中，加工企业往往事先与上游签订购买合同，并对其捕捞和养殖生产活动进行资金扶持、技术指导，到了收获季节，加工企业则以一定的价格收购。但渔业的生产活动具有特殊性，主要表现为：（1）生产周期长、产出时间短、作业范围广、季节性强，加上禁渔期等，使水产品的收获集中在某一时段；（2）产出取决于自然条件、水面条件、装备水平等，多种不确定性因素会对水产品产生重大影响，即不稳定性强、风险性高；（3）加工后的成品销售周期长，库存占用企业流动资金的比例高。

渔业供应链的现金流缺口发生在生产、加工、销售等环节：（1）生产环节，用于养殖、捕渔设备购置等方面的资金缺口；（2）收购时，加工企业需要在较短时期内支付大量水产品的收购资金；（3）经销环节，经销的存货占用大量资金。此外，供应链中的强势地位者则要求对方尽快付款,给弱势地位企业带来极大的压力。由于缺少银行的贷款支持,企业有时不得不借助民间的高息借贷,企业利润被高利贷侵食,不利于产业的健康发展。

水产的冷冻存储是产业链中必不可少的环节,其生存发展离不开水产养殖与捕捞客户的货物存放,但是其上游客户常常面临资金短缺、金融服务匮乏的情况,于是远东冷藏有限公司以自己的公司信用做担保,给上游客户搭建产业链融资渠道:以客户储藏产品为抵押向民生银行取得授信。这不但在很大程度上缓解了上游养殖、捕捞企业的经济困难,也对远东冷藏有限公司的业务来源起到了很强的保障作用,同时也为民生银行拓展海洋渔业产业链金融业务提供了便利。远东冷藏有限公司的负责人郑志成说:"有了我们公司做担保,民生银行更敢于放款。我们将有信贷需求的客户推荐给民生银行,前提是客户在我们冷库存有货物可作抵押物,银行经过综合评估后,会将有价货物'打个折',按'折扣'发放贷款,确保抵押物的有效性,防范放贷风险。"

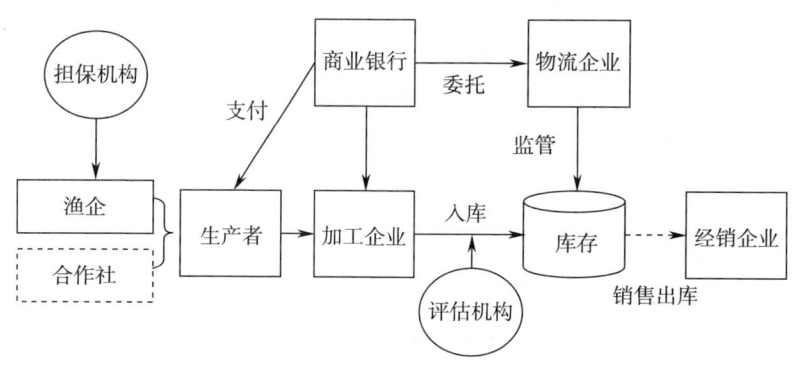

图4.3　民生银行宁波海洋渔业产业链金融结构

三、产品设计

(一)产品设计的主导思想

发展渔业是国家政策支持的项目,作为金融机构,有责任调配资金用在重点建设的领域。民生银行探索金融服务产品创新,利用原有优良客户的关系和优质的客户服务，建立更加贴心的渠道关怀，不但为原有核心企业提供资金支持，同时还为核心企业产业链合作伙伴提供金融创新服务，这既有利于核心企业的稳定发展，又促进了新客户的资金流通，还拓展了民生银行的业务，也履行了金融机构支持国家重点建设项目的义务。

供应链金融的应用，首先要求供应链必须具有一定的物流管理水平，银行才能依赖物流管理手段，对借款人的信息流和资金流进行实时控制，才能有效防范和隔离借款人的信用风险。传统渔业由于交易的原生态、物流自营等，不适合开展供应链金融业务模式。目前，我国部分地区的渔业产业化和专业化水平较高，且存在具有优质核心企业的供应链，完全可尝试供应链金融创新。

金融风险始终是银行金融业务考虑的核心。生产环节不存在可抵押的实物资产，只能采用动产融资方式。而在加工和销售环节，成品是实物资产，基于仓单融资来设计融资方式。

生产环节将生产者（渔户、渔企）水产品的未来预期收入抵押给银行，同时核心企业（加工企业）向银行承诺收购，银行即可向生产者支付用于生产的资金；在收获期，加工企业收购产品后，货款直接支付给银行以抵扣生产者的前期借款。但由于渔业的高风险性，引入担保机构，为生产者提供自然灾害等重大损失提供保险，受益人为银行，可降低银行的风险。银行还必须与加工企业签订承诺收购协议，购货方拒绝付款或无力付款，银行有权向加工企业要求偿还资金。

水产品收获多集中在某一时段，加工企业必须付现给广大渔户，收购环节存在着极大的资金缺口。但成品大量存在于仓库中，可以用库存出售所获得的预期收益来向银行申请贷款。由银行指定物流公司进行监管，并控制加工企业的提货权。部分产品的经济价值评估需要由科研机构进行鉴定。在质押产品后续的销售过程中逐步还款。物流企业提供质押物的保管、去向监督和信用担保等服务。上述模式既对上游生产者提供了生产所需的资金支持，同时也及时兑付货款，确保渔户利益不受损失，巩固了渔业产业健康发展的基础。加工环节则实现了加工企业的杠杆采购，销售环节的存货质押融资减少了资金占用。系统风险可控，银行获得利息收入。银行从供应链角度审查供应链中企业的风险，根据真实交易的信息和基于核心企业的信用等级，来决定是否对供应链中的企业授信。同时，通过与核心企业、农业合作社的合作，不仅缓解了银行要求渔户提供质押的压力，也节省了银行业务的开办成本。

（二）海洋渔业产业链金融——动产（动态）抵押设计

民生银行根据客户申请，以授信申请人（或第三人）合法拥有的货物为担保物，在办理抵押登记的前提下，由民生银行认可的仓储企业对货物进行质押监管的融资授信业务。在此模式下，客户每次提货均需补充相当于提货金额的保证金，经过我行审核后签发提货指令，仓储企业按指令发货。

产业链融资链如图 4.4 所示。

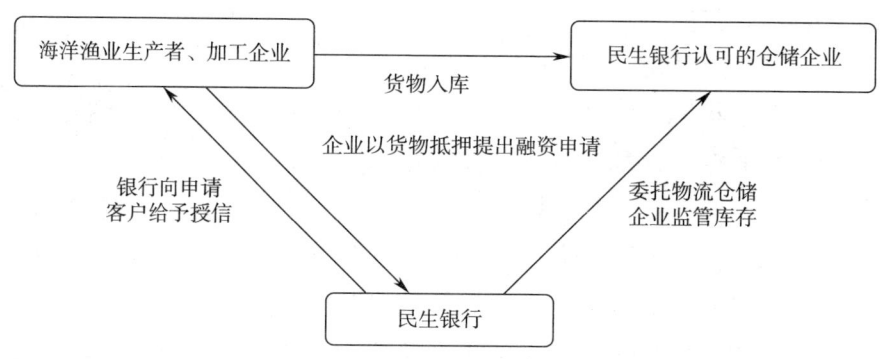

图 4.4　民生银行银行货物抵押贷款模式

民生银行宁波银行为海洋渔业产业链客户提供的贷款主要以商贷通的产品进行授信，商贷通是民生银行向中小企业主、个体工商户等经营商户提供的快速融通资金、安全管理资金、提高资金效率等全方位的金融服务产品。其具体业务模式如下：

1. 担保方式

共同担保方式：

一方面来自产业链的核心企业法人保证：大型零售商或特大型企业提供的法人担保；另一方面来自授信申请人的货物抵押。

2. 产品特色

担保方式多样、资金管理安全。

3. 申请条件

（1）具备完全民事行为能力，申请人及其家人均无不良信用记录；

（2）拥有或控制某经营实体，如个体工商户、中小企业等，实体无不良信用记录；

（3）申请人家庭实物净资产不低于50万元，实物净资产如没有贷款房产、汽车等；

（4）若从事生产经营投资活动（包含承包、租赁活动），原则上需要拥有3年以上行业工作经验，并在该行机构所在地有固定经营场所且连续经营2年（含）以上；

（5）原则上，申请人需要具有民生银行机构所在地城镇常住户口或有效居留身份，并拥有固定住所；

（6）在民生银行开立有个人结算账户，申请人的经营实体在民生银行开立有企业结算账户；

（7）民生银行规定的其他条件。

4. 贷款期限

最长为1年。

5. 贷款额度

根据仓储货物的价值确定，即依据被抵押货物的质量及借款申请人的经营、财务和资信状况等因素予以确定。

6. 还款方式

每月付息，一次还款。

7. 贷款办理流程

开立结算户→办理商户卡→贷款申请→贷款调查→贷款资料采集→贷款审查、审批→落实担保条件→贷款签约和发放→贷款资金划转→依照合同约定按期偿还本息→还清贷款，合同解除，办理注销抵押登记或质押物解冻手续。

8. 需提供的材料清单

申请人须提供以下资料（个人申请贷款按照其他管理规定提供资料）：

（1）申请人和相关担保人的身份证、户口本的原件及其复印件；

（2）申请人所拥有或控制企业的资产证明材料，如财务报表、银行对账单、税单证明、货物运输清单等资料；

（3）此次借款用途的相关材料；

（4）申请人可以提供的担保材料，如货物在民生银行认可的仓储企业的存储合同等；

（5）民生银行规定的其他相关材料要求。

四、金融创新

（一）为海洋渔业产业链注入活力

民生银行海洋渔业产业链的授信业务使生产者有充足资金修缮设备，提高生产效率，扩大生产规模；加工者有充足资金，稳定经营状况，扩大加工规模；仓储企业有更多业务来源，保持优质客户。这极大地提高了整个产业链的生产经营效率与增进了产业链企业的经营稳定性，并为其经营扩张解除了资金束缚。

（二）拓展了业务范围，提升了业务量

民生银行采用货物质押产业链金融业务，拓展了业务范围，吸引了一批企业在该行开设基本账户，提升了业务量。

（三）支持政策重点行业，为国家产业升级与转型提供保障

民生银行在海洋渔业产业链上的业务大力推动了渔业的发展进步，为国家促进海洋渔业发展提供了有效的金融保障。

五、小结

（一）本案例金融创新产品的主要优势

1. 迎政策之风：国家一直鼓励并扶持远洋捕捞，浙江省也出台远洋渔业补助政策。

2. 处富饶之地：地处中国水产富饶的圣地宁波市，有地利优势。

3. 借渠道之宽：超值服务、为客户着想、有良好的客户关系。

（二）海洋渔业产业链上各主体融资需求特点

1. 渔民和渔企需要购买渔船和修船、修网、修机器等"三修"以及购油、购冰等生产资金。

2. 渔业专业合作社经营规模较大，通常需要银行为其提供生产经营所需流动资金。

3. 渔业加工企业需要银行为其开展海产品收储和其开设的直营店日常经营提供流动资金支持。

4. 水产品交易市场无论是市场管理方，还是场内商户，其交易和资金运转都将依托银行来运行，因此在金融服务方面将产生诸多需求。

（执笔：石鹏　冯漪）

案例四　亳州药都农商行存货质押[①]

一、背景

亳州是中国著名的四大药都之一。亳州市多年来始终坚持"以药立市"的发展战略，大力培育中药产业，加快建设现代化中华药都，初步形成了比较完整的现代中药产业体系。亳州市现拥有百万药农、十万药商、数百家药企、数十家药行和一个国家级中药材交易大市场。亳州中药大产业格局已基本形成，上下游产业链比较完善，基本形成了现代中药特色产业集群，成为国家中药材商贸流通中心。亳州市中药材产业正处于二次产业升级阶段，亳州正在为打造"种植之都、交

---

① 来源：亳州药都银行提供素材，课题组执笔。

易之都、加工之都、制药之都"而努力。这一目标的实现需要金融行业的大力支持。

药都农村商业银行（以下简称药都农商行）位于中华药都——亳州市，在服务"三农"、中小企业、地方经济发展中扮演着重要角色。作为亳州人民自己的银行，药都农商行在推进亳州中药材产业的有机融合、实现二次产业升级方面具有顺天时（国家扶植"三农"发展，金融政策相对宽松）、占地利（地处中国四大药都之首的亳州市）、贵人和（超值服务、为客户着想、有良好的客户关系）三大优势，通过创新金融服务产品以支持中药材产业链中核心企业发展，在扶持上下游产业的整体协同发展的同时，实现自身更长远的发展。

为更好地服务于当地中药材产业链的发展，2013年，药都农商行与中央财经大学联合进行了亳州中药材产业链金融服务产品设计，开发了适宜于当地特色和其特点的"药都乐"系列产品。自2014年实施以来，药都农商行以小微金融为主，在支持核心企业发展的同时，扶持上下游产企业整体协同发展，支持了亳州中药材产业的良性发展，给亳州当地的药农、药商、药企、药行、药市等中药材种植、加工、流通等环节带来明显的效益。2019年6月，在原有"药都乐"产品基础上，药都农商行依靠大数据、人工智能等互联网技术，独立研发了线上化供应链金融产品"金农信e链"，搭载自有"药都农商行"APP、"金农信e链"平台系统、安徽农信企业网银等互联网介质，实现了存货质押融资业务的全流程线上化。

二、亳州中药材产业链金融介绍

"渠道金融"是近年来金融企业探索的创新型金融服务。它的最大特点就是在产业链中寻找一个大的核心企业，以核心企业为出发点，为产业链提供金融支持。一方面，将资金有效注入处于相对弱势的上下游配套中小企业，解决中小企业融资难和产业链失衡的问题；另一方面，将银行信用融入上下游企业的购销行为中，增强其商业信用，促进中小企业与核心企业建立长期战略协同关系，提升产业链的竞争能力。亳州中药材产业链，由药农、药商、药市、药行和药厂几个环节构成，形成了以中药饮片厂为核心的完整中药材产业链。药都农商行将着力建设以中药饮片厂为核心的营销渠道金融服务体系。其中：

亳州有数万药商，是药都农商行客户群中的中坚力量。药商可以分为给饮片厂供货的中药材原料药商（俗称原药供货商）和从事中药饮片销售的药商（俗称药材经销商）。药商资金需求季节性强，不仅有大量的临时资金需求，也有频率很高的金融服务要求，还有药材淡季闲置资金的投资理财需求。这类客户在亳州数量众多，是中药材产业链的两个重点环节。他们不仅活跃在当地中药材市场上，而且行走在全国甚至海外中药材市场中，因而药都农商行应将这部分业务作为增长点，争取通过资金扶持的方式，吸引他们来药都农商行开户，并将其往来业务流量作为贷款量评估和利率优惠的基础。对于原药供货商，可以用其给当地饮片厂供货的应收账款做质押担保，给予一定额度的流动资金贷款。而对于药材经销商，当他们资金紧缺时，可以由药材经销商申请指定采购贷款，将资金以货款形式支付给本地中药饮片厂。如果本地的药材经销商向本地制药企业或外地知名大型制药企业供货，也可以把对制药企业的应收账款做质押进行流动资金贷款。

亳州有数十万药农，他们对小额金融服务需求急切，但以往很难得到满足。药都农商行拟推出全民授信业务，无疑是对亳州人民的最大信赖和支持。但这种全民性授信额度不会太大，可以在此基础上，对药农在种植及生活上的急需资金，探索以饮片厂为担保的药农（限种植基地）的小额贷款服务，也可以采取药农联保的小额贷款服务。特别是根据新的政策，创新探索以药农的土地承包权、宅基地所有权、集体财产收益权和"种植在生的中药材"等为抵押的小额贷款服务，切实解决药农贷款难的问题。

亳州现有一座地产中药材交易大市场（简称药市），并新建一座地产中药材交易大市场，规划中还将有一座中药饮片交易大市场和一座中成药交易大市场。药市的集中交易大厅需要有金融结算服务，药材市场中的独立商铺不仅有金融结算需求，还有存贷款的金融服务需求。药都农商行新建办公大楼位于新建交易市场对面，具有独特地理优势，通过为客户提供多层次增值服务，不仅要争取交易大厅的金融结算服务，还要尽力争取市场中优质商铺资源，对市场中的商户将根据业务流量给予一定规模的流动资金贷款支持和利率优惠。

中药饮片厂（含饮片和中成药均生产的企业）在亳州中药材产业中是核心力量。由于规模相对较大，其资金需求量较大，金融服务要求也较高。因而选择其中具有一定规模、实力较强、信用较好的骨干企业为主体，通过这些核心骨干企业的营销渠道，将其上下游的企业和农户构建成一个商圈，以中药材市场的产业链贯通药都农商行的金融服务链。对饮片厂实行产业链整体授信，除对饮片厂自身所需资金支持外，还对其原药供货商、饮片经销商、种植基地的药农提供金融服务。

我国对中药材种植、加工、流通都有严格的要求，特别是近年来国家加大了对食品、药品质量的监管力度，对生产加工企业的 GMP（Good Manufacturing Practice，良好生产规范）认证，对流通企业的 GSP（Good Supply Practice，良好产品供应规范）认证及日常监管都更加严格。同时，目前还在推行中药材种植业的 GAP（Good Agriculture Practice，良好农业规范）认证，这也将大大加大对中药材种植户的监管。而这些企业和种植户的资质是重要的无形资产，过去很少有银行给予确认，所以可以借产业链金融服务设计的契机，充分利用 GMP、GSP 和 GAP 认证的行业价值，对这些认证给予一定无形资产评估，并以认证为质押给予一定比例的贷款，争取一批认证企业和种植户来药都农商行开户，并进行资金往来活动。

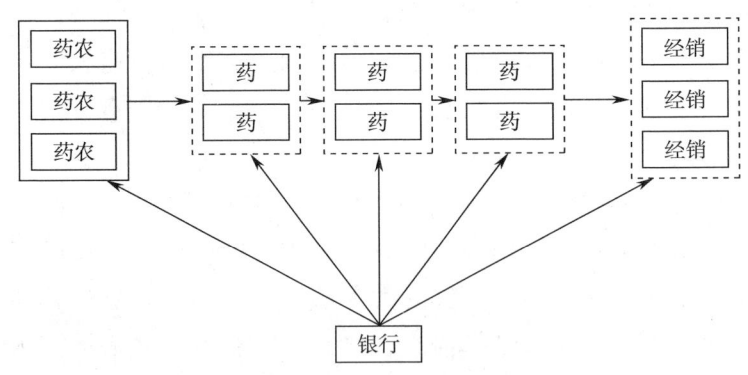

图 4.5　中药材产业链金融结构

三、产品设计

(一) 融资目的与对象

1. 贷款目的

存货质押贷款是指借款人以药都农商行能够接受的存货（包括商品、产品、原材料等）质押办理的短期流动资金贷款；药都农商行通过与借款人以及符合药都农商行规定的仓储单位签定三方合作协议，仓储单位接受药都农商行委托对货物进行有效看管，从而实现对质押存货的转移占有。

存货质押属于动产质押的一种具体形式，该担保方式可以帮助中小企业盘活库存占压资金，提高资产的流动性，较好地解决中小企业贷款担保难的问题。质物可以置换有利于避免社会资源的浪费，使质物仍可能发挥其交换价值，从银行角度讲可以降低担保风险。

2. 融资对象

存货质押的贷款对象主要是有固定的盈利模式、库存占比高、没有大量厂房等固定资产可用于抵押的生产型、贸易型企业，以及从事中药材种植、中药材原药材销售的药农、药商。

(二) 融资条件

1. 借款人必须满足的条件

药都农商行的存货质押贷款业务目前均采取通过"金农信e链"系统线上申请办理，借款人的准入以"金农信e链"准入模型处理结果为准。

2. 质押存货必须满足条件：

（1）货物产权清晰，无权属纠纷和争议；

（2）质押物的物理、化学性质稳定；

（3）质押物须具有活跃的交易市场，价格波动在一定的范围之内，易于折价变现；

（4）货物规格明确，便于计算，质量符合国家有关标准；

（5）货物质量和价值，由系统（或人工）参照第三方合作机构相结合进行价值评估认定；

(6) 存货产品应属于国家允许流通产品。

(三) 融资用途和还款来源

1. 贷款用途

贷款用途原则上限于原料采购资金，并采取应收账款作为还款来源。也可用于企业日常经营资金支出。

2. 还款来源

企业的应收账款的回款和正常经营收益。

(四) 融资利率和额度

1. 融资利率

货押融资业务实行差异化利率定价，执行利率为贷款发放日 LPR（全国银行业同业拆借中心发布的贷款市场报价利率）加相应基点数，加基点数由"金农信 e 链"利率定价模型跑批确定。

2. 贷款额度

货押业务的质押率依靠系统模型跑批，实行"一户一率"，质押率区间 40%~90%。

(五) 融资流程和规定

货押业务审查审批权限按照《药都农商行"金农信 e 链"业务授信管理办法》分级审批。放款操作和贷后管理等环节应完全按照《药都农商行"金农信 e 链"业务授信管理办法》中有关规定执行。

(六) 授信立项

客户经理和产品经理组成的项目小组首先要审核借款人与质押存货是否符合产品的基本条件，对初步认定符合条件的企业和货物，应要求借款人按照药都银行授信流程要求提交材料并填写《存货质押授信额度申请书》。

1. 借款申请

客户将存货存放至药都农商行的合作仓储方，由仓储方在"金农信 e 链"系统中填写入库单并发送至客户的 APP 账号中，客户仅需在手机

APP 上点击确认入库单信息无误，即可提交借款申请至银行审批。

2. 授信调查

客户经理在"金农信 e 链"本地化平台上接收申请，核实客户基本信息，并将仓储方的评估价值和第三方平台的评估价值，进行交叉核验对比，提交有权人完成调查审批。

3. 授信审批

审批通过的存货质押贷款额不得用于其他任何授信品种。如企业在药都农商行申请存货质押贷款以外还申请其他授信，则须完全按授信流程规定执行，由各级有权审批人在审批权限内审批。

4. 合同签订

银行审批完成后，个人客户在手机 APP 上签订《动产质押三方协议》《个人借款及质押合同》，企业客户线上签订《动产质押三方协议》《企业流动资金借款合同》《最高额质押担保合同》，即可办理放款。全流程不需要客户来银行办理。

5. 放款与还款

企业客户在完成签订合同后，可通过"安徽农信企业网银"在线进行放款和还款操作。个人客户在完成签订合同后，可在药都农商行柜面办理提款和还款手续。

6. 出库

客户需要出货时，由仓储方提交出库清单至客户"金农信 e 链"的账户中，客户点击确认，按照出款清单要求的还款金额还款，即可办理出货。

7. 贷后管理

供应链金融部客户经理要配合"金农信 e 链"系统的贷后预警提示，开展贷后检查。检查中如发现仓储方、借款人以及质押货物出现对该行资金安全构成影响的情况，应及时采取相应措施，并将有关情况业务报告管理部及相分管领导。

8. 贷款展期及质物处理

（1）存货质押贷款到期后，如客户不能按时还清本息，原则上药都农商行不予展期；分行应立即对所质押货物进行处理，并以药都农商行认可的公开拍卖方式进行，不得与出质人协议以物抵债。

（2）如贷款到期后确需展期，业务人员须提出明确理由以及切实可行的货物销售计划和还款计划，逐级报原审批人审批；展期期限不得超过原贷款期限，展期期间不得对该客户发放新的存货质押贷款，收回贷款后登记贷款管理台账并归档。

（3）存货质押贷款全部本金、利息、费用还清后，信贷管理员在贷款资料的卷宗右上方加盖"结清"印章，将全部资料归档封卷。

（七）贷款风险和控制

1. 贷款风险

（1）质物风险。一般以存货作质押，必须签订存货质押合同，且质物必须移交质权人或质权人委托的代管人（不能为质押人）占有，由于质押物的特殊性，无法实现准确监管。

（2）质物所有权风险。由于存货的购进、生产、入库过程产生的凭证很难与存货形式上一一对应，因此要证明企业库房或存放于异地的存货是否为出质人所有，存在相当大的困难。

（3）质物变质、损毁、灭失的风险。因某些存货的物理、化学特征，容易自然变质或因人为管理不善导致存货损毁、灭失，从而使质物价值大幅下降甚至质权人权利落空。

（4）质物的变现风险。因某些存货的物理、化学特征，导致很难区别优、次，从而接受了次品质押或者滞销品质押；也可能在质押期间某些存货变质、变坏、品质变差等原因导致变现困难；还可能因为市场变化，出现替代品或消费下降导致质物不易变现。另外，还可能伴生出质人"以质押之名行转让之实"的风险。

（5）估值及价值变动风险。某些存货，如中间产品、高科技产品、市面上很难找到类似商品的产品等的单价不易确定，如堆积的产品、移动的产品等的数量不易确定，都可能导致对质物的估值困难。质物还存在市场变化导致减值甚至大幅减值的风险。

2. 风险防范

（1）质押应妥善保管。委托的管理人除资金实力雄厚、具有对质物、对质权人负责外，还应具备妥善保管质物的物质条件、技术条件和人力条件。如粮食,只能由专业的粮库或专业的仓储公司代为保管,危险化工品只能由具有保管资质的仓储公司或与出质人属同业的第三方公司保管。委托管理人时,应与管理人签订长期合作协议或委托管理协议,并明确各方的权利义务、违约责任。

(2) 出质人在通过"金农信e链"系统提价业务申请时,系统搭载的准入模型会对出质人的信用状况、历史履约情况等数十项信用指标进行筛查,严格实行贷款或担保资格准入制度。

(3) 严格质物的条件。一是产权必须明确为出质人所有,未设定其他抵押权、质押权。二是来源必须合法,为出质人合法取得和拥有。三是物理、化学性质稳定,正常情况下不易变质、损坏、灭失等。四是价格稳定,市场活跃,易于变现。五是规格明确,便于计量。六是有明确依据确定实际价值,例如钢材、有色金属、粮食、煤炭、石油等。而生猪、家电、危险化学品等则不宜接受质押。

(4) 明确质物损毁、减值的补救措施。质权人应加强贷后或保后对质物的检查,一旦发现质物变质、损毁、灭失,如是保管人保管不善导致的,应要求保管人采取补救措施或追究责任;如是质物本身的问题,则应向出质人要求补救。如遇质物大幅减值,应要求出质人替换担保方

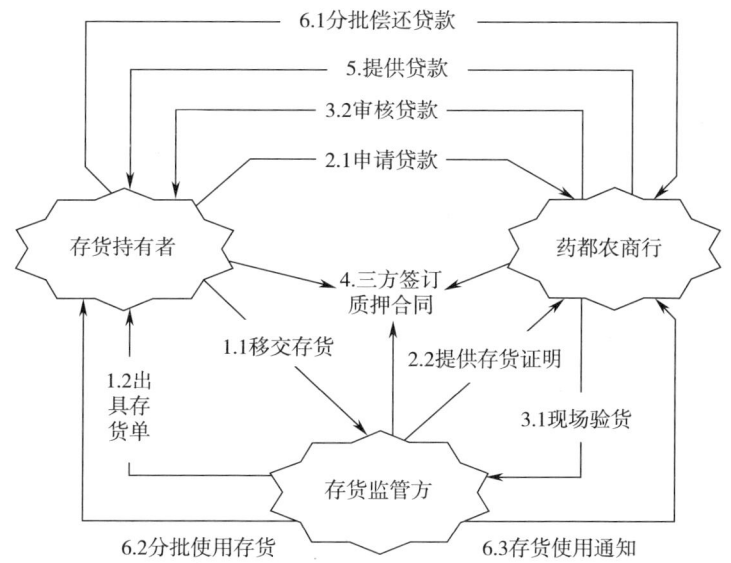

图 4.6 存货质押贷款管理

式或追加相当数量、品质的同类质物补充。

（5）动态监管。如果存货本身有保质期要求，或出质人有合理理由需动用质物的，可实行动态监管。质押合同中可约定：因保质期要求，出质人应更换质物而不更换的，质权人有权在保质期满前提前处置质物并留置处置资金或提前归还贷款，并采取其他措施保护债权。有合理理由需动用质物的出质人，应在不低于原有品质、价值的前提下先进再出，保持质物的价值在一定的额度内。

四、金融创新

（一）打通了中药材产业链

中药材产业链涉及药农、药市、药商、药厂以及药品的终端销售和客户。亳州药都农商行通过存货质押融资，打通了中药材产业链。

（二）实现药都农商行扩大市场规模和风险有效控制

针对中药材产业链上下游之间形成的存货进行质押贷款，通过对存货的评估和监管等风险控制手段，拓展了业务范围，吸引了一批企业在该行开设基本账户，提升了业务量，实现了业务风险的有效控制。

（三）盘活了中药材产业链中存货的变现问题

存货是中药材流通和加工企业的常规和主要资产，长期以来这种资产很难进行融资，满足了中药材产业链上的主要客户的融资需求。

（四）依托大数据和区块链技术，实现了存货质押的三方互联

药都农商行的存货质押业务产品，依托自助研发的"药都农商行"手机APP和"金农信e链"供应链融资服务平台，为仓储方、融资方提供全新的线上操作模式。

一是对接仓储方合作机构。建立从融资方、仓储方、银行方的全流程操作平台，对接合作方仓储系统，减少申贷资料的人工传递，满足客户在线上进行融资申请、出库申请的实际需求。

二是对接药材评估专业机构。与专业中药材网站价格指数系统对接，对中药材质押价格进行科学评估，确定货物价值，实时监控中药材价格指数，存在较大波动的进行预警提示，及时采取补仓和平仓措施，最大程度上防控中药材价格风险。

五、小结

（一）本案例金融创新产品的主要优势

1. 顺天时：国家扶植"三农"发展，金融政策相对宽松。
2. 占地利：地处中国四大药都之首的亳州市，有地利优势。
3. 贵人和：超值服务、为客户着想、有良好的客户关系。

（二）中药材产业链上各主体融资需求特点

1. 药农：对小额金融服务需求急切，但以往很难得到满足；
2. 药商：资金需求季节性强，不仅有资金需求，也有很高的金融服务要求，还有药材淡季闲置资金的理财投资需求；
3. 药行、药市：有很高的金融服务要求，如结算等，也有市场发展的资金需求，更有繁荣市场、帮助客户的金融服务需求；
4. 饮片厂、药企：中药饮片厂和大型制药企业在亳州中药材市场中是主力军，由于规模较大，其资金需求量大，金融服务要求高。

（执笔：耿勇）

案例五　国家开发银行中小企业贷款产品
——动产浮动抵押

一、基本情况

郫县豆瓣是享誉中外的地方特色产品，被誉为"川菜之魂"。四川省有好几百家生产豆瓣的企业，但是长期以来这些企业普遍规模小、效益低，不具备市场竞争优势，企业融资困难，无法大批量采购海椒扩大生产规模。因此，如何解决豆瓣产业对资金的需求以推动豆瓣产业的发展，一直是豆瓣企业和当地金融机构关注的重点问题。

近年来，国家开发银行不断加大对"三农"的扶植力度，鼓励金融创新，积极营造宽松的金融氛围，极大地推动了当地"三农"的产业发展，具有得天独厚的政策优势。通过了解当地豆瓣产业的特点和产业的结构，国家开发银行积极与担保公司、村镇银行等展开广泛而深入的合作，因此比其他任何金融机构更容易准确把握当地的经济特点和豆瓣企业的需求，也更熟悉产业链的运行和发展。国家开发银行是全球最大的开发性金融机构，实力雄厚，专业性强，能够为四川郫县的中小企业提供强有力的资金保障，促进豆瓣产业的发展。

随着国家开发银行的改革发展和业务推进，国家开发银行四川省分行的主要职能不断丰富，业务领域明显拓宽。从重大项目建设到社会事业推动，从工业强省到旅游兴川，从县域经济发展到新农村建设，都能见到国家开发银行四川省分行的身影。近年来，在继续服务于"两基一支"领域的基础上，国家开发银行四川省分行加强了对惠民工程、中小企业、县域经济、新农村建设等城乡统筹发展领域的支持，并着力开拓教育、医疗、社区金融等民生领域，做到了国计与民生兼顾，强省与富民两促进。

国家开发银行四川省分行通过与郫县国开村镇银行合作，主动创新产品，服务"三农"，关注并解决了当地豆瓣酱生产企业的资金需求问题，促进了地方特色豆瓣产业发展。

二、四川豆瓣产业产业链金融介绍

四川郫县50%生产豆瓣酱的企业受到资金限制，无法大批量采购海椒扩大生产规模。另外，这些企业的厂房大多是租来的，缺少房产、汽车等固定资产作为抵押物，无法在其他金融机构贷款。了解到这一情况以后，国家开发银行四川省分行控股的国开村镇银行通过深入调查发现，对于豆瓣企业来说，红海椒的需求量非常大，每年都需要在海椒池里腌制3个月。每年七、八月是当年海椒的采购季，一吨价格在2500元左右,因此,国家开发银行四川省分行控股的国开村镇银行提出了用海椒池抵押贷款的方法,不仅解决了抵押物的问题,也解决了豆瓣酱生产企业资金来源的问题。

为了优化服务的同时规避风险,郫县国开村镇银行与当地的行业协会紧密合作,专门针对那些拥有"郫县豆瓣"品牌使用权的78家企业提供贷款服务,并在当地工商部门办理了动产浮动抵押登记。同时,又与当地的食品卫生监督等部门合作,定期监测海胶池的质量,确保抵押存货的食品质量安全。

凡有资金需求的豆瓣酱生产企业只要向村镇银行提出申请,在国家开发银行四川省分行和成都中小担保公司尽职调查后,就能在较短时间内获得小额快捷的资金支持。同时,国家开发银行四川省分行可为其提供后续的大额资金支持,进一步满足企业融资需求,并通过最大限度地与企业生产周期相结合降低企业的融资成本。这种具有地方特色的贷款产品不仅受到当地企业的欢迎,也丰富了国家开发银行小企业贷款产品的内容。

三、产品设计

国家开发银行四川省分行专门向四川郫县豆瓣企业提供的这种特色贷款方式其实是根据国家开发银行的小企业贷款产品提出的,以下就是这种金融产品的内容和操作流程。

1. 产品简介

中小企业贷款业务是指国家开发银行向境内符合国家开发银行中小企业客户标准的企业、各类从事经营活动的法人组织和个体经营户、农户等自然人或国家规定可以作为借款人的其他经济组织、个体经营户提供的贷款业务。贷款类型主要有固定资产贷款和流动资金贷款。目前,国家开发银行中小企业贷款业务重点支持扶贫开发、养老服务、创新创业和"三农"等领域。

2. 产品特点

结合我国组织化、社会化程度高的国情特点,国家开发银行将自身融资优势与地方政府的组织协调优势、群众组织的民主监督制约优势、中小金融机构的机构网点和结算优势结合起来,依托广泛的合作机构开展业务,探索出了"四台一会"(管理平台、借款平台、担保平台、公示平台、信用协会)的贷款模式。"四台一会"的运作模式如图4.7所示。

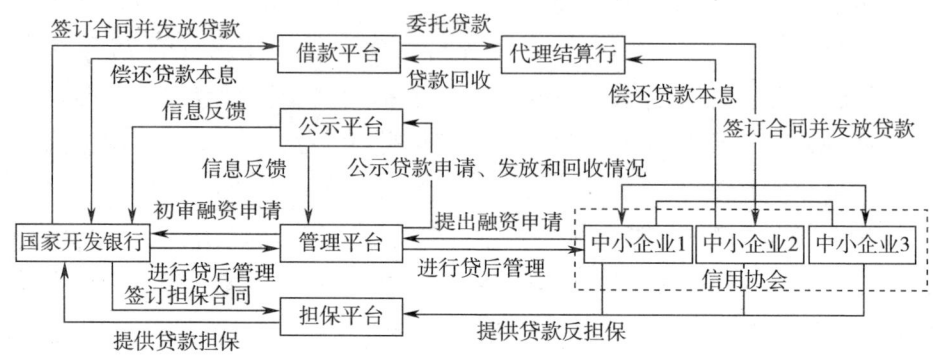

图4.7 国家开发银行的"四台一会"

3. 适用客户

该产品适用于符合国家开发银行中小企业客户标准的企业、各类从事经营活动的法人组织和个体经营户、农户等自然人或国家规定可以作为借款人的其他经济组织、个体经营户。

4. 业务办理流程

国开行可直接或通过合作机构受理中小企业授信申请,客户向国开行申请借款时,应提供符合规定的有关贷款申请材料,并保证材料的真实性和有效性。国开行根据相关规定开展尽职调查、项目评审,提交贷款委员会审议。对于审议通过的项目,与借款人签署贷款协议。客户办妥贷款发放的有关手续,国开行向客户拨付资金。在贷款合同规定的还款期之前,书面通知借款人到期应付的本息金额和利率,借款人据此进行还本付息。

四、小结

(一)担保方式创新

在无资产抵押的情况下,创造性地提出运用海椒池作为抵押物来抵押，不仅解决了抵押物的问题，也解决了豆瓣酱生产企业资金来源的问题。

（二）拓展了业务范围，提升了关注度

国家开发银行首次开发豆瓣酱的收购贷款业务，拓展了业务范围，吸引了豆瓣产业对国家开发银行及其村镇银行的关注。

（三）创新贷款模式，解决了小微企业对资金的需求

与当地的行业协会合作，有助于了解行业的发展前景和中小企业的发展状况；与中小担保公司合作，有助于降低和规避贷款风险。此外，国家开发银行是政策性银行，资金成本低，可以使中小企业享受到更多优惠，降低了小微企业的融资成本，而且有助于破解其贷款瓶颈。

（执笔：孙亚梅）

案例六　信诺微资产管理公司经营性仓储质押融资[①]

一、基本情况

信诺微提供汽车金融服务的近百家平行进口车经销商遍布全国，信诺微集合了众多优质的经销商资源。

太仓仓库之前为雷克萨斯厂家在华东地区的分拨中心，具备优质的车辆仓储管理条件，现已被大中华金融控股有限公司全资收购。

银行对于经营性仓储质押业务比较认可，可以通过技术措施形成标准化的产品来对经销商进行融资放款。

北京信诺微资产管理有限公司是香港上市公司大中华金融控股有限

---

① 来源：北京信诺微资产管理有限公司提供。

公司旗下子公司，为借款端匹配投资方资金，并为资金方进行全流程的项目管理。

二、经营性仓储质押产品设计

（一）经营性仓储质押产品设计的理念

经营性仓储质押是指经销商手里有一批手续齐全品质良好的车辆，信诺微针对平行进口车经销商扩大采购规模拓展业务量的需求，着重搭建围绕经销商自有优质车辆融资设计的金融链条。

在经营性仓储质押融资中构建平行进口车供应商、经销商、仓储方、资金方等融资交易环节进行全流程的项目管理，围绕仓储车辆为关键点进行产品的规划，对于融资资金的定向使用，仓库监管进行全流程的管理，通过上游供应商逾期回购还款进行产品设计。

（二）具体业务模式

1. 适合对象

主要是苏、浙、沪周边的平行进口车汽车经销商。资金主要用于平行进口车商扩大采购数量，增加车辆销售额，缓解流动资金过少产生的业务经营限制。

2. 产品特色

车型限定、线上标准化操作、车辆收押、上游企业回购。

3. 申请条件

（1）与核心企业有一年以上业务往来的汽车经销商；

（2）注册资本不少于 1000 万元；

（3）每年汽车销售额超过 3000 万元；

（4）与核心企业的订单及付款历史状况稳定；

（5）汽车销售企业以及主要股东信用状况良好。

4. 借款期限

总的授信为 1 年期，每批车辆仓储质押融资时限为 2 个月，可提前还款或更换车辆。针对汽车经销商自身资质及车辆情况给与总体授信，车辆价值+现金<授信额度，授信每年核发一次。

5. 借款额度

每辆采购平行进口车的订单价格的80%，单一车辆授信上限为60万元，单一企业循环授信不超过该企业上一年度销售额的30%。

6. 还款方式

还款方式为一次性还本付息。

7. 业务流程

（1）经销商提交融资申请，包括基础资料，融资车辆信息及单证手续等；

（2）汽车经销商前期尽调，完成对汽车销售企业的资产、负债、经营、实际控制人、关联产业、与核心企业的订单及资金往来等信息的核查与评审，通过后确定授信额度及仓储车辆价值；

（3）经销商将车辆存入信诺微监管的太仓仓库，仓库出具仓单由资金方收押，车辆保险受益人为资金方；

（4）资金方放款到经销商账户，信诺微仓库管理人员负责该批车辆的日常管理，资金方可动态盘点车辆；

（5）经销商将车辆融资款还至资金方账户后，资金方发出放行指令并确定放行车辆，信诺微太仓仓管根据指令进行出库登记及车辆交接；

简言之，通过经销商→申请借款→审核经销商资质→确定授信额度及车辆价值→车辆入库、保险→放款→车辆监管→还款→车辆放行。

8. 需提供的材料清单

借款主体须提供以下资料：

（1）经年检的借款主体五证；

（2）法人及企业征信；

（3）公司章程；

（4）近一年的财务报表和近期财务报表；

（5）仓储车辆信息及车辆单证；

（6）借款协议及仓储管理协议。

9. 风险控制

（1）车型限定，平行进口车经销商在进行经营性仓储融资申请时，

提交的车辆必须是目前市场上的畅销车型,变现能力强的车辆型号;

(2)车辆收押,该批融资车辆在存放于仓库确定仓单后,资金方将资金放款给经销商,资金方可动态盘点库存车辆,并在收到经销商还款后发出放车指令,信诺微仓管管理人员方可办理出库手续及车辆的交接;

(3)保险受益人指定,经营性仓储质押车辆要求购买车辆保险,保险受益人指定为资金方;

(4)标准化技术操作,仓储质押项目通过技术措施开通线上审核客户端,手机 APP 等端口,通过技术手段打造银行专属的标准化产品;

(5)上游供应商车辆回购,经销商出现约定时间未能将车辆销售还款时,由上游供应商对该批融资车辆进行回购,并代经销商偿还融资款本息。

案例七 信诺微资产管理公司经销商采购借款[①]

一、基本情况

2016 年得益于国家相关政策扶持,国内平行进口汽车增长迅速,整体平行进口汽车销量 13.29 万辆,同比增长 16.3%,在进口车市场中的占比为 12.8%,比上年同期提高了 1 个百分点。

2017 年 4 月 5 日,国家商务部令正式发布 2017 年第 1 号《汽车销售管理办法》(以下简称《管理办法》),并于 2017 年 7 月 1 日起施行。《管理办法》的实施将为平行进口车带来三方面利好:

一是放开"品牌授权",利好汽车平行进口发展更正规更开阔。《管理办法》第十二条与第三十六条对平行进口汽车做了明确的规定,为平行进口汽车销售提供了规范依据。《管理办法》的出台,意味着未来平行进口将获得一条正规发展的通道,这是对平行进口利好的一条重磅消

---

① 来源:北京信诺微资产管理有限公司提供。

息。供应商通过平行进口方式进口汽车按照平行进口相关规定办理，这让平行进口汽车舞台更广，平行进口汽车品种更丰富。

二是提高平行进口汽车流通的效率和水平。《管理办法》最大的改变，是政策层面对新模式的鼓励。政策实施后短时间内汽车4S店的主体地位不会改变，但汽车超市、汽车卖场、平行进口、直营、电商等多种销售模式均将获得一定发展，未来多渠道、多业态的发展格局逐步形成。

三是消费者将更愿意购买并持有平行进口汽车。《管理办法》中，明确提出经销商和供应商如实标明配件信息，明示生产商、生产日期、适配车型，明确收费标准、售后服务技术政策、"三包"信息等。

福建江阴港银河国际汽车园有限公司是国务院批准的七家沿海整车进口核心企业中唯一民营企业；集整车进出口口岸运营、汽车消费综合体投资建设及汽车进出口贸易、物流、仓储、金融于一体的集团化公司。

福建江阴港银河国际汽车进出口贸易有限公司（以下简称银河汽贸）为银河汽车园下属子公司，主要从事平行进口车进口销售贸易业务，与银河汽贸有业务往来的汽车经销商经销商200余家，在企业经营、车辆采购等环节需要大量的流动资金；银河汽贸为了在激烈的市场竞争环境中增强对国有整车进口核心企业的竞争优势，更有意愿帮助这些合作伙伴解决在业务发展过程中的问题，包括融资的问题。

北京信诺微资产管理有限公司是香港上市公司大中华金融控股有限公司旗下子公司，专注于打造为国内汽车经销商提供优质、高效服务的汽车金融平台。

在平行进口车数万亿的市场中，传统银行以及传统的汽车金融公司只服务了一部分大的进口商，但是对于市场上数量众多的平行进口车经销商则很少涉及，对于这类数量繁多的平行进口车经销商，信诺微公司针对不同的贸易场景及经销商主体创新设计开发汽车金融产品，解决经销商采购融资困难的难题，围绕上游供应商及下游经销商，打造平行进口车B2B模式下优质、高效的汽车金融服务平台。

二、贸易资产产品设计

(一) 贸易资产产品设计的理念

贸易资产是指信诺微公司针对平行进口车贸易场景着重搭建围绕经销商定向采购车辆贸易环节的金融链条。

在定向采购车辆融资中构建整车进口服务商、汽车经销商、通关、仓储、销售等环节进行全流程的项目管理,围绕指定的融资车辆为关键点进行产品的规划,对于融资资金的定向使用,以及定向采购车辆的仓库监管进行全流程的管理,通过核心企业回购逾期还款进行产品设计。

(二) 具体业务模式

1. 适合对象

主要是核心企业银河汽贸下游平行进口车汽车经销商。资金主要用于平行进口车定向采购到港未通关车辆,用于采购订单部分资金的支付,减少订单支付的资金压力,从而为汽车经销商补充流动资金。还款来源于汽车销售的回款。

2. 产品特色

定向采购、账户收押、车辆监管、核心企业回购。

3. 申请条件

(1) 与核心企业有 1 年以上业务往来的汽车经销商;

(2) 注册资本不少于 1000 万元;

(3) 每年汽车销售额超过 3000 万元;

(4) 与核心企业的订单及付款历史状况稳定;

(5) 汽车销售企业以及主要股东信用状况良好。

4. 借款期限

贸易资产融资时限为 2 个月,可提前还款。根据汽车经销商与核心企业的定向采购订单进行循环授信,授信每年核发一次。

5. 借款额度

每辆采购平行进口车的订单价格的 80%,单一车辆授信上限为 60

万元，单一企业循环授信不超过该企业上一年度销售额的 30%。

6. 还款方式

还款方式为一次性还本付息。

7. 业务流程

（1）汽车经销商前期尽调，完成对汽车销售企业的资产、负债、经营、实际控制人、关联产业、与核心企业的订单及资金往来等信息的核查与评审；

（2）汽车经销商准入及综合授信完成后，汽车经销商根据其与核心企业签订的定向采购合同为基准，指定采购到港未通关车辆（确定车架号），提交贸易资产融资申请；

（3）信诺微审核通过后推送资金方，资金方审核通过放款到经销商监管账户，定向支付给上游供应商；

（4）信诺微港口驻点人员参与供应商完成经销商采购该批车辆的关税缴纳及还押汇环节；

（5）融资车辆通关，在归还银行押汇后该批车辆进信诺微港口监管仓，登记入库单及车辆管理台账，资金方动态盘点车辆；

（6）经销商车辆销售回款到监管账户后，资金方发出车辆放行指令，信诺微仓库管理人员进行出库登记及车辆的交接。

简言之，平行进口车经销商→采购订单→借款申请→风控审核→签订借款合同→资金发放→资金用途监管→车辆监管→销售回款。

8. 需提供的材料清单

（1）经年检的借款主体五证；

（2）法人及企业征信；

（3）公司章程；

（4）近 1 年的财务报表和近期财务报表；

（5）平行进口车定向采购合同、海关缴税通知单、押汇款还款凭证；

（6）借款协议及仓储管理协议。

9. 风险控制

（1）车辆指定，平行进口车经销商与上游供应商签订采购合同时，

车辆为到港未通关车辆,且采购车辆的车架号均在采购合同中确认;

(2) 账户监管,经销商账户由资金方和信诺微共同管理,融资款放款至监管账户并打款至上游供应商,车辆销售回款要入监管账户;

(3) 参与进口贸易环节,该批融资车辆在进行海关税费缴纳及归还银行押汇操作环节,均由信诺微港口驻点人员协助参与并第一时间取得付款凭证;

(4) 车辆监管,车辆出关在归还银行押汇款后,车辆入信诺微港口监管仓库,由驻点人员进行车辆入库登记及日常管理,资金方可对融资车辆进行动态盘点;

(5) 上游供应商车辆回购,经销商出现约定时间未能将车辆销售还款时,由上游供应商对该批融资车辆进行回购,并代经销商偿还融资款本息。

案例八 辉睿金融仓储担保品管理：砂石产业存货质押[①]

一、基本情况

随着雅安灾后重建的大力推进,对砂石的需求量也逐步增大,当地砂石企业借此机会开始蓬勃发展。局限于原材料囤积、账期不一、企业流动资金量小等问题,行业健康发展还需要地方政府及金融机构扶持。

雅安某商业银行自成立以来始终坚持服务地方的理念,坚持"服务广大市民、服务中小企业、服务地方经济"的市场定位,加强服务创新,强化风险管控,科学把握信贷节奏和结构,以中小企业和城镇居民为主要目标客户,为客户提供更专业、更优质、更高效的金融服务,是活跃在雅安经济建设第一线的重要金融机构,为地方经济社会发展作出了应有的贡献。

---

① 来源：四川辉睿金融仓储股份有限公司提供。

雅安某商业银行先后荣获了"四川省五一劳动奖状""四川省三八红旗集体""四川省内部审计先进单位""四川银行业履行社会责任先进单位""支持地方经济发展突出贡献奖""2014年度中国最佳中小银行评选最具市场竞争力奖""2014年度资产规模500亿元以下城市商业银行竞争力评价第五名"等荣誉称号。

在业务快速发展的同时，雅安某商业银行积极承担企业社会责任，开展"联村帮户"扶贫活动，开展对困难户和贫困大学生的精准帮扶，修建"爱心桥"，赞助各项文体活动，切实履行地方企业的社会责任。

近年来，雅安某商业银行面对经济下行和利率市场化大环境，通过强化内部管理，深化内部改革，催生机构内在活力和动力，用产品创新和服务创新推动业务跨越发展。雅安某商业银行在团结奋进的领导班子带领下，正以击鼓奋进的士气、跳起摸高的勇气、顺势而为的锐气，凝心聚力，攻坚克难，朝着既定的奋斗目标和实现"精品银行"的远景阔步前进！

二、产品设计

该项目为某砂石企业为进一步扩大经营规模而向某商业银行申请授信1500万元融资，某砂石企业以其所有的砂石（含连砂石、石子、沙子、自然沙等）为质押物向某商业银行贷款，由某商业银行委托辉睿金仓公司输出式监管，监管模式为动态质押监管（总量控制模式）。

动产是指能够移动而不损害其经济用途和经济价值的物，一般指金钱、有价值的物品等，与不动产相对。动产质押融资业务，是指企业将动产（包括商品、原材料等）存放在银行指定或认可的仓库作为质押物，质押物在银行监控下流动，据此向银行申请贷款（或办理银行承兑汇票）的融资方式。

（一）具体业务模式

1. 产品特色

拓宽了企业融资渠道。质押物的品种灵活多样，如原材料、半成品、产成品等均可以作为质押物。

有利于企业存货资产和资金周转。质押物在质押期内可替换使用，即在质押期限内可以用银行认可的新质押物或保证金来置换原质押物，满足企业存货和资金的正常周转。业务受理客户可以向开办该业务银行所属的任一支行或银货通等专业服务公司提出动产质押业务申请。

2. 申请条件

生产经营正常，符合国家产业、环保政策；

债权的产权明确，无悬而未决的争议和债务纠纷；

资信状况良好，无商业不良信誉风险记录，贸易双方无逾期或违约记录。

3. 贷款期限

原则上不超过一年。

4. 贷款额度

根据银行风险敞口及企业存货价值确定。

（二）监管过程风险控制

1. 按照监管要求对现场进行整改

监管区域内只可以堆放某商业银行认可的质押物。

监管场地即相关设备设施的合法性、安全性、适用性由某砂石企业负责。安全系指仓库的防盗、防潮、防鼠、防病虫害、防震、防水、防火、防盗抢等预防自然灾害和人为恶意行为的能力与措施。不可抗力原因除外。

在每个仓库和货位悬挂"某商业银行指定抵/质押合作商户"公示标牌。

2. 监控设备配置

在某砂石企业磅房安装2台视频监控设备。我司采用现阶段最先进远程监控系统，可根据某商业银行要求提供辉睿金仓公司监控平台账号，方便某商业银行进行远程风险管理。某商业银行可通过电脑或手机客户端流畅地实时观看高清监控视频，将质押物监管风险降到最低。视频资料本地录像存储15日以上，我司总部服务器录像存储180

日以上。

3. 人员配置

（1）该项目我司计划安排一名驻场组长，一名监管员，共计两人，以及一名片区主管不定时巡查。我司监管人员将根据现场需要实行24小时监管，合理安排作息时间；监管员食宿均在监管区域内。

（2）驻仓组长负责调度与管理，包括制定工作计划与安排，落实与执行公司与质权人交办事项，并负责与出质人的沟通与协调工作，并做质押物的统计工作。

（3）监管人员分仓库、分区域负责监管，监控质押物进出数据，及时和驻仓组长通报质押物进出的数据，并完成明细账。

（4）监管员服从驻仓组长的工作安排，协同驻仓组长处理突发事件等。

4. 质押物在库监管

5. 现场监管员的工作

（1）现场监管人员每日填写《四川辉睿金融仓储股份有限公司质押物进出库存日报表》以及相应台账体系的记录，并及时找企业授权人签字确认。

（2）现场监管人员每日须对监管仓库进行循环盘点，保证每周完成一次全面盘点；同时每日进行定时与不定时巡查，记录及核对仓库的进出数据，并与某砂石企业数据进行核对。

6. 业务管理部的工作

（1）独立巡库，监督检查监管员对仓库内质押物的监管工作。

（2）按协议要求及时和某商业银行联系，提供相关库存报表。

（3）定期向某商业银行报送周报和月报。

（4）定期对现场监管人员进行轮岗（每三个月一次）。

（5）每日定时和不定时进行视频抽查，确保监管员在岗。

（6）每周电话联系现场监管员，保持紧密联系，及时了解现场情况。

7. 质押物出库监管

当被监管物总量高于质押物最低要求价值110%以上时，某砂石企业可直接进出货。

当被监管物总价值临近最低要求质押物价值的110%时，辉睿金仓公司应向某商业银行报告，提醒企业库存总量即将接近某商业银行要求的最低质押量，是否需某砂石企业补货或打入保证金，由某商业银行作出决定后，辉睿金仓公司按某商业银行签发的通知办理。

当质押物的实际价值等于某商业银行要求的最低价值，某砂石企业要部分提货或换货时，应事先向某商业银行提交《提货申请书》（适用解除部分质押监管），然后向某商业银行提交等值于提货价值的保证金，或提前归还相应融资，或向某商业银行提供与《质物种类、价格、最低要求通知书（代出质通知书）》要求相符的质物交付给四川辉睿金融仓储股份有限公司占有并实施监管（即以货换货）；某商业银行同意后向四川辉睿金融仓储股份有限公司签发加盖印章的《提货通知书》或《质物种类、价格、最低要求通知书（代出质通知书）》，四川辉睿金仓公司在收到某商业银行签发的《提货通知书》或《质物种类、价格、最低要求通知书（代出质通知书）》后，再通知某砂石企业办理提货。

全部解除质押时，某砂石企业事先应向某商业银行提交《提货申请书》（适用解除全部质押监管），并向某商业银行归还全部融资所对应的金额；某商业银行同意后向某砂石企业签发加盖印章的《提货通知书》，四川辉睿金融仓储股份有限公司在收到某商业银行签发的《提货通知书》后，方可通知某砂石企业办理提货。

某砂石企业提取货物后，四川辉睿金仓公司应向某商业银行签发相应的《提货通知书（回执）》，宣示已完成出库，并解除对相应货物的质押监管。

三、小结

（一）需要改善之处

1. 存储质押物厂房为租赁厂房；

2. 企业因担心客户担忧等因素不配合公示行为；

3. 仓库可能存在重复质押行为；

4. 砂石堆放过于集中、堆垛较大，无法或不利于开展盘点工作，企业可能提供假数据；

5. 堆放体积较大，可能存在"包饺子"现象或以次货冒充好货进行质押；

6. 质押物为代储存货物；质押物来料加工货物（即为代其他企业进行加工的货物）。

（二）针对该项目操作风险点对应的解决方案

1. 收集到某砂石企业与当地村民代表之间的相关租赁手续，因土地为村民集体所有，为保证租赁无瑕疵，辉睿金仓公司跟村民代表签订了同意转租函，并盖有当地政府"雅安市雨城区大兴镇龙溪村第八合作社"章。

2. 要求某砂石企业必须配合提供人员现场办公环境，人员吃住须在厂区内或靠近厂区，保证24小时有效监管，并在厂区部分区域安装摄像头，进行24小时实时视频监管；必须进行仓库挂牌和质押物贴标签的公示行为，以对抗善意第三人。

3. 到企业所在地工商局查询到该企业未有过动产抵押登记，并建议银行进行动产浮动抵押登记，避免重复质押。

4. 前期开仓时，请专业机构进行测绘，结合实际盘点数据作为参考。后期定期请专业人士进行测绘，结合每日实际盘点数据，复核砂石和成品的数据，保证盘点和抄码数据的准确性，避免数据作假。

5. 要求企业配合进行多点深挖，查看堆放情况。

6. 完善各项合同和附件内容，做到认真复核，主要核实河沙开采许可证，购销合同等货权凭证，对于来料加工货物、确定为带储存货物或已销售货物的剔除质押物范围；做好挂牌和贴标签公示工作，对抗善意第三人。

案例九　新润源资产管理有限公司担保品管理：粮食质押[①]

一、基本情况

安徽省是全国产粮大省之一，从全国来看，安徽粮食产业比较优势突出，区位条件优越，特别是稻谷、面粉、油料加工科研和加工设备研制的综合优势较强。安徽省是全国13个粮食主产区之一，粮食商品量每年一般在500亿斤左右，居全国第六位；油菜籽产量每年200万吨左右，居全国第二位，是全国双低油菜籽基地。丰富的粮油资源为发展粮油产业提供了充裕的物质基础。因为占据得天独厚的农业资源优势，大量的中小粮油加工企业应运而生。而这类中小粮企信贷需求特点是量大且季节性强，普遍缺乏有效的抵质押物，同时担保公司担保能力又无法满足这些企业的贷款需求。为了解决这类企业的融资难题，新润源资产管理有限公司与安徽省内的多家农村商业银行联手合作，对该类中小粮企业进行实地调查并进行了粮食质押贷款的可行性分析，最终确定了以企业的库存粮食作为贷款抵质押物，委托新润源资产管理有限公司对库存粮食进出进行实时监管，通过引入第三方监管促进信贷业务发展的思路就此产生。

二、产品设计

粮食质押贷款顾名思义就是借款人为取得银行贷款或融资，以其自有的库存粮食作为质押标的质押给银行，银行委托专业的、有资质的第三方资产管理公司或仓储物流公司对库存粮食进出进行实时监管。"动产存货质押监管"是近年来金融企业探索的一种创新型金融服务，存货监管范围也在不断扩大。作为安徽省内农商行系统中创新业务的佼佼者，

[①] 来源：新润源资产管理有限公司提供。

以涡阳县农村商业银行为例，从2013年6月与新润源资产管理有限公司牵手合作后，在该县域为14家粮食企业投放了粮食质押贷款，有效解决了中小粮企收购资金跟不上的问题，不仅助力涉农企业、缓解卖粮难，而且拓宽了金融机构融资渠道，信贷资金实现了良性循环，算得上一举多赢。

粮食质押贷款及监管业务操作流程简介：持有库存粮食的融资企业→向农商行提出申请→银行受理后并联合新润源资产管理有限公司上门调查评审→审查审批→签订借款合同及三方动产质押监管协议→质物入库→办理融资→质物监管→收回融资→释放质押解除监管。

三、小结

安徽省内的各家农商行动产存货监管业务起步较晚，差不多从2012年有此金融创新想法，2013年才开始引进专业的、有资质的第三方监管公司/仓储公司，和融资企业三方共同开展这项业务。不过业务发展迅速，目前安徽省内超过半数的农商行都开展了动产质押监管业务，其中粮食质押贷款几乎占整个市场份额的30%。一方面，该业务成为了银行放贷的一个新的增长点，拓展了业务量，同时减少了银企信息不对称现象，提高了银行放贷积极性；另一方面，该业务盘活了中小企业闲置资源，增加了流动资金，降低了资金成本，便利了中小企业融资，为中小企业的发展注入了强大的活力。但是，在实践过程中我们发现还存在一些问题：

1. 法律法规制度不够完善，找不到对应的具体法律法规来清晰地对其进行约定和规范，导致保障不足；

2. 行业规范不够，动产质押作为一个新兴事物，发展历程较短，距离形成规模化、产业化还有很大差距，因为发展不够成熟，所以行业规范体系一直未形成；

3. 政策倾斜及扶持力度不够，作为新兴行业，目前几乎是完全按照市场化经营来决定其生存及发展。

当然上述问题需要政府、金融机构、金融仓储公司及众多中小企业共同努力，结合国内外先进动产质押相关业务在理论和实践上进行探索和实践，我们可以有以下几个方面的启示：

第一，进一步规范现有动产质押业务。目前，作为金融仓储的核心业务即动产质押监管和仓单质押，在业内还缺乏统一的业务规范标准，可以借鉴西方发达国家比较成熟的做法，在实践中不断探索和完善。在现有法律框架下，下一步要做的一项重要工作是进一步明确在业内被广泛接受的动产仓单标准，建立社会化的动产仓单系统，增强存货的流通性。

第二，稳步拓展金融仓储业务。一方面，我们需要积极探索，提高抵押物监管水平，使得从生产的纵向角度扩展业务，比如从当前的农产品、原材料、产成品，扩展到半成品甚至在制品。另一方面，在保证抵质押物"流动性、安全性"的前提下，可以横向扩大可做动产仓单融资的业务范围，适当提高针对农民的农产品的仓单质押的比例，有助于破解农村金融约束难题，支持新农村建设。

第三，做大做强金融仓储行业。需要进一步完善相关的法律法规体系，制订专门的实施细则。从国外一些成熟的做法来看，政策层面的总体规划和布局能够大大推动金融仓储行业的快速发展。因此，可由仓储业、银行业、相关企业和金融仓储专业机构共同努力，共同推进，把蛋糕做大，把整个金融仓储行业做大做强，从而形成动产质押行业规模化、产业化。

第四，政府、金融监管部门应进行适当的政策扶持及倾斜，同时不断加强对农村商业银行的业务指导及技术性创新。

案例十 成都彭州京华制管公司担保品管理：焊管动态质押[①]

一、基本情况

南充市商业银行（以下简称南商行）自 2001 年成立以来，秉承

---

① 来源：成都彭州京华制管有限公司提供。

"心存善,水润物"的企业核心价值观和"贴近社会中下层"的经营价值观,始终坚守"服务中小"的市场定位和"错位竞争、差别服务"的经营策略,坚持走"为中小企业提供专业化、特色化"的金融服务道路。成立十年来,已逐步形成了以"战略＋人才＋产品＋IT"的核心竞争力,成为一家专注于中小企业服务的特色银行。

(一)健全的专营机构,专业的客户经理队伍

截至2016年,南商行已在南充、成都、贵阳等地分别设立了中小企业金融事业部、小企业贷款银行及专为需求在100万元以下的微小企业及社区居民提供金融服务的社区银行,初步形成了地域覆盖面广、布局合理、对象明确的中小企业金融服务专营机构。与此同时,该行按照"职业化道路、专业化方向"和"有所为有所不为"的市场选择原则,全面推行客户经理制,通过竞争上岗、双向选择、优化组合手段,在全行组建了64个客户经理组,专兼职客户经理从业人数达到583人,占全行员工人数的67%,一支怀揣"心存善,水润物"理念,能自觉"走出去、沉下去"的专业化中小企业金融服务队伍已初具规模,客户经理体制日臻成熟。

(二)高效的审批机制,"一站式"的服务平台

长期以来,南商行为满足中小企业对贷款手续简单、程序快捷的需求,在贷款审批流程上,通过整合内设机构,实行前后台分置,调整部门职能,推进部门银行向流程银行转变,在坚持"双人四眼"和前后台"双签"的调查审批制度的前提下,将贷款审批权限从总行逐级下放到分行、支行和客户经理组,中小企业客户从贷款申请到贷款发放只需短短的几天时间,甚至在客户经理组权限内的贷款,客户从贷款申请到获得贷款仅需半天时间,简化的审批环节、高效的审批效率使该行获得广大中小企业客户的信赖。与此同时,该行还致力于建立"工厂化""一站式"的贷款服务平台,将业务流程分为"前、中、后"三段,实行批量化处理、"流水线"作业,将评估、公证与担保等机构请到银行一同现场办公,实行"一站式"服务,为中小企业客户提供了快捷、优质、方便的金融服务。

(三)特色的金融产品,完善的产品体系

长期以来,南商行始终坚持"客户至上"的理念,以客户为中心发展各项业务,并不断根据客户自身经营特点,围绕客户融资需求变化,创新、完善金融产品及体系,着力帮助中小企业解决融资难的问题,先后推出了应收账款质押贷款、生物性资产抵押贷款、私营企业主贷款、小企业简易贷、茧丝绸、熊猫圆圆贷、联合保证贷款等数十种新产品或业务发展模式,已初步形成了以中小企业贷款为主要品种的核心产品体系,绝大多数中小企业客户都能对照产品目录找到自身所需的特色产品。

(四)灵活的授信业务市场定价机制

南商行为提前适应我国利率市场化大趋势,逐步建立和完善科学的授信业务市场定价体系,提升管理水平和对市场的适应能力,做到银行与客户的真正双赢,全面推行授信业务市场定价机制。按照充分贴近市场、风险与收益对等、体现银行增值服务的原则,南商行初步建立起了客户单笔贷款利率以行业市场利率为基础,与贷款风险度溢价、客户综合贡献度紧密挂钩的定价模型,不但解决了银行内部贷款定价标准不统一、定价随意性高、暗藏道德风险的问题,还把贷款利率与客户对银行的综合贡献度挂钩,真正做到了银企双赢、互惠互利,让中小企业客户从中受益。

二、合作企业——成都彭州京华制管有限公司情况简介

成都彭州京华制管有限公司于2003年3月正式成立,原名成都彭州华岐钢管有限公司,2006年4月19日正式更名。系京华日钢控股集团下属分公司,占地面积133400平方米。公司位于成都市优先发展镇彭州市蒙阳镇,在广汉、新都、什邡、彭州四市之中心位置,在成都北新干线道边,距省会成都市30公里。周边进出口道路四通八达,交通十分便利,区域位置优越。

公司系西南最大焊管生产基地,产品已通过ISO9000质量体系认证,又接着通过GB/T 19001—2008/ISO9001:2008质量管理体系认证、GB/T 24001—2004/ISO14001:2004环境管理体系认证、GB/T 28001—2001

职业健康安全管理体系认证,"三证合一"管理体系认证。所有生产许可证书一应俱全。每年由相关监督检查部门进行审核检查,没有出现过重大质量问题,也没有发生过重大环保问题。多次受到当地政府及有关部门的表彰奖励。集团公司荣获"2010年中国制造企业500强""中国钢铁500强""2010年中国企业500强"荣誉称号。2006年成都京华荣获"成都市优质服务先进单位""四川省质量监督协会颁发质量、安全、环保达标示范单位""成都市用户满意产品""2006年四川省工业企业最大规模200强""四川省黑色金属冶炼及压延加工企业最大规模20强""质量、信誉、信得过名优企业"荣誉称号,被四川省环保局授予"四川省环境友好企业""成都市科技企业""彭州市重点优势企业""彭州市2012年度工业增加值突出贡献企业"等称号,现在是四川省河北商会会长单位。公司"华岐"牌商标经中华人民共和国工商行政管理总局注册,日照钢铁控股集团有限公司授权使用。"华岐"牌各种系列直缝焊管、螺旋焊管、热镀锌管在四川、重庆等市场享有盛名,颇受客户青睐。

公司长年生产无间断,产品规格齐全,质量绝优可保。公司货场宽广,吊装快捷,货源充足,手续简便,服务周到。供市场之所需,急客户之所想,订货、现提均有十分充足的货源,保证客户满意。

成都京华秉承"质量为本,关注未来",追求顾客满意;节约资源,保护环境,焊造绿色经典;科技先导,快速反应,构建和谐企业"的管理方针和目标,奉行"以质量求生存,以信誉求发展"的宗旨,发扬集团"与时俱进,认真求实,团结协作,快乐工作"的企业理念和工作作风,以诚信为根本,以追求卓越为标准,以打造世界知名品牌为使命,不断提高员工素质,努力为客户服务。

三、小结

(一) 合作项目企业须提供的条件

1. 企业配合我司签定仓储转租协议;
2. 企业提供我司监管员现场监管的食宿、办公条件;
3. 企业提供我司远程监控的光纤设备;

4. 企业提供真实有效的货权凭证及出入库单据；
5. 企业指派现场工作人员为该司对接人员核实相关手续及票据；
6. 企业配合该司质物移交大盘点及监管过程中的各项核实盘点；
7. 企业同意该司现场张贴监管标示标牌；
8. 企业提供该司现场监管人员的电脑等办公用品。

（二）该司的监管操作要点

1. 现场需根据公司下发的监管通知书来进行操作，严格遵守公司合同要求及确保质押物在最底控货线上；
2. 在出现异常情况时必须及时向上级领导反馈，如遇到紧急情况且上级电话无法接通的情况下可越级反馈；
3. 质物把控流程：①监管员每天在监管现场内进行巡视；②提前了解企业进出货情况，并做好协调准备；③当企业有进出时需现场核实并记录，④当可出货量达到预警线时需立即通知企业对接人办理补货或者停止出货，并立即报公司相关领导；
4. 盘点方法：分区逐一清点。

案例十一　亿盛资产管理公司担保品管理：皮革类动态质押[①]

一、基本情况

（一）动产质押监管的发展背景

动产监管由金融物流的发展而兴起。

金融物流是物流服务和金融服务相结合的产物。金融物流，即包括金融服务功能的物流服务，第三方物流企业提供的一种金融与物流集成

---

① 来源：山东亿盛资产管理公司提供。

式的创新服务,其主要服务内容包括:物流、流通加工、融资、评估、监管、资产处理、金融咨询等。金融物流不仅能为客户提供高质量、高附加值的物流与加工服务,还为客户提供间接或直接的金融服务,以提高供应链整体绩效和客户的经营和资本运作效率等。

金融物流,是物流与金融相结合的产品,其不仅能提高第三方物流企业的服务能力、经营利润,而且可以协助企业拓展融资渠道,降低融资成本,提高资本的使用效率。金融物流服务将在国内开物流业界之先河,是第三方物流服务的一次革命。

中小型企业普遍存在融资困难。在国内,由于中小型企业存在着信用体系不健全的问题,所以融资渠道匮乏,生产运营发展的资金压力大。金融物流服务的提出,可以有效支持中小型企业的融资活动。另外,金融物流可以盘活企业暂时闲置的原材料和产成品的资金占用,优化企业资源。

金融机构的创新意识增强。当前金融机构面临的竞争越来越激烈。为在竞争中获得优势,金融机构,比如银行,不断地进行业务创新。这就促使了金融物流的诞生。金融物流可以帮助银行吸引和稳定客户,扩大银行的经营规模,增强银行的竞争能力;可以协助银行解决质押贷款业务中银行面临的"物流瓶颈"——质押物仓储与监管;可以协助银行解决质押贷款业务中银行面临的质押物评估、资产处理等服务。

金融物流的发展起源于物资融资业务。金融和物流的结合可以追溯到公元前2400年,当时的美索布达米亚地区就出现了谷物仓单。而英国最早出现的流通纸币就是可兑付的银矿仓单。

国际上,最全面的金融物流规范体系在北美(美国和加拿大)以及菲律宾等地。以美国为例,其金融物流的主要业务模式之一是面向农产品的仓单质押。仓单既可以作为向银行贷款的质押,也可以在贸易中作为支付手段进行流通。美国的金融物流体系是以政府为基础的。早在1916年,美国就颁布了仓库存贮法案(US Warehousing Act of 1916),并以此建立起一整套关于仓单质押的系统规则。这一体系的诞生,不仅成为家庭式农场融资的主要手段之一,同时也提高了整个农业营销系统的效率,降低了运作成本。

相对于发达国家,发展中国家的金融物流业务开始的较晚,业务制度也不够完善。非洲贸易的自由化很早就吸引了众多外国企业作为审查公司进入当地。这些公司以银行、借款人和质押经理为主体，设立三方质押管理协议（CMA），审查公司往往作为仓储运营商兼任质押经理的职位。通过该协议，存货人，即借款人在银行方面获得一定信用而得到融资机会。此类仓单直接开具给提供资金的银行而非借款人，并且这种仓单不能流通转移。

在非洲各国中较为成功的例子是赞比亚的金融物流体系。赞比亚没有采用北美以政府为基础的体系模式，而是在自然资源协会的帮助下，创立了与政府保持一定距离、不受政府监管的自营机构——赞比亚农业产品代理公司。该公司参照发达国家的体系担负金融物流系统的开发和管理，同时避免了政府的干预，从而更能适应非洲国家的政治经济环境。

国外金融服务的推动者更多是金融机构，而我国金融物流服务的推动者主要是第三方物流公司。金融物流服务是伴随着现代第三方物流企业而生，在金融物流服务中，现代第三方物流企业业务更加复杂，除了要提供现代物流服务外，还要跟金融机构合作一起提供部分金融服务。

（二）案例企业基本情况

A公司成立于2004年，占地面积15000多平方米，投资480万元用于污水处理。A公司主要从事皮革的生产、销售，产品有服装革、鞋面革、手套革等。年生产皮革150万余张，产品直接销往广东、四川、江苏、河北、浙江、河南等地区，间接销往东南亚以及中东地区等国家。该公司自成立以来，一直致力于提高产品的质量和企业的管理水平，经过近几年的发展，建立起了比较完善的现代化企业管理机制，为企业的快速发展提供了保障。企业已通过环评验收，是山东省最大山羊皮革加工厂，生产技术和设备领先国内先进水平。

该企业十分注重对科研人员的培养和市场产品的研发，不断地创新产品和开拓市场，具备了长期、稳定的发展能力，发展前景非常乐观。目前公司业务情况良好，产品在国内市场上占有一定的比例，并享有较高的声誉。A公司以"以质量求生存，以信誉求发展"为宗旨，朝气蓬勃地不断向前发展。

该公司近三年及近期财务指标表明，资产负债率较低，流动比率、速动比率指标较好，具备较大的市场行业竞争优势，是所在县委、县政府重点扶持的企业项目，企业经营者人际关系广泛，声誉较好。

除上述典型案例之外，山东亿盛资产管理有限公司还对花生食品、脱水果蔬、灯具、粉条、苗木等多种商品进行成功操作，并制定完善的操作体系及方案。

二、山东亿盛资产管理有限公司动产质押监管的业务优势

（一）具有健全的监管管理制度和风险防范体系

公司机构设置合理，管理制度健全，具有一整套管理流程、业务实施细则、风险识别及预警方法措施、业务检查及考核系统等业务运作及风险防范体系。

（二）具有地理位置优越和配套设施齐全的仓储基地

为适应动产质押监管业务管理的需要，公司现建有 30000 平方米自由仓库中心，位于罗庄区朱陈村，地理位置优越，配套设施完备，可作为输出监管使用。

（三）具有"动产质押+信用担保"的联合担保方式

山东亿盛资产管理有限公司与亿盛融资担保公司同为亿盛集团下属子公司，联合推出"动产质押+信用担保"强强联合的新型融资担保方式，不仅有利于融资企业拓宽融资渠道，也使得金融机构风险得到更有效的控制。

（四）具有对监管员质押监管平台的信息管理体系

公司于 2012 年 7 月对监管员上线了质押监管平台系统，通过对监管员划定监管区域每天进行早晚两次定点拍照考勤和上报企业库存数据；公司管理人员通过平台向手机发送公告通知及时传达公司的计划或任务；公司管理人员通过监管员全天候的实时监督，确保了监管员 24 小时驻厂

监管企业，减少了监管员违反劳动纪律现象，在临沂市动产质押监管的同行业中率先进入信息化管理模式。

三、产品设计

（一）大宗商品融资操作介绍

某银行同意给予融资企业授信额度××××万元，期限××年。授信品种为流动资金贷款，以企业货物品种作为质押物，银行制定相应质押率，质押率符合动产融资业务质押率要求。银行委托山东亿盛资产管理有限公司作为第三方管理企业，同时追加企业经营者个人担保，流动资金贷款利率按照某银行规定执行。

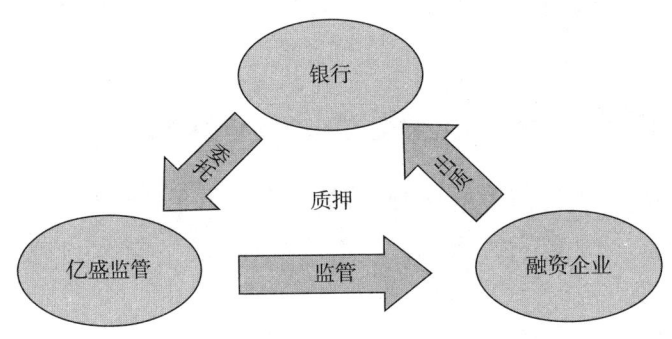

图4.8　融资操作流程

（二）企业需提供的材料

1. 资质认定材料：企业法人营业执照副本（需经工商年检）、企业法定代表人身份证（需法人亲笔签名）、企业代码证、税务登记证、验资报告、企业章程及出质企业实际控制人（董事长、总经理）履历介绍，具体包括：①姓名、年龄、学历、出生地、身份证号码或复印件；②工作履历介绍。

2. 出质人场地相关材料：房产证、土地使用证（属于出质人非自有产权的，需要提交租赁合同等能证明其拥有使用权的资料复印件、自有产权人同意转租的证明以及监管地点的土地证、房产证等证明材料复印件)、厂区平面图。

3. 出质人财务资料：资产负债表，损益表，现金流量表（近两年经审计过以及最近两个月的）。贷款卡信息、银行授信报告、企业对外担保情况以及各大银行授信及到期情况。

4. 当日库存明细（包括但不限于规格、型号、品种、重量）。

5. 企业基本情况简介：包括但不限于背景信息，行业排名，融资需求及投向，实物资产情况，总体的生产和销售能力。

6. 企业相关上游客户和下游客户汇总表。

7. 货权、品质证明材料：购销合同及对应发票复印件（近两个月）、产品检验报告（两份左右），质物库存明细等。

（三）动产质押的模型

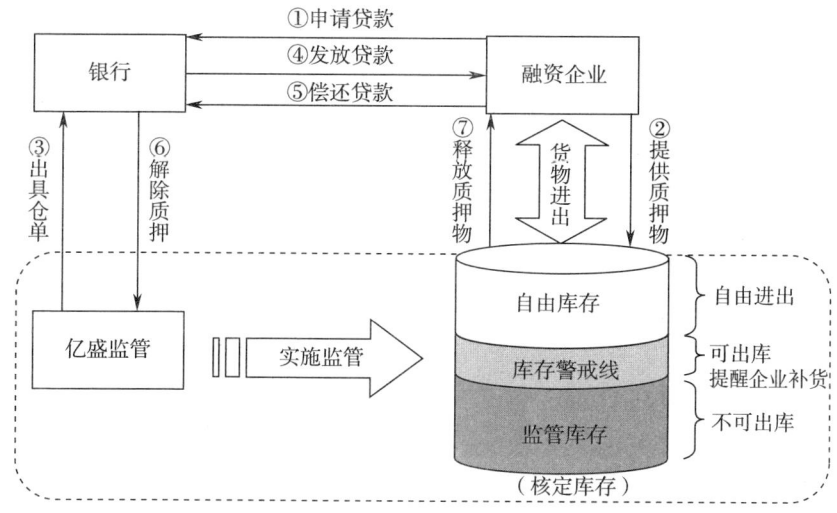

图 4.9　动产质押模型

（四）质押监管操作流程

公司对出质企业质押给银行的质押物从入库、出库、装卸、储存进行全程监管，同时，在项目正式操作阶段，细化操作流程与各操作环节，以下为流程框架。

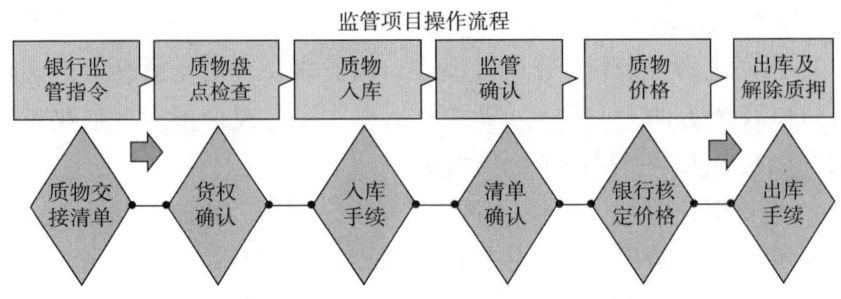

图 4.10 监管项目流程框架

1. 银行监管指令的下达

企业出质前,业务部在收到银行方面出具的《质物交接清单》后,确认银行委托我司的监管指令已下达后,项目开发主管或者业务主管及区域经理到监管地进行核库。

2. 质物的盘点与检查

在确认监管指令无误后,监管员要求出质企业提交足以证明质物所有权和品质的证明文件复印件,质物证明文件包括但不限于相关质物的生产入库单、购销合同、增值税发票、货运单、质量合格证书、商检证明等,证明文件需由出质企业提供复印件并加盖公章,以证明其真实有效,监管员负责审核留存。

3. 质物入库

(1) 质物入库时,监管员首先制作《入库单》,须由监管员和出质人相关负责人双方签字确认,证实该批货物进入我司监管区域。入库完毕后,监管员登记手工出入库明细账(内容包括:入库时间、名称、型号、单价、数量、金额等)。

(2) 质物入库操作完成后,标志着质物进入我司监管仓库,我司将对货物承担保管和监管责任。

4. 监管确认

(1) 监管员根据《入库单》所载货品明细,对照台账载明的货品明细以及质物实际库存,检查上述三者是否完全相符。

(2) 质物与《质物交接清单》核对无误后,风险部主管对《质物交接清单》审核确认后,将《质物交接清单》交由银行客户经理。

5. 质物价格的确定

（1）质物价格均是按照银行核定价格执行。

（2）产品在市场行情波动的情况下，银行可能会对质物的价格进行调整，如调整后质物价值达不到银行要求，应立即通知企业补充质物入库至核定库存价值水平。

6. 质物出库及解除质押

（1）企业出库时，在不低于银行核定的最低价值（或数量）的情况下，企业与监管员共同办理《出库单》，清点出库货物，我司监管人员核对无误后在《出库单》上分别签字盖章确认后各自留存。

（2）企业出库时，在低于银行核定最低价值（或数量）的情况下，我司必须在收到银行发来的"放货通知"后，审核无误后监管员填制《出库单》，与企业共同签字盖章确认后各自留存。

四、风险控制

为有效防范和控制业务风险，各级管理人员在业务操作过程中若出

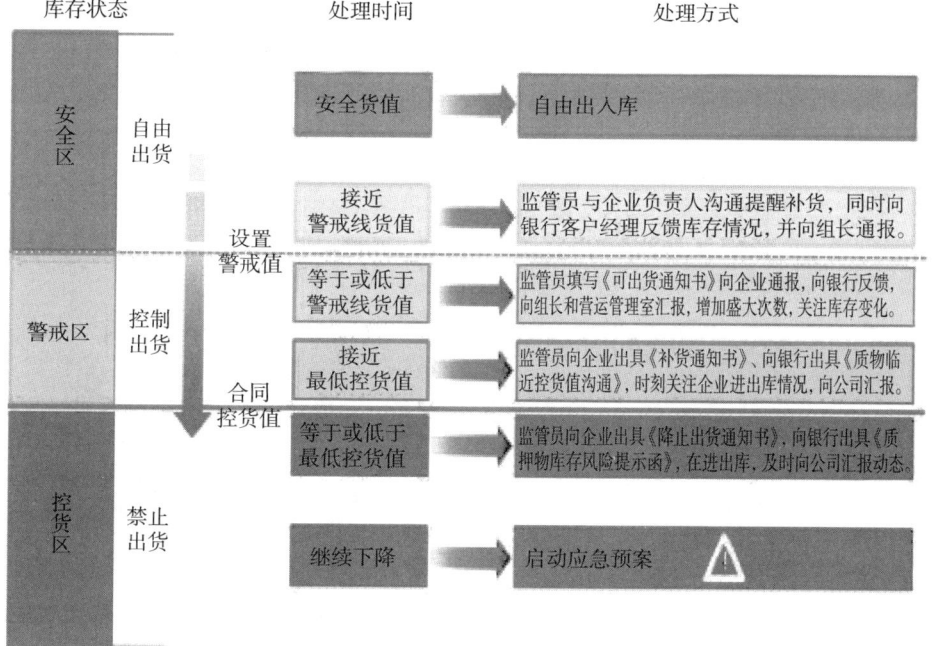

图 4.11　库存下降风险处理流程

现监管物被外界盗抢、强行出库、自然灾害、火灾、第三方主张权利、国家权力机关查封、品质改变、监管员伤亡及其他危及监管业务正常操作的情况或事件（统称危机事件）时，根据本预案（见表4.1）针对不同情况采取对应的处置措施，以规避、缩小、控制可能产生的风险和损失。

表4.1 风险与风险控制

风险种类	特征描述	防范措施	应急预案
货差风险	监管物资发生货差，因仓库失窃或者仓管员渎职而导致货物短少	完善操作流程，库内货物标记明显，在出入库过程中认真核对；仓库保证24小时有人值班，夜间对场地进行巡逻，配备适当照明设施；每日做好系统和手工台账，定期盘点对账	当出现货差，立即查明原因，并采取报案、报险等措施尽可能挽回损失；根据事情原因，相关责任人承担相关责任
质权纠纷风险	质物重复质押或者被司法机关查封	出具质物确认时，认真查实货物权属证明文件，包括货物购销合同、发票等；当有司法机关工作人员出入监管场所时，应及时向运营主管报告	当质权发生纠纷时，监管立即向当事人出具证明文件告知货物已经质押给银行，并向公司相关负责人报告
道德风险	监管员与客户勾结，向其他人泄露客户保密信息	加强对监管员的职业道德教育，制定监管员工作纪律；实行人员定期轮换制度；区域经理不定期地对各个项目进行抽查，了解项目操作情况，预防可能出现的风险	对违反规定的人员进行处分，必要时追究其法律责任
客户经营风险	客户经营出现问题，导致在合同结束时因为无法还清贷款而被迫进行处理质物	与客户人员建立良好的关系，建立一个信息收集的渠道；监管过程中，监管员应了解客户的生产经营状况、货物的周转情况、货物销售情况、客户员工的情绪等，从中发现客户经营中可能出现的问题；定期了解质押货物的市场行情	当客户出现经营问题时，监管员应立即在质押货物存放现场保证货物的安全，对于任何危害货物质量和数量、重量的行为，在警告无效后报警处理。启动应急场地，组织资源，转移质物

续表

风险种类	特征描述	防范措施	应急预案
消防风险	消防设备故障；仓库重大火灾，造成运作中断	监管员定期检查消防设备，如发现未配备消防设备或消防设备配备不足，将情况反馈到运营主管，通过运营主管要求客户配足相应设备；要求客户仓库内设置必要的警告标识，例如在储存区设置禁烟标志、明火作业必须有明显的警示标志，并适当隔离防护	救火应急措施为：关闭电源，立即报警，并立即启动消防水泵，打开消防栓水龙头，打开防火卷帘
自然灾害	台风、暴雨、冰雹、地震等	每天关注天气预报，了解未来天气情况；了解客户的应对措施，检查客户是否有对仓库整体、窗户、门进行加固及防止进水的措施；仓库周边的排水是否通畅；仓库周围有无坍塌的可能	如仓库发生情况时，监管员应协助客户进行救灾，帮助将货物转移到安全地点

五、小结

大宗商品动产质押监管业务，对中小型企业的发展带来推动作用，从而使企业不断强大起来。针对融资企业相关商品类型，制订不同方案，控制好货物权属、数量、品质等相关问题，制定完善的风控管理体系、巡查制度、人员管理制度，使业务的操作更规范，更成熟。依托动产质押监管，解决中小微企业融资难的问题，使中小微企业不断发展壮大。

案例十二 亿盛资产管理公司担保品管理：茶树动态质押[①]

一、背景

近年来，对于如何破解小微企业融资难题，各家金融机构可谓是绞

---

① 来源：山东亿盛资产管理公司提供。

尽脑汁、拼尽全力。革命老区山东临沂是全国著名物流城，全市各类市场达730多个，小微企业众多，而这些中小微企业在资金异常匮乏和紧张中谋求生存和发展，而今由担保存货第三方管理企业提供多样化、多种类产品的存货融资业务，颇受当地中小微企业的好评。

为了加强对担保存货融资业务的推广，山东亿盛资产管理有限公司组织精干力量，认真分析产品特点、流程、风险点及管理要点，根据模拟演练和企业试点情况，不断摸索新质物种类的监管模式，对此项业务实施标准化作业、规范化管理。

具体业务操作时，亿盛资产管理有限公司根据本地企业的实际，重点从具有资源优势且资金占用较大的农副产品、食品加工业、磨具加工、皮革加工工业中筛选客户，陆续推出茶树、花生、皮革、脱水蔬菜、灯具等质押业务。

表4.2 临沂莒南县农产品苗木案例

案例名称	多年期茶树监管
融资模式	指融资企业以合法占有的货物向银行出质，作为银行向融资企业授信融资的担保
业务模式	监管人接受银行的委托，在质押监管期间，按照银行的指令对质押货物进行有效监管的业务模式
监管方式	动态动产质押方式
质押物特点	• 所有权明确 • 无外形损耗，不易变质，易于长期保管 • 市场价格稳定，波动小，不易过时

二、融资公司基本情况

A公司成立于2005年，为市级农业产业化重点龙头企业，通过了国家农业部有机食品认证。该公司专注于有机茶叶的种植、生产和加工，投资400余万元建设集无性系茶树良种繁育、示范、推广于一体的茶叶标准化示范基地，基地占地面积200余亩，其中高标准无性系良种茶叶生产大棚100多亩。

该基地三面环水，从东、北、西三面环抱，南面依靠青山，具备生产有机茶叶的天然地理优势。基地种植的主要品种有福鼎大白、龙井43、龙井长叶、中茶108等。该基地从茶叶种植、管理到生产加工，严格采用有机化、生态化、清洁化生产技术规程，有效提升了基地的产品质量和生产效益，出产的茶叶曾被山东省茶文化协会评为"山东省十大名茶"之一。

为了确保茶叶生产质量，基地禁止使用各类化肥、农药等，而是按照"发展生态循环农业、打造有机高效产品"的目标，投资300余万元，建设了1处年存栏3000余头的环保养猪场和2座容积800立方米的联体沼气池。同时，基地统一安装杀虫灯，大力发展散养鸡、鸭，通过物理防治、生物防治有效防止了病虫草害的发生。通过发展生态循环农业，基地产品质量有了很大提升，目前已发展有机茶认证基地80亩，实现"畜—沼—茶"一体的有机栽培。

基地采用严格的管理、精心的栽培、细致的操作，为确保生产出高品质的茶叶产品提供了有力保障。基地严格执行有机食品生产规程，从栽植管理到生产加工都制定了详细的生产记录，明确了相关技术负责人，确保每个环节都达到技术要求，符合相关标准。为提升茶叶产品品质和效益，基地非常注重新品种的研究和开发。近年来，基地先后从中国科学院茶叶研究所引进无性系福鼎大白、透天香、黄金桂、龙井43、龙井长叶等国家级茶树良种；引进了中国茶叶研究所正在试验栽培阶段的无性系品种中茶108，目前已在基地内栽培成功。同时，基地注重与高等院校合作，与山农大园艺学院茶叶系建立了长期合作关系，并被确立为山农大茶叶栽培教学与实验基地，为进一步提升基地研发能力和茶叶产品的品质、效益奠定了科技基础。基地的有机化栽培和新品种开发，带来了良好的经济效益；产品基本都被提前预定，供不应求。

该公司近三年及近期财务指标表明，资产负债率较低，流动比率、速动比率指标较好，具备较大的市场行业竞争优势，是所在市委、县委、县政府重点扶持的企业项目，企业经营者人际关系广泛，声誉较好。

三、质权人授信意见

某银行同意给予 A 公司授信额度 500 万元,期限一年。授信品种为流动资金贷款,采用 1—6 年期茶树质押,质押率不超过 50%,质押率符合动产融资业务质押率要求;引进山东亿盛资产管理有限公司作为第三方管理企业,同时追加企业经营者个人担保,流动资金贷款利率按照某银行规定执行。

四、产品设计

(一)业务模式:动态动产质押方式

监管区域:监管场地为该公司茶叶种植基地。

质押物:A 公司 1—6 年期茶树。以市场价最低报价核算质押物单价,依据茶树数量确定质押物价值。

核库:首次出账前与某银行客户经理进行实地核库,确认质押物价值,对货物数量、质量等进行全面核查。

(二)担保物权属和品质控制措施

A 公司提供采购合同、发票、场地所有权证明材料等资料来证明质押物的权属和品质。

(三)风险控制措施

质物安全风险:茶树在监管过程中应注意查看生长状况,并注重预防火灾的发生。

五、小结

将茶树作为质押贷款是一种金融产品创新,对解决融资担保难问题发挥着积极的作用,为加快地方经济发展开辟了一条新渠道,值得大力推广。下一步要做好如下工作:一是加大苗木质押贷款配套政策支持。金融机构要进一步明确规定苗木抵押率的合理区间,提高贷款的质押率。

二是建立苗木质押贷款财政扶持机制。当地政府加大政策扶持力度，通过提供贷款贴息等方式，降低贷款成本，简化贷款手续。

案例十三 浙江涌金控股"金储仓单"金融产品[①]

一、基本情况

仓单不仅是社会存货资源的重要载体，也是支持中小微企业发展的重要金融工具。仓单具有"动产票据化"的特点，便于交易与融资。仓单金融业务是普惠金融的重要组成部分，为小微企业融资提供了可靠路径。

《仓单要素与格式规范》国家标准于2014年7月实施，为仓单金融业务的开展奠定了基础。标准仓单作为基础金融工具，除可以与传统银行机构合作外，还可对接互联网金融机构，让社会资金聚拢起来，直接支持小微企业发展。

二、产品设计

浙江涌金控股公司多年来在仓单金融业务领域开展了大量基础性研究和实践工作，公司提供的金储仓单业务为小微企业获得资金支持提供了有效渠道。涌金在推广仓单业务过程中，注重结合当地产业需求，将业务实践经验与当地行业特点相结合，为金融机构和企业提供专业的融资方案，帮助企业获得发展资金。涌金控股的"金储仓单"——仓单金融业务产品框架如图4.12所示。

（一）水晶产业的仓单金融产品案例

浙江省浦江县是国内水晶产业的主要聚集地之一，被中国轻工业联

---

① 来源：浙江涌金控股公司提供。

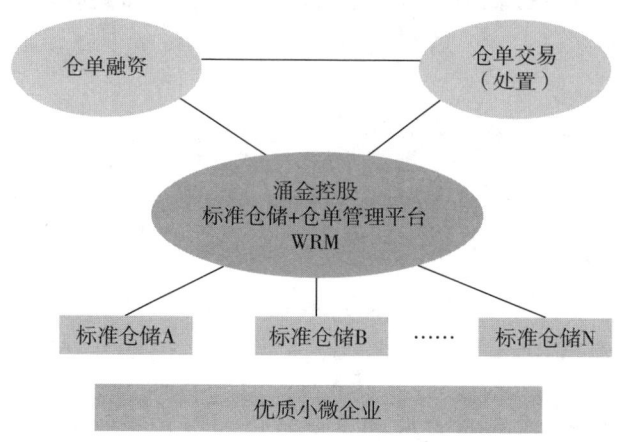

图 4.12 "金储仓单"——仓单金融业务产品框架

合会、中国日用玻璃协会批准授予"中国水晶玻璃之都"称号,全县共有水晶工艺制品企业 1100 多家,从业人员逾 5 万人,产品遍布全国各大中城市,还远销欧美东南亚的 30 多个国家和地区,产量在全国同行业中占 60%。

涌金组织对浦江当地水晶产业进行了详细的市场调研,选定了部分企业开展仓单金融业务。例如某电器工具有限公司,注册资本 50 万元。2000 年年初成立时是主要生产销售插座产品的小微企业,近几年转型为玻璃制品加工制造。企业通过并严格执行 ISO9001 质量管理体系标准进行开发、制造、销售和服务,以品种齐全、品质稳定、具有价格竞争力的产品来满足不同地区客户个性化的要求。公司生产的玻璃棒主要用于汽车车灯、透镜等制造,也可作为各类玻璃制品的原材料,广泛应用于太阳能、化工、医药包装、电光源、工艺饰品等行业。公司生产工艺水平在同行业中处于前列,国内市场前景看好,且海外市场需求量也在不断增加。

为了扩大生产规模,企业亟需获得发展资金。涌金客户经理对企业进行了实地查勘,对企业原材料进行了评估。经过详细调查后,涌金为企业设计了契合的融资方案:

一是确定了合理的融资总成本。针对企业具体经营情况,设置了合理的利率，保证了企业的可持续经营能力，让企业能够健康发展。

二是采用互联网金融渠道贷款，让企业能够更方便、快捷地获取所需资金。

三是充分利用仓单的可转让交易功能，设置了第三方处置和回购措施，确保企业在无法按时偿还贷款时，质押仓单能及时变现，保障资金安全。

根据以上方案安排，企业将价值 300 万元生产用原材料——高硼硅玻璃棒存放入浙江涌金的标准仓库开具金储仓单，并通过互联网金融渠道很快获得 120 万元贷款，既解决了企业资金紧缺问题，又同时满足企业备货生产的需要，可谓一举两得。

（二）仓单金融产品的风控要点

1. 前期调查风控

（1）借款人条件

仓单质押融资客户必须满足如下条件：提交基本材料（营业证照、法定代表人身份证、近三年财务报表等）；客户无任何悬而未决的争议和债权债务纠纷；有良好的信誉和履约记录，银行贷款无逾期和欠息；无欠缴税款；其他必要条件。

（2）合作借款企业及质押物的调查

仓单质押融资必须满足如下要求：

①贷款企业或个人拥有完整、合法、有效的货物所有权（可能性声明或办理公证），不存在权属问题上的任何瑕疵，如无其他抵押、质押等行为；

②质押物的物理、化学性质稳定，质押物不易发生物理、化学变化；

③货物通用性强，具有较为成熟的交易市场，价格稳定，且易于折价处置变现；

④货物规格明确，便于计量，符合国家、行业有关标准；

⑤货物标的必须有明确依据确定其实际价值，包括增值税发票、进口报关单、商检证明等。

（3）保险及质押率

对仓单项下存货在质押期间必须落实保险手续，保险受益人为放贷机构，相关费用由融资人承担；

质押业务中货物定价及质押率的设定应遵循以下原则：

①客观性原则。充分考虑商品历史价格变动波幅和波动频率以及未来趋势。

②谨慎性原则。审慎预期商品在质押期间以及质押到期一季度内的市价情况。充分估计货物的竞争性产品、替代性产品、技术进步、产品更新换代、货物自然的无形有形损耗、变现渠道、变现成本费用（含诉讼费、运输费、仓储费）等不可预见的因素，可能对产品市场与价格的不利影响。质押货物的质押率不得超过50%；质押货物价值不得超过货物的发票价格（不含税）（如为自产货物则为成本价格）与货物市场价格（不含税）的低者。

2. 过程风控措施

（1）监管机制：由金融仓储企业规范运作；

（2）质押登记：逐笔办理仓单质押登记手续；

（3）仓单背书或转让：严格的背书质押或转让的手续；

（4）价值波动监测机制：补充经检验符合要求的质押物或缴纳货值保证金；

（5）回购处置机制：事先按市场规则，设置合理的回购价，签订《委托处置协议》，原则上按质押率＋15%回购。一旦贷款违约立即启动处置机制，书面告知回购方按三方签订的《回购协议》限期处置仓单项下货物，并要求按"先付款，后提货"的原则，将回笼的货款汇入专用账户，确保资金和物资安全。

三、仓单金融业务的创新

从涌金的业务实践来看，仓单金融业务对企业而言：一是适应性强。对贷款企业规模没有特别限制，只要有适合的存货即可获得贷款。二是便捷、快速。在业务操作中实现了"见单放贷，一周到账"的成功案例，并将进一步优化提升至1—2个工作日到账。

仓单金融业务对金融机构而言：一是安全性高。有流动性较强的动产票据作质押，企业发生风险无法偿还贷款时，可及时处置仓单。二是提高贷款效率。仓单质押贷款只需要柜台审查，降低中间成本，提高信贷效率，便于流水线操作。

仓单金融业务对社会而言：因每项贷款以实物为其保证，企业不易挪用至"股市、房地产"等投机领域，有效地保证贷款用于实体经济发展，并降低金融监管成本，便于监管到位。

四、小结

仓单金融产品的主要优势有以下几点：

（一）增加金融工具，创新金融产品

标准仓单对应着充分的存货资产，有充分流动性。以标准仓单为基础，开发金融产品，既有基础资产的价值保障，又有变现能力强的流动性保障。非常符合金融资产安全性需求。

（二）扩容金融市场，优化资源配置

社会动产存货资源庞大，如能部分激活成为金融资产，可极大活跃市场，提高资源配置效率。标准仓单是撬动存货资源的金融交易基础工具。

（三）无缝对接普惠金融，精准滴灌小微企业

存货资源散布于社会大众。仓单金融以其散布化、微小化、非成分化特性，让融资更加便利，无缝对接普惠金融，直接推动大众创业、万众创新。

（四）压缩应收账款，创造资本公平服务

通过仓单，钱货可两讫，为压缩不合理的应收账款创造条件，也有利于大小资本之间形成公平对等的交易环境。

案例十四 普陀农村商业银行远洋渔业产业链金融服务[①]

一、基本情况

当前,普陀区远洋渔业产业链已初具规模,逐步形成了一条远洋渔业捕捞、运输、生产加工及销售为链条的远洋渔业产业链。远洋渔业捕捞总产量位居全国前列,水产品加工企业集中度高,相关冷冻、货物运输及包装等配套产业成熟。据初步统计,截至2015年,普陀区大约有320余艘远洋生产渔船,年产量达到35万吨,比上年提高16.3个百分点。相关水产品加工企业达到400余家,完全能够满足远洋捕捞、生产需要。

从发展前景来看,近年来随着国家发展海洋计划,特别是舟山群岛新区成为我国首个以海洋经济为主题的国家级新区,远洋渔业掀起了新一轮的发展热潮,短短三年间,全市新建远洋渔船60余艘。远洋渔业不仅缓解我国近海资源环境压力,而且在维护国家海洋权益、争取地区发展空间上具有重要意义,基于远洋渔业的这些重要特性,远洋渔业已成为国家产业发展战略,这不仅是对我市远洋渔业开拓进取的充分肯定,更是对远洋渔业未来发展的鼓舞和鞭策。

从优势来看,我市远洋渔业产业已有30年的历史,各项船舶修造技术已经成熟,海上作业、运输、冷藏、销售基本形成产业规模。同时各级政策资金扶持多重利好,国家层面上,专门出台远洋渔船关键设备和进口免税、自捕远洋水产品进关免税等,以及远洋渔船柴油补助等财政、信贷和税收优惠方面的有力支持。与此同时,我市启动国家级远洋渔业基地建设,增强服务能力,创造良好环境,这一系列利好政策措施成为我市远洋渔业产业链发展的重要力量。

从劣势来看,产业链中各企业经营普遍存在"散、小、弱"问题,经营发展各自为阵,集约化程度不高,企业发展创新性不足。

[①] 来源:普陀农村商业银行提供。

二、远洋渔业运行情况

远洋渔业的生产与上下游相关产业关联度大,上游的船舶修补打造、渔用物资配置和下游的水产品加工与贸易以及海洋与陆路运输业,都与远洋渔业息息相关。在产业链的带动下,创造财富的同时也为社会创造了大量的就业机会。以远洋渔业为核心,上下游各相关产业相互配套,形成远洋渔业产业链。

三、我行远洋渔业产业链金融服务现状

我行依托普惠金融工程建设平台,结合普陀区域经济的发展及行业特色,主要针对远洋渔业产业链根据其经营运转的特点开展相关产业链融资的尝试和推进,依据其上下游及核心企业的资金、生产等周转特点创新开拓信贷业务产品。截至 2016 年 6 月末,远洋渔业贷款 41631 万元,比年初增加 4467 万元;水产品加工贷款(指水产加工企业和鱿鱼加工户)103971 万元,比年初减少 16136 万元(主要是受到成本上升、外需不振等因素影响,信贷资金需求季节性下降,部分贷款客户资金回笼归还贷款)。目前开展的主要有"银渔通贷款""远洋渔助贷""仓单通""仓单质押贷款"及打包融资等国际业务。

四、客户营销模式

(一)强化银村共建合作

在与社区、村签订《银银合作框架协议》的基础上,抓住村集体股份制改革有利时机,通过走访,维护好社区、村、股份合作社之间的良好关系,加大宣传我行各项金融产品和创新业务,促进了银村双方共同发展的长远合作,实现"银农"双赢。同时选派 8 名优秀青年干部到辖内重点乡镇街道进行挂职锻炼。

(二)推进渔农村信用工程建设

继续做好渔农民信用户、信用村(社区)、信用乡镇评定和复评工

作，加大增户扩面基础。截至 2016 年 6 月末，我行建立农户档案 45536 户，评定信用户 31571 户，信用村（社区）52 个，信用乡镇 5 个。

（三）完善支农网格建设

为进一步缩小服务半径，以支行为单位，吸纳 124 位社区、村、经济合作社书记等人员为支农联络员，通过召开支农联络员会议等形式，介绍和推广我行产品。每个社区指定一名客户经理为金融指导员，积极深入开展金融服务工作。

五、金融风险识别及控制

（一）产业风险识别及准入政策

1. 产业风险识别

① 政策风险。目前，国家针对远洋渔业的政策基本面处于向好状态，但是在国际渔业协定上存在认识上和执行上的严重不足，忽视我国与他国达成的渔业协定的具体规定，一些渔业单位的渔船无证作业或者不按规定操作，引起合作方扣留而造成涉外渔事扣船事件。

② 技术风险。目前远洋渔业科技人员十分匮乏，远洋渔业经营管理人员、远洋渔船船员等总体素质不高，经营者大多数是国内捕捞渔民转变而来，经营管理能力还不能完全适应现代远洋渔业发展的客观需要。在远洋船舶作业上在船体操作，电子信息管理上存在技术风险。

③ 市场风险。由于经营者的盲目跟风，形成了作业方式趋同、捕捞品种单一现象，数据显示，全市现有远洋渔船中，鱿钓渔船比重为 87.3%，这两年全市新发展远洋渔船中，鱿钓渔船占到了 91.9%，作业方式的单一性必然带来生产渔场开发、渔业资源利用等的趋同性，价格随着产量的多少而呈现大幅的波动性。从长远来看存在资源、市场等方面的潜在风险压力。

2. 准入政策

① 批量集中授信。对于与舟山市普陀区宇洋捕捞专业合作社合作的"银渔通"合作贷款，我行采用批量授信模式。根据合作社成员的信用、

资产负债、实际经营情况等进行批量授信。

②实施差别化管理政策。为推进远洋渔业产业链金融服务，通过对产业链第一链（生产供应链）完成电子信息采集和建档，确定核心企业客户，以生产链企业的生产、流通为起点，摸索产业链贷款模式。开展各种形式的走访活动，及时掌握公司组建过程中的股权结构和贷款置换信息，对远洋渔业船舶的更新改造、冷藏船和生产性流动资金贷款的情况及需求逐户了解，采集远洋渔业公司信息和远洋渔业船舶信息并建档，按照客户分层管理模式确定支持类、压缩类和退出类。

（二）产业链风险识别与控制

1. 风险识别。全市的远洋渔业船只主要以鱿钓渔船为主。产品的单一必然会导致市场风险。鱿鱼产量与其他农作物一样，有大小年，也有一定的周期性。

2. 风险控制方法。目前，普陀区渔业相关部门已经积极控制远洋鱿钓新增规模，鼓励和支持老旧鱿钓船更新改造，从而达到总量上的控制，并且可以从根本上提高鱿钓船的质量和装备，彻底改变我区远洋鱿钓船的"老龄化""非专业化"的现状和生产安全问题。针对鱿鱼国内外市场不景气的局面，积极开展推介宣传，努力拓展内销渠道，提升鱿鱼价格。

（三）生产经营主体项下的风险识别与控制

坚持综合平衡成本与风险、兼顾社会利益和自身利益原则推出各种利率优惠政策。及时推出《普陀农村商业银行远洋渔业贷款管理办法》，对远洋渔业贷款利率实行分层分级管理，支持普陀区远洋渔业经济转型升级，促进远洋渔业持续稳健发展，进一步巩固、拓展远洋渔业优质客户群体，提升业务竞争力，从而达到风险识别与控制。

六、内部管理提升及改造

（一）管理架构改造

建立便捷高效的小微企业贷款授信审批机制。在总行部室调整后，新增授信管理部,加快授信授权、信贷审批。

(二) 业务流程改造

根据远洋渔业产业链企业、加工户贷款"短、频、快"的特点,我行充分发挥信贷决策链短、审批环节少的优势,从完善贷款流程着手,简化贷款授信审批机制。在基本授信额度的基础上,贷款的审批由各支行(部)自行决策,"随用随贷、限额控制、周转使用"。针对企业季节性生产资金需求及时增加临时授信或追加授信,尽量加快授信和审批速度。

七、小结

为积极支持我区传统远洋渔业及其产业链转型升级,探索推进远洋渔业产业链金融服务,促进全区渔业经济持续健康发展,进一步拓宽渔业生产融资渠道,与舟山陆港物流有限公司合作推出"仓单通"贷款。贷款以借款人自有陆港物流冷链进库单作质押担保,用于生产经营的短期流动资金贷款,并由陆港物流出具保证函为借款人提供连带责任保证。贷款向陆港物流冷库内有仓储鱿鱼等水产品的企业或个人发放,客户以质押担保形式贷款,并且由陆港物流提供连带责任保证,风险相对可控,同时又盘活了客户仓储资产,拓宽了融资渠道,为企业注入流动资金,进一步提升企业生产活力。

第五章 数据贷

案例一 中国农业银行
内蒙古分行数据网贷产品[①]

一、基本情况

某乳业（集团）股份有限公司（以下简称乳业集团）是国家级产业化龙头企业，是中国农业银行核心客户，与农行建立了良好的银企战略合作关系。同时，乳业集团在 ERP 系统建设、交易数据积累和对上下游客户的运作管理和控制能力等方面均较为完善，为适应客户经营管理需求，农行依托乳业集团这一国内乳业龙头企业，对其产业链上下游供应商和经销商客户开办互联网信贷业务。具体情况为：

一是建立了良好的银企合作关系。乳业集团作为农行核心客户，从与农行建立业务合作关系以来，业务合作领域不断扩大，先后开办了结算、国际贸易融资、现金管理、回购式贴现、账户日间透支、小额借记和票据池等项业务，客户贡献度和价值创造能力不断增强。

二是企业建立了稳定的 ERP 系统。乳业集团目前"ERP"系统运行稳定、功能完善，其 CRM（订单）系统及 DMD（客户维护）信息系统各相关数据均已同步导入"ERP"系统，并且同意与农行对接"ERP"系统并分享相关交易数据。

三是企业拥有完善的上下游交易数据。乳业集团"SAP"和"ERP"

---

① 来源：中国农业银行内蒙古分行提供。

系统均保存有原材料供应商和经销商近两年的基本信息及交易数据，实现了从客户基本信息维护、原材料采购、价格信息确认、订单汇款、货物发运、往来对账的全流程信息管理。集团表示积极向农行推荐上下游合作贷款客户名单、确认交易真实性，配合农行对贷款客户实施资金管理和账户控制，及时向农行提供贷款客户与其真实的交易订单和往来账款明细等数据信息，同时承担相应的风险管理责任。

四是企业建立了遍布全国的供应商和经销商客户群。乳业集团拥有遍布全国的销售网络和原奶供给渠道，上下游经销商及供应商众多，其中：乳业集团产业链上游供应商包括原奶供应商、包装材料、设备、备件及辅料供应商等近6300多家，其中原奶供应商2000多家。乳业集团下游经销商合计约4300家左右，经营模式全部采用直营加铺点，进货方式为先款后货，乳业集团对下游经销商控制力较强。

二、产品设计

（一）产品设计的主导思想

数据网贷产品主要是为乳业及其下游客户提供乳业供应链金融服务，主要合作模式是乳业集团将协助借款企业在农行开立结算账户，配合我行开展数据对接、财务管理及债务追偿等工作，帮助我行监督下游经销商借款企业货物销售及货款回笼情况。农行依托信息化系统，借助互联网技术和网络信息资源，为乳业集团的下游企业提供批量、自动、便捷用信的信贷业务，满足中小微企业"短、频、快"的融资需求。

（二）数据网贷产品核心

"互联网金融"信贷业务也称作"数据网贷"业务，主要依托大型优质核心企业ERP系统的历史交易数据，通过数据分析和决策，借助互联网技术手段，对其上下游贸易关系稳定、履约记录良好的中小微客户集群，提供批量、自动、便捷的短期融资服务。该产品着力突出客户"自金融"体验，实现了全程网上操作，业务操作简便、期限灵活、随借随还，客户足不出户即可实现在农业银行借款和还款。它的推出为破解中小微企业传统贷款准入难、审批难、担保难等困境提供了一条新路，开启了重信用、轻担保、无抵押的中小微企业普惠金融服务模式，为农行拓展中小微信贷蓝海市场提供了有力支撑。

（三）数据网贷操作流程

"互联网金融"信贷业务涉及农业银行、龙头企业、贷款客户三方参与，整体流程主要有成立商圈、客户注册、业务数据提取和贷款申请及放款四个环节。

1. 成立商圈

农业银行与龙头企业签订合作协议后，配合龙头企业进行双方系统对接，实现龙头企业与其上下游客户的交易数据共享。同时由龙头企业向农业银行推荐商圈内上下游贷款客户名单。

2. 客户注册

农业银行独立审核确定贷款客户名单，根据龙头企业与其上下游客户历史交易数据核定授信额度；客户在互联网上完成注册并完善相关基础资料，系统在线自动完成客户资料审核。

3. 数据提取

为了保证"互联网金融"信贷业务系统模型的准确性和时效性，龙头企业需向农业银行提供其推荐上下游贷款客户的历史购销交易数据，作为客户授信额度核定的依据，同时以批量方式向农业银行传输 ERP 系统客户基本信息等相关数据。

4. 贷款申请及放款

客户可通过电脑或手机客户端 APP 登录农行互联网银行服务平台进行融资业务申请，也可在龙头企业官方网站中提供的相关链接处登录办理相关业务。客户在线发起贷款申请并向龙头企业提交购销订单，龙头企业在线确定回复后，农业银行后台系统自动通过要素审核、贷款审批，审批通过后，客户在互联网平台确认贷款信息并在线签订贷款合同后，系统将贷款资金发放到借款客户在农业银行开立的账户内。

三、金融创新

（一）优选客户

优选龙头企业及上下游客户集群，根据龙头企业的整体实力、经营规模、资信状况、抗风险能力、ERP系统建设情况、交易数据积累情况以及龙头企业对上下游客户控制能力等因素，选择符合条件的龙头企业及上下游集群客户。

（二）注重体验

"互联网金融"信贷业务第一次将中小微企业客户视为平等对话主体，变"等客上门"被动营销为农业银行发起的主动授信。客户可完全根据自身的资金需要，全程在网上自主发起和完成用信服务，实现贷款资金足不出户随借随还。

（三）批量授信

由系统根据贷款客户申请资料、龙头企业推荐材料、ERP系统交易数据、征信信息等情况批量自动进行客户评价和授信额度测算。

（四）用信便捷

上下游客户在核定的授信额度内，通过互联网在线提交贷款申请，系统运用调查、审查、审批模块自动校验客户情况，自动完成贷款调查、审查、审批、合同签订、放款及贷后监控，实现贷款业务全流程在线作业。

（五）风险可控

"互联网金融"信贷业务通过对商圈封闭、客户封闭、贷款资金封闭的业务模式锁定风险。针对"互联网金融"信贷业务特点，农行专门开发设计了客户评价模型、授信模型、商圈评级模型和实时预警模型，全面进行业务风险管控。

四、小结

随着"互联网+"的推广和使用,越来越多的小微企业正积极寻求更加便捷的融资方式。互联网金融业务有利于中小微企业稳健发展,一是形成了较完善的信用评级体系,可以便捷高效地满足中小微企业的资金需求;二是简化了融资的手续和环节,可以同时向大批量的客户提供全天候金融服务;三是通过大量数据运算,判断客户的信用及风险等。此次与乳业集团开展的"数据网贷"业务,进一步推动了乳业集团全产业链及共生共赢的"乳业生态圈"的建设,同时有力助推大数据分析与现代食品制造业的有效结合。农业银行充分发挥大数据技术带来的多维数据比对和信息对称优势,创新"互联网+"模式的应用和推广,积极助力自治区产业结构调整和民族工业发展。

案例二 中国银行"销易达"经销商融资产品[①]

一、基本情况

(一)背景

在"金融脱媒"加速的背景下,供应链核心企业自身的融资需求锐减。但核心企业迫切希望银行依托其信用和管理支持,为其上下游企业提供融资便利,帮助其稳定上游供应,扩大下游销售,提升供应链的整体竞争力。与此同时,随着互联网技术的快速发展,企业通过电子化手段实施供应链管理并办理供应链金融业务的需求日益迫切。在此背景下,中行紧跟客户需求的变化,积极运用银企直连、网银等电子化手段与供应链核心企业开展在线供应链金融合作,在解决上下游中小企业融资难

---

① 来源:中国银行提供。

题的同时，助力核心企业提升供应链管理效率。

（二）从供应链出发 开启银企合作

某公司是联想集团的一级分销商，主要负责联想品牌消费类电脑的销售，业务覆盖全国多个省份，拥有150多家下游经销商。公司具有成熟的网上电子商务平台，支持经销商在线下单订货；拥有较完善的应收账款风险管理系统，对其下游经销商有较强的管理能力。近年来，该公司业务快速发展，逐渐遇到了供应链管理上的资金难题：该公司的销售主要依托其经销商，结算方式为赊销或现款提货，从该公司向下游经销商销售，直到最终用户付款，该公司或经销商有较长时间的资金占用，随着销售量的不断增长，该公司及经销商的资金压力越来越大，已经成为业务发展的瓶颈。作为供应链中的核心企业，该公司希望银行帮助其提升下游经销商的资金融通能力，以减少自身资金占用，优化财务结构，提升销售业绩，提高在联想分销商中的地位。

二、产品设计

（一）深入分析需求 设计服务方案

在深入分析企业需求的基础上，中行为该公司量身设计了"销易达"经销商融资产品解决方案。该方案中，凭借该公司提供的信用支持，中行占用核心企业的授信额度为下游经销商提供融资，融资款项用于向核心企业支付货款。通过该业务，经销商的融资难题得以有效解决，该公司的下游销售资金也实现了即时回笼。

随后，中行进一步了解到，该公司经销商融资业务具有笔数多、单笔金额小、业务处理时效性要求高的特点，且大多数经销商身处异地，不适合采用传统纸质现场办理业务的模式。考虑到该公司拥有成熟的电子商务平台，中行通过银企对接方式为该公司及其经销商提供了在线经销商融资方案。在该方案中，经销商通过该公司的电子商务平台下订单并提出融资申请，该公司将订单以及融资申请通过银企直连专线推送至中行供应链金融业务系统（SCF系统），中行审核通过后针对经销商的融资申请实施批量放款，融资到期后经销商可通过该公司的电子商务平台向银行发送还款申请，银行作扣款处理。通过上述在线融资方案，经销商实现了从融资申请、发放到还款的全程"无纸化"处理，融资发放及归还可实现"T+0"处理，帮助该公司及其经销商降低了经营成本，提高了处理效率。

此外，为了更好地增进客户体验、增强银行对融资资金的监控，中行在经销商融资方案中创新性地把供应链金融与现金管理业务相结合，通过现金管理将融资款项自动归集至该公司账户，帮助该公司提升资金管理效率。同时，经销商通过其所在地中行账户进行货款结算时，货款自动归集至经销商在该公司授信行的资金监控账户，使授信行更好地掌握货款回笼情况，经销商也免除了还款时主动汇划资金的麻烦。融资归还后的剩余资金将自动划拨回经销商所在地分行账户，方便企业资金使用。

（二）项目正式启动 市场反响强烈

在各方的共同努力下，首笔在线经销商融资业务于2012年7月正式叙做成功。随后，中行与该公司联合举办了大型项目启动会。会上，中行向50余家该公司经销商介绍了在线经销商融资方案，并由已成功办理业务的经销商分享体验。经销商对中行方案表示出强烈兴趣，会后中行与多家经销商签订了业务合作协议。此次启动会得到了外部媒体的高度关注，第一财经等大型媒体纷纷报道，取得了良好的社会反响。

截至2014年末，中行累计为43家该公司下游经销商发放融资超过8000笔，业务发生额近4亿元人民币，获得经销商的广泛好评。在该项目的帮助下，该公司迅速突破了业务瓶颈，销售业绩显著提升，与经销商的合作关系进一步巩固。该公司的业绩得到了联想集团的高度认可，于2013年被新授予云南、贵州地区的一级经销权，一跃跻身联想集团一级分销商前列。

下一步，中国银行将继续紧抓网络金融快速发展带来的业务机遇，通过网银、银企直连等电子化手段为更多企业提供在线供应链金融服务。同时，中国银行将顺应交易银行业务的发展趋势，进一步推动支付结算、现金管理与供应链金融业务的融合，为企业提供更加全面的金融服务，更有力地支持实体经济发展。

第六章 在线平台融资

案例一 碧桂园供应商应收账款转让业务①

一、基本情况

(一) 碧有信

碧有信由华惠金服信息科技（北京）有限公司（以下简称华惠金服）独家运营，华惠金服成立于2016年4月14日，注册资金5000万元，是国内著名房产企业——碧桂园集团旗下的互联网社区金融服务平台。

碧有信拥有一支来自传统国有银行、国有互联网金融平台、国有融资担保公司、国有小贷公司、国有资产管理公司、保险公司以及知名律所的专业团队，具有丰富的传统金融及互联网金融业务运营经验。碧有信将为碧桂园上游企业、置业业主、线上客户及内部员工营造一个全场景、有关怀的房地产互联网金融生态圈，打造规范、透明、安心、便捷的中国社区金融服务专业平台。

(二) 碧桂园采购公司

广东腾越建筑工程有限公司是碧桂园最大的采购管理公司，集建筑工程施工与材料采购于一体，综合实力强。旗下供应商总计数以千户，涉及多种材料的供应。

---

① 来源：碧有信公司提供。

（三）钢材供应商

上海筑就实业有限公司（以下简称上海筑就）成立于 2015 年 8 月 18 日，注册资金 1000 万元，起初实际经营者为 5 位建材投资人合伙经营的钢材销售部。企业于 2012 年开始与碧桂园合作钢材供应业务，至今已 5 年。公司经常于各种钢材代理商进货，基本现款进货，实行就地行价就地取材进货的方式。与广东腾越建筑工程有限公司的结算周期为 3 个月左右。其货款的结算方式为现金、银承及应收账款转让三种方式。客户主要供应的工地有芜湖、安庆、徐州、南京区域项目。每次均以招标方式入围项目，公司销售主要以简单贸易为主，打款后拉货进行销售。

二、产品设计

（一）业务原理

供应商企业上海筑就将与广东腾越建筑工程有限公司产生的应收账款转让给碧有信的线下投资人，提前实现销售现金回款，增强企业自身的流动性。广东腾越建筑工程有限公司给预碧有信确权，并承诺到期将应收账款直接归付给碧有信，碧有信到期收到广东腾越建筑工程有限公司付款后，将投资款归还给碧有信线上投资人，如图 6.1 所示。

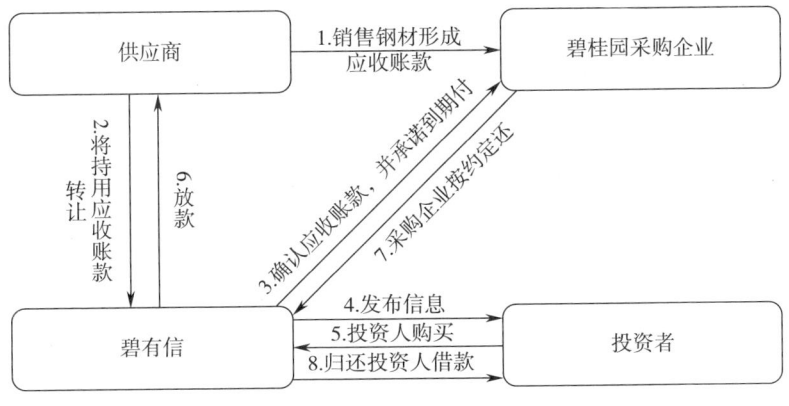

图 6.1 合作模式

(二)方案优点

1. 不占用上海筑就和广东腾越建筑工程有限公司的银行授信;
2. 线上操作灵活、简便、放款速度快;
3. 上海筑就可将提前收回的应收账款继续投入供货,增加供货量和周转次数;
4. 采购商可进行有规律的定期结算,并在不支出现金的情况下,实现工地供货量的有效提高。

案例二 湖南三正电子商务有限公司统购分销[①]

一、基本情况

(一)行业发展背景

目前我国钢材市场需求增长弱化、产能过剩、流通集约化程度低、流通成本居高不下、行业风险日益加大,企业基于稳定预期的经营思维受到挑战。在此情况下,企业转型升级的内生动力增强,"互联网+"加快行业转型升级,深化改革开放带来新的红利和活力,国家实施一系列战略为行业、企业带来发展机遇,钢铁行业转型发展要更加关注市场需求与物流。针对新常态下的新情况,商务部近年来围绕钢材等生产资料流通、优化营商环境问题,加强指导引导,利用财政资金引导,推进信用体系建设和标准化工作,同时开展了现代服务业综合试点和物流标准化试点工作等。

相比过去"傻大黑粗"的钢铁产业,钢铁电商具有鲜明的互联网优势,不仅可以帮助钢厂、钢贸商提高交易效率,增加销售渠道,还可让每一单交易都在线透明、风险可控。但其发展也存在一定问题,电商平

---

① 来源:湖南三正电子商务有限公司供稿。

台缺乏模式创新。目前，国内钢铁电商的经营模式大多是在模仿综合类电商，同质化现象严重。事实上，钢铁行业的供应链条反映的不仅是供需关系，更是供应链条上相关产业的发展协调问题。钢铁产业链的创新不仅体现为钢铁企业营销模式的创新，更深层次的意义在于，让上下游产业间的企业形成供应链关系，实现按需创新、按需生产、按需融资和按需订制物流模式，最终实现共赢。

现在的钢贸电商平台在实现上述目的时存在诸多的困难，而解决困难需要用户、平台、社会配套资源和技术等多方面长时间的积累，部分钢贸电商往往剑走偏锋，过于求快，导致背离了初衷。

（二）企业发展背景

湖南三正电子商务有限公司成立于2013年3月，为湖南一力股份有限公司控股子公司，负责一力股份旗下一力钢铁现货电子交易平台（以下简称一力钢铁网）运营与管理，是一力股份实现由传统钢铁物流向现代钢铁物流转型升级的战略布局重要内容之一。一力钢铁网于2013年4月正式上线试行，依托成熟的线下实体市场，平台一经推出即获得业内认同，成交量每日攀新，2014年平台实现年交易额近6亿元。在"互联网＋"和"转型升级"的国家战略机遇下，三正电商不断引领湖南钢铁电商发展，促进地区钢铁流通行业转型升级，目前已发展成为地区最大的自主钢铁电商平台。

一力钢铁网是集第三方电子商务交易与服务、网上融资、信息发布、货物管理、运输配送、加密与电子认证、在线支付、供应链管理等功能于一体的钢铁行业电子商务服务平台与物流信息平台，为客户、银行提供在线质押、融资监管、供应链融资等综合性金融服务，并通过整体物流解决方案，实现钢铁供应链的全链条服务。作为地区钢铁电商的先行者和领导者，"一力钢铁网"荣获中国物流金融和物流信息化创新成果一等奖。

三正电商母公司一力股份集团（以下简称集团）创建于1995年，是国内领先的物流园区开发与运营管理商，集团已成熟布局长沙、武汉、苏州、岳阳、湘潭等地。历经十余年积累与沉淀，一力的品牌优势、规模优势在全国同行业中居领先地位，先后获得中国物流 5A 企业、中国物流示范基地、中国通用仓储企业排名第 8 位、中国物流主营业务 50 强企业、中国通用仓库五星级企业、蝉联 2013—2015 年度全国优秀物流园区等 20 多项国家级殊荣。

近两年来，集团先后投资建设湖南一力公路港和湖南城乡集配中心项目，两项目均已成功列入国家发改委和国家交通部"十三五"物流业发展重点项目包。为适应结构调整和转型升级的国家战略，集团加快长沙一力物流园区转型升级并取得省领导认可，2015 年园区获评全省首家示范物流园区。

近两年以来，三正电商依托一力物流园，专业从事互联网＋钢铁供应链金融服务。公司聚集了来自互联网平台、钢材贸易、第三方物流服务、投资银行、商业保理公司、律师事务所等行业机构的专业人才，致力于打造中国一流的钢铁供应链金融服务平台，旨在为客户提供代购代销垫资结算、云仓监管与配送监管、商业保理与商票保贴及客户理财等专业化、全方位、多层次的钢铁供应链金融服务。

三正电商以金融支持实体经济发展为导向，本着开放和融合的态度、利用互联网信息技术不断创新自己的业务品种，通过与保险、证券、银行以及信托、互联网金融平台等金融机构的鼎力合作，力争为企业提供钢铁供应链金融一站式服务。

二、产品设计

（一）钢铁产业链及金融服务

1. 钢铁产业链

钢铁流通环节的传统流程主要有钢厂直销和贸易商代理两类模式，若再考虑银行、物流、加工等环节，构成了一个相对复杂的钢铁流通环节的网状图，如图 6.2 所示。而针对钢铁电商的交易双方，卖方可以是钢厂、一级贸易商、二级贸易商及小贸易商；而买方则可能为一级贸易商、二级贸易商、小贸易商及下游。所以电商平台的出现，解决了如下两个问题：（1）减少了贸易商的层级。（2）打通了银行和物流等第三方对各环节的单向服务,并将这类服务部分地向电商转移。

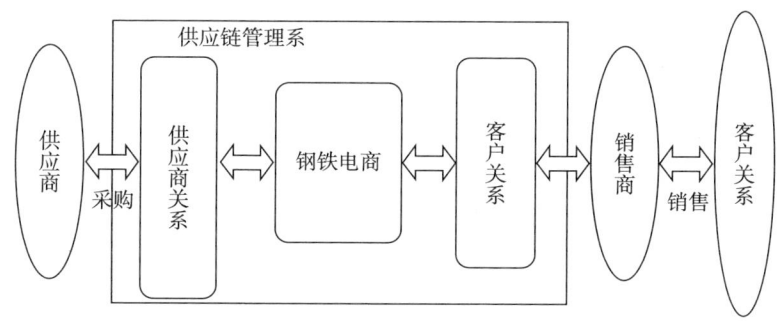

图 6.2　钢铁电商为核心的钢铁产业链

2. 钢铁产业链金融

在理想的钢铁流通模式下,钢厂/下游的销售/采购模式被打破,钢材贸易商被部分地甚至大量地替代,银行和物流企业的额外利润由电商环节获得。主要是以钢铁电商为核心,连接了上游钢厂供应商和下游的客户,减少了中间环节所带来的损失,在不损害钢厂和下游客户的利益前提下,提高了供应链整体的效益,钢铁也获得了额外利润。

在电商作为中间环节连接钢铁供应商和下游客户的时候,首先电商企业可以最大程度地在不损害上下游利益的情况下做到信息分享,减少信息的不对称性带来的损失,给供应链整体带来效益,参与利润分享。同时,电商与供应商有利益的往来,也与下游客户有利益的往来,信息流、资金流、物流等环节都与电商企业有关,电商企业可以尽己所能,最大化进行供应链的管理,减少损失,降低成本。

同时物流公司也在整个过程中提供物流服务,为钢铁产品提供物流的运输、加工、配送等服务。同时这样一个体系也可以提高整体的授信,当某一个环节出现资金流的问题时,在整体授信下,银行也可以进行放贷,既为银行提供了新的利益增长点,也减小了供应链风险,提高了供应链的运作效率。"四流合一"模式下电商的理想钢铁流通环节图如图6.3所示。

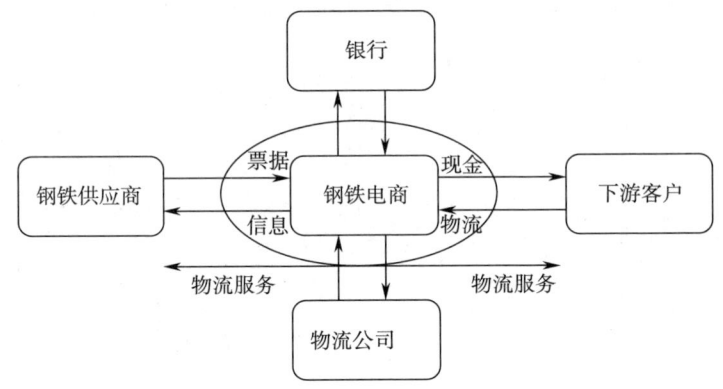

图 6.3 "四流合一"模式下电商的理想钢铁流通环节图

(二) 三正电商供应链金融流程

三正电商供应链金融流程如图 6.4 所示。

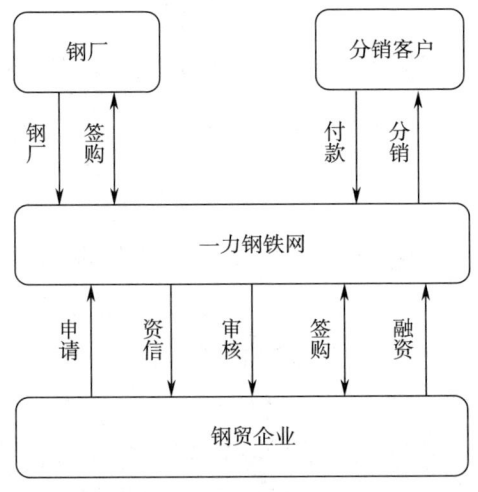

图 6.4 三正电商供应链金融图

第一步,业务申请:2015 年 4 月,一力物流园钢贸企业 A 和企业 B 都看准了武钢卷板,想采购武钢卷板 10000 吨,都缺少资金。于是,企业 A 和企业 B 一起找到了三正电商,请求三正电商代为垫资,统购分销。

第二步,订货付款:三正电商接到申请后,与武钢华中公司进行商务谈判,议定价格并签订合同后,企业 A 和企业 B 分别通过一力钢铁网(由三正电商运营)与三正电商签订《订购合同》,线上发起订单申请,并预付 20% 的定金,三正电商运营部线上受理客户订单申请并审核后,提醒客户确认订单信息,待客户线上确认订单后,三正电商立刻将 10000 吨货款支付给武钢华中公司。同时,客户借款信息立马自动抛到后台管理系统,并自动提醒风控部门关注。

第三步,到货与控货:武钢华中公司收到货款后,按合同约定发货到一力物流仓库的"三正电商"名下,仓储系统将到货明细自动上传到三正电商后台系统,后台系统实时获取订单到货信息并自动换算出到货货值、未到货货值以及应该控制的库存货物底线。

第四步,还款回购:三正电商收到货物后,通过其运营的一力钢铁网挂牌,企业 A 和企业 B 按《订购合同》约定的价格支付货款给三正电商,并通过一力钢铁网摘牌,生成电子提单回购。企业 A 和企业 B 将货款支付给三正电商后,后台系统自动将其做还款处理。

第五步,分销还款:同时,企业 A 和企业 B 可以每天通过一力钢铁网在线发布《委托销售价格》,一力钢铁网客服收到后进行维护,客服参照企业 A 和企业 B 每天发布的《委托销售价格》,通过一力钢铁网对库存订购资源进行挂牌对外销售。三正电商运营部后台每天与企业 A 和企业 B 对账,将外部客户销售回款做企业 A 或企业 B 还款处理,并于次日对《委托销售价格》与《订购合同》约定价格之间的价差,进行多退少补。举例说明:假如企业 A 在《订货合同》中约定的某规格卷板价格为 2500 元/吨,当日企业 A 发给一力钢铁网的《委托销售价格》为 2550 元/吨,一力钢铁网当日的成交价格为 2560 元/吨,成交量为 100 吨,则当日三正电商返给企业 A 的价差为 5000 元,归属三正电商的价差为 1000 元。销售款 25 万元视同企业 A 还款。价差 5000 元企业 A 既可以申请退回,也可以用于还款。

第六步,风险管控:三正电商风控通过后台系统对垫资统购货物进行价值控制。主要通过监测市场价格变动情况及实际库存货物状况、钢厂发货履约情况及客户回购情况进行风险监测。钢厂一般为国内一线钢厂方可准入,发货风险基本可控。若市场价格下跌或实物状况不佳等导致库存货物价值突破控制下线,可要求客户提前回购或补保证金。若客户逾期未能回购完毕,立即启动风险预警,通知业务部门对库存货物进行处置(折扣率控制在 8 折以内即基本上无风险损失)。

三、金融创新点

(一)统购分销

可以增强平台在钢厂的话语权,拿到更优惠的价格,从而降低经销商的采购成本。统购过来的货物,全部以"三正电商(垫资方)"的名义入库,货权清晰,可以有效保护垫资方的权益。回购或分销时"钱与货一一对应",按照对应的电子提单过户或出库,也能保护融资方的权益。

(二)风险预警

整个管理过程中,风控操作的环节很少,可以很大程度上减少下限控制的风险与工作量,风控的工作重心为风险预警。

(三)系统管理

三正电商采用系统对统购分销进行管理,线上线下相结合,在价值维护上不仅考虑了库存货物残值的维护,也考虑了在途货物(包括钢厂尚未生产发货的与运输过程中的货物)价值的维护,通过系统管理可以对价值风险防患于未然。

(四)双面维护

价值维护要由价格维护与实物维护两方面构成,如果不对实物进行巡检,有可能陷入库存货物市场价格维护的误区,没有结合具体实物状况进行价值评估。三正电商采用线上线下相结合,既维护采购价格与市场销售价格,又运用实物巡检、批次号查询等结果进行实物的综合评估。

(五)线上交易

统购分销的回购或分销采用的是线上交易的流程,客户只有在交易账户有余额的前提下,才可以生成合同与提单,而交易账户入金即可立马生成合同与提单。回购或分销流程严谨高效。

(六) 多渠道分销

三正电商每日根据经销商报价进行统购货物的挂牌销售,增加了平台可销资源量。同时三正电商平台本身拥有大量会员,通过电商平台分销,在加速经销商货物流转的同时,提高了多方的资金使用效率。最重要的是有可能帮平台降低经销商回购能力不足的风险,加快了垫资方的资金回笼,降低了垫资方的资金风险,即如果有一天分销客户经销商违约不要货了,平台可以在更短的时间内以较好的价格找到接手货物的人。

作为牵引全集团"互联网+"战略发展的核心子公司,未来湖南三正电子商务有限公司将进一步整合集团分布全国的各大园区,以及湖南一力公路港和湖南城乡集配中心两大重点开发项目,运用大数据、云计算、分布式、移动终端和网络社交等互联网先进技术,打造集在线交易中心、金融服务中心、云仓储中心、物流配送平台、数据服务系统、结算与支付系统、门户信息平台等于一体的综合性现代化物联网生态系统,并力争两年内打造成为中南地区最具影响力的供应链金融服务平台。

案例三 装饰行业"供应链贷"[①]

一、基本情况

2010 年中国装饰行业工程总产值为 2.1 万亿元,2015 年行业工程总产值预计将达到 3.8 万亿元。工程总产值总增长率为 81%,年平均增长率为 12.3%。公共装饰装修总增长幅度在 136% 左右,年平均增长率为 18.9%。住宅装饰总增长幅度在 26.3% 左右,年平均增长率为 4.9%。装饰行业新的市场需求不断被挖掘,"大市场"已经形成。电商的快速

---

① 来源:互联网金融平台胖胖猪提供。

发展以及"一路一带"国家战略不仅带动了装饰行业实体经济的增长，更是打破了原上游供应链中供应商区域、国家的限制，每家企业都成为全新产业链条上的一环。以"大市场"为基础，经济的无界化趋势要求金融市场以供应链为中心提供更为灵活、成本更低、效率更高、风险可控的金融产品和融资模式。

供应链金融以"有实体背景为依托；以真实贸易背景为前提；改善行业上下游账款赊欠矛盾；有效实现商流、物流、资金流、信息流四流合一的目标；具备会直接改变公司的资本结构、风险等级、成本结构、盈利能力和最终市场价值"的特性，日益得到传统行业经济实体的重视。目前在发达国家，供应链金融被作为一种在核心企业主导的企业生态圈中，主动对资金可得性和成本进行系统优化的重要手段来使用。而在国内核心企业相对被动，仅是在上游企业资金十分紧张的情况下才被动使用。对此，不少国内学者呼吁，在完善供应链金融体系的同时，企业自身应具备主动管理意识。

在供应链环境下，加快资产流动性被看作提高企业竞争优势的主要手段。供应链中的各企业通过各种手段实现它们之间物流、信息流的紧密连接，供应链金融能帮助企业达到对最终客户要求的快速响应、加快资产流动性、提高供应链整体竞争水平的目的。并且越来越多的供应链成员开始真正地重视客户服务与客户满意度。传统的量度是以"订单交货周期""完整订单的百分比"等来衡量的，而目前更注重客户对服务水平的感受，服务水平的量度也以此为标准。供应链管理涉及许多环节，需要环环紧扣，并确保每一个环节的质量。

供应链金融不断发展的同时，随着监管体系逐渐完善，互联网金融行业的发展和壮大吸引了大量投资机构的进入。2014年，银行、上市公司等有背景优势的规模企业开始涉足互联网小额借贷平台。十二届全国人大二次会议上互联网金融首次被写入政府工作报告，互联网金融开始进入中国政府高层的视野。此后，在4月、5月、7月、9月的国务院常务工作会议上，10次以上提出金融创新、解决中小微企业融资难等问题。

P2P行业面对的客户具有小额资本需求，但由于规模小、审批烦琐、审批周期长、风控条件苛刻等特点，其大都不是银行目标客户。虽然行业发展还存在许多风险诸如网络安全问题、市场秩序混乱、行业竞争不规范等,但 P2P 平台的风险管理成本和业务运营成本比传统金融企业低,边际收益将会逐步增高,边际成本将会逐步降低。

作为供应链金融与互联网金融相结合的服务平台,胖胖猪应运而生。胖胖猪信息咨询服务(北京)有限公司,注册资本人民币 5751.8519 万元,是上市公司(中化岩土)背景的供应链金融网络平台,由中国平安为供应链承保。依托装饰行业优势资源,集投融资信息中介服务、理财咨询服务和垂直搜索于一体。胖胖猪平台致力于小微企业投融资及社会闲置资金投融服务,为借款人和投资人双向撮合,弥补民间借贷市场信息不对称、难以进行风险控制等问题,当前产品主要包括供应链应收款抵押贷、融资租赁等。当下,胖胖猪互联网金融平台已经携手 A 股上市公司中化岩土(SZ.002542)正式签署了增资协议,是国内首家具有 A 股上市公司背景的供应链金融服务平台。

胖胖猪以创新的供应链金融模式,打造以供应链中核心企业及其上下游相关配套企业为主体,围绕核心企业展开的系统化、整体化融资的项目体系,开拓互联网金融的变革创新与跨界融合,如图 6.5 所示。平台依托建筑装饰行业资源优势,通过采用封闭式借款模式,及第三方支付平台监管,将资金支付给借款人所在的终端企业的互联网普惠金融服务平台,借助终端企业绑定借款人,平台审核并明确借款人的资金需求真实性和实际去向,降低风险的同时保障了投资人的利益。

平台实现常态化营销,将"加息卷""送红包""会员积分兑换"等网销措施,与线下"大学生互助联盟,胖胖猪助学基金启动""胖胖猪小区居民财富体验""职场品牌推广活动""农民工理财、互助、扶持"等线下展业相结合,开展全面提升投资客户引流量,打造"装饰业供应链金融服务品牌"形象。

二、产业链介绍

在"大众创业、万众创新"的发展引导舆论下,更多的人不断尝试着各种商业模式,资金需求量高速增长。装饰行业上游供应商的融资需求,急待供应链金融的支撑。在大市场链条中,由于资金流紧张,很多

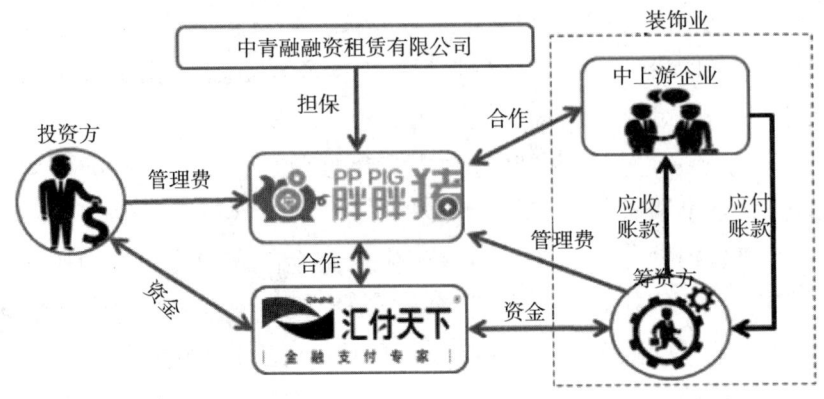

图 6.5　胖胖猪平台运营模式

中小企业在成长道路上举步维艰，不堪重负。迄今为止，银行信贷是中小企业最主要的融资渠道。但是，银行目前能够支持小微企业的资金有限，中小企业也很难从商业银行那里获得贷款。由于资信状况较差、财务制度不健全等现状，中小企业无法满足银行要求。虽然部分商业银行有创新，但银行的一些风控要求、审批周期等还是把大部分中小微企业限制在了门槛之外。从银企关系的角度讲，装饰行业内的各个中小企业客观上需要信贷的资金支持，而商业银行又苦于中小企业条件不足而惜贷、惧贷，这就造成了银企间关系上的信用隔阂。要突破这种隔阂，就必须寻求新的融资模式。目前来看，供应链融资模式是解决这一问题最好的方式之一。

在装饰行业，包括其他实体行业，如果下游公司应付账款周转率较以前出现快速减低，说明该公司占用上游供应商货款能力升高，这一现象可能反映出企业对上游供应商谈判实力增强。应付账款周转率反映企业免费使用供应链企业资金的能力。如公司应付账款周转率低于行业平均水平，并在合理的水平范围内，说明公司较同行可以更多占用供应商的货款，显示其重要的市场地位。当一个企业现金流高效运转时。应收账款周转率和应付账款周转率将接近，这样现金流入量才能和现金流出量相抵，企业才能不断形成自我造血，形成企业的经营活力，提升企业竞争能力，形成快速成长的升力。

胖胖猪互联网金融普惠平台依托装饰产业、房地产行业资源优势，通过透明、安全的风控机制，为装饰行业内中小微企业解决资金需求。作为一种纯粹的信息中介平台，胖胖猪平台本身并不融资也不放贷。胖胖猪平台提供合理收益定价，投资者年化收益率控制在8%~12%，筹资方的融资成本按照符合金融市场规律的平均值设定，并采用封闭式借款的模式，投资人的资金在平台监管下通过第三方支付平台直接将资金支付给借款人所在的终端企业。平台审核借款人的资金需求真实性，又明确了资金的实际去向，不仅降低了投资风险，还保障了投资人的利益。

三、产品设计

供应链金融是围绕着一个产业链上的核心企业，针对其他多个中小型企业提供的全面金融服务，核心为P2B模式。通过胖胖猪平台与供应链金融结合，供应链上的中小企业可以更高效地获得低成本融资。平台所提供的"供应链贷"是依托建筑装饰行业资源优势，通过采用封闭式借款模式及第三方支付平台监管，将资金支付给借款人所在的终端企业的互联网普惠金融服务平台，借助终端企业绑定借款人。

对于供应链贷，鉴于核心企业与供应商（融资人）的账款结算存在一定的时间周期，为有效提高供应商（融资人）的资金周转率，经核心企业推荐并确认该融资人核心企业的应收账款后，融资人以该笔应收账款为上限申请融资。同时经核心企业推荐给担保机构，由担保机构为融资人债务提供连带责任保证担保。"供应链贷"需要通过担保机构和胖胖猪双重风控审核，对投资人的资金做到安全的保障。

胖胖猪平台有严格的风控体系，包括严谨的资料审核，透明的风控评级标准，全方位覆盖所有风险点。平台首先会对借款项目和借款人进行线下实地调研，审核借款人资金需求的真实性。其后，平台会对包括银行流水、借款人征信报告等在内的17项资料进行审核。最后，平台根据对借款公司与借款人的背景调查，借款公司经营状况、应收账款合同等表明还款能力的资料，AA级借款人资信风控体系作出的征信认定，贷前、贷中、贷后客服跟踪，借款人黑名单数据库等数据对借款人作出信用评级。胖胖猪有完善的合作机构评估体系，用于借款人贷前及机构筛选，包括定性评估（信息管理、资产质量、业务发展、外部环境、业务模式）和定量评估（财务分析、融资成本、借款客户）。启动合作后，胖胖猪风控团队对合作机构实行贷后跟踪管理。具体产业链结构如图6.6所示。

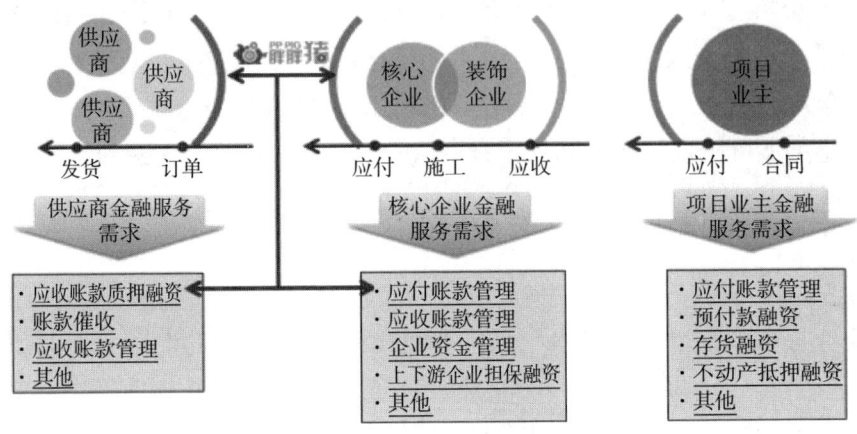

图6.6 产业链金融结构图

1. 适合对象

入围胖胖猪平台担保机构推荐的供应商。

2. 产品特色

优质债权：通过供应链核心企业获取真实经营数据，筛选优质债权项目。

借款企业+借款人：通过终端企业绑定借款人，保证借款人资金需求真实性。

3. 贷款额度

最高授信额度为应付账款的80%。

4. 融资成本

20%~24%的融资成本，切实解决企业融资成本需求。

5. 融资时间

3万~50万元借款额度2天满标，及时满足企业用款需求。

6. 借款人需提供的材料清单

借款人及配偶身份证、户口本、结婚证；借款人征信报告；家庭资产证明（房、车、股票、基金等）；《审批单》；营业执照、税务登记证、组织机构代码证、开户许可证、信用代码证；连续的工商提档验资报告和章程；经营地租赁协议；上下游合同（各 3 份）；银行流水证明等。

7. 风险控制

数据积累技术 + 数据处理方法 + 信用评估。

8. 贷款流程

提交申请——审核材料——实地考察——签署协议——融资成功。

第七章 产业链金融综合体系

案例一 民生银行产业链金融业务体系

一、基本情况

(一) 产业链融资的发展背景

1. 产业链金融

产业链金融是指金融机构以核心企业为切入点,通过对信息流、物流、资金流的有效控制或对有实力关联方的责任捆绑,针对核心企业上、下游长期合作的供应商、经销商提供的融资服务,也称为"1+N"模式。产业链金融联系核心企业和上下游供销企业,将供应商、制造商、分销商、零售商直到最终用户连成一个整体,全方位地为链条上的各个企业提供综合金融服务,并通过相关企业在链条上的分工与合作实现为整个产业链增值的目的。产业链金融可有效解决核心企业上下游企业的抵押担保问题,服务对象包括大型企业、中小企业、微小企业及零售客户。

2. 产业链结构图

产业链结构图如图7.1所示。

(二) 民生银行产业链金融发展背景

1. 民生银行产业链金融的发展历程

2003年:研发推广动产融资系列产品——厂商一票通/保理业务;

第七章 产业链金融综合体系

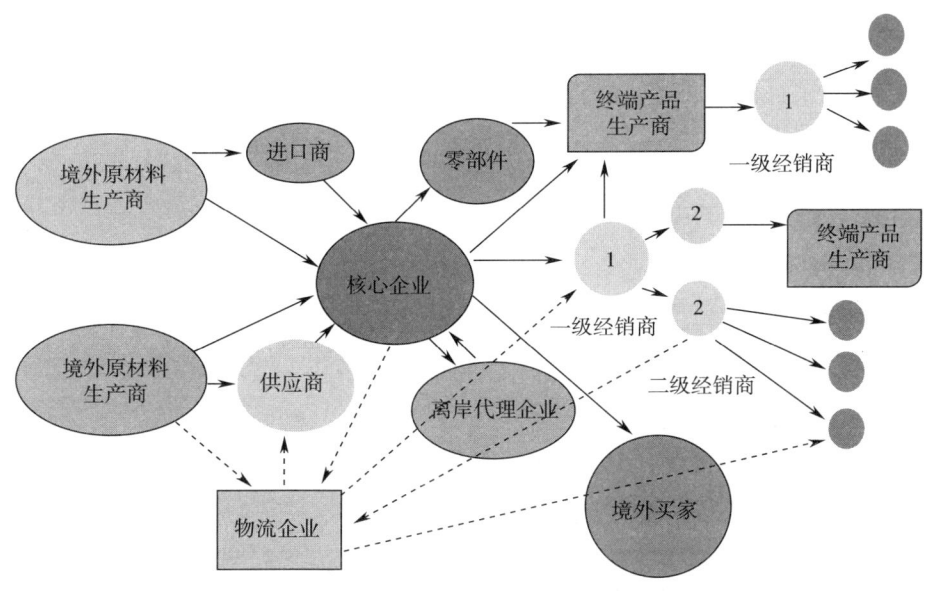

图 7.1 产业链结构图

2005 年：走专业化路线，构建专业化垂直销售体系，贸易融资评审体系和业务操作体系；

2006 年：推出了应收账款、物流融资和服务增值类三大系列主打产品；

2007 年：进行事业部改革，深化应收账款、物流融资和服务增资类产品体系，集中力量开发长三角、珠三角、环渤海地区重点行业，旨在建立核心客户群；

2008 年：进一步整合产业链金融产品体系，完善服务平台，升华动产融资业务，依托供应链为中小企业开辟全新的融资通道，启动"千亿工程"目标；

2009 年：提出产业链金融理念，树立"产业链金融"服务品牌；

2010 年：打造区域（行业）特色业务优势；

2011 年：完善特色行业金融解决方案/研发在线网络融资模型。

2. 民生银行产业链金融介绍

民生银行力求为每个客户提供"一揽子金融集成服务"，综合应用企业及个人信贷资源，在节约企业融资成本的同时，也为企业的"横向一体化"发展提供了有力的经济支持及人脉资源。目前，民生银行的交易融资业务在冶金、煤炭、石化、汽车、家电、建材、纸品、农产品、名烟名酒、食品等12大类均有所涉及，已操作押品明细种类达103种。目前，民生银行已经拥有完善的产业链金融服务体系，具体如图7.2所示。

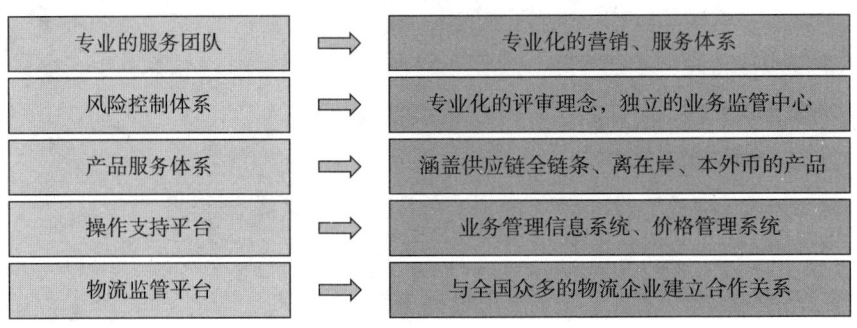

图7.2　民生银行产业链金融服务体系

二、产品设计

（一）民生银行基础产品系列

表7.1　民生银行基础产品情况

预付类融资	国内贸易	商票保贴业务/国内信用证/差额回购
	国际贸易	信用证项下未来货权（账单模式）/背对背信用证
存货类	国内贸易	动产动态质押/动产静态质押/仓单质押
应收类融资	国内贸易	国内保理业务、国内信用证、应收账款质押
	国际贸易	出口押汇、出口应收账款池融资业务、福费廷、打包放款、订单融资（应收账款的前伸产品）、国际保理业务、出口发票贴现、信用险项下的应收账款融资、背对背信用证
预付、应收与存货组合产品	国内贸易	未发货部分还款、阶段性担保
	国际贸易	信用证项下未来货权（提单转现货）、进口物流融资+应收账款票据化

(二) 民生银行产业链融资模式

1. 模式一:"阶段性回购+现货质押"模式如图7.3所示。

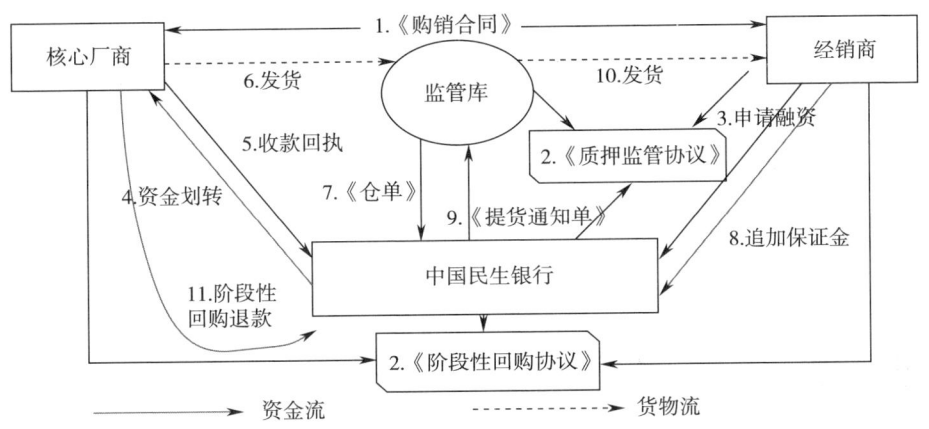

图7.3 "阶段性回购+现货质押"模式结构图

2. 模式二:"购销通"模式如图7.4所示。

(1) 图示

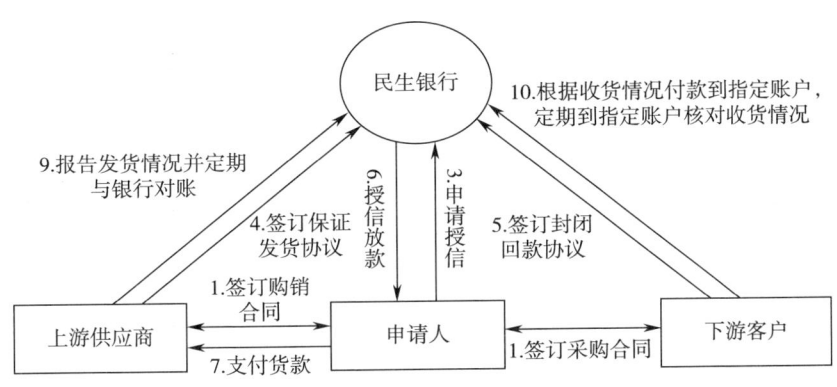

图7.4 "购销通"模式结构图

(2) 该模式适用于上下游企业均为强势企业、信誉度高、货物交易量大且稳定,但在结算方式上互不妥协,特定中间商的介入可以解决双方的矛盾;该中间商一般与上下游形成了比较固定的合作关系,所经销商品一般属下游企业不可或缺的重要原料,需求量大且稳定。

(3) 该模式下，经营的货物一般是钢铁、能源、化工原材料等基础产品，要求运输渠道规范，中间商不直接接触货物。一般情况下，此种模式适用于铁路运输，如果采用其他运输方式或多种运输方式，则应该考虑引入可靠第三方进行全程监督。

(4) 优势特点：要求受信人的交易流程明确、清晰，运输渠道规范，上、下游企业的履约能力及信誉可靠。该模式突破了常规的担保模式，借助上下游的能力和信誉，打通了经销商的上下游环节，达到了银行、经销商及上下游企业四共赢的局面。

3. 模式三："海陆仓"模式。

(1) 介绍

民生银行与中远物流上海公司协商后，向客户推出"海陆仓动产融资业务模式"，这是在民生银行在"现货静态质押，中远物流输出监管模式"的基础上的延伸，即中远物流对质押刚才的监管由原先的输出监管，向前延伸至上游钢厂押钢材出厂起，实现全程监管、有效控制货权。

(2) 图示

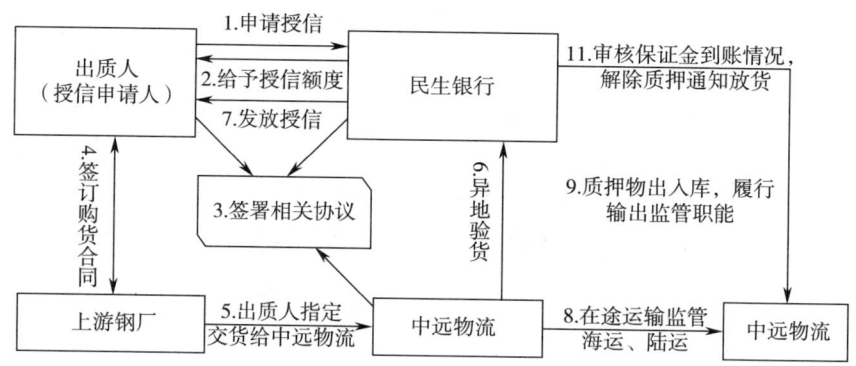

图 7.5 "海陆仓"模式结构图

(3) 优势特点

通过监管商中远物流从集货/运输到仓储各个阶段的监管，实现了全流程监管，中远作为运输商，具有很好的资质，也有效防范了业务操作过程中可能产生的道德风险，保证民生银行信贷资产风险可控。

(三) 产业链融资的一些准入原则

1. 对存货的要求

①货权清晰。为了保证银行最终对货物处置时没有第三方主张权利,在进行动产抵质押时需要对出质人或抵押人提供的动产权属进行认定(增值税发票、货运发票)。

②价格稳定。价格波动剧烈的商品不宜作为抵质押物,因为它会增加盯市工作量和处置时间。

③流动性强。银行便于处置的存货,如基础原料、战略物资、大宗物资、初级产品等。

④易于保存。民生银行选择品质稳定的产品。

2. 对应收账款的要求

①可转让性。应收账款必须是依照法律和当事人约定允许转让的。

②特定性。应收账款的有关要素(包括金额、期限、支付方式、债务人名称、产生应收账款的基础合同等)必须明确、具体和固定。

③时效性。应收账款权必须未超过诉讼时效。

④转让人资格。要求提供的应收账款的民事主体必须具备法律所承认的提供担保的资格。

3. 对预付款的要求

①上游捆绑责任。需要明确发货的及时性责任、回购或调剂销售责任、货物跌价责任或连带责任等。

②在途责任需明确。在途责任承担方应指明确认(监管方)或要求风险承担人购买商业保险,受益人为银行。

(四) 产业链金融的风险控制

1. 由核心企业进行的外部风险控制

核心企业必须有明确的供应商、分销商的准入和退出制度,其上下游企业应具有较强的从属性,以利于核心企业为银行筛选具体的授信对象,并在贷后提供授信人实时信息。

核心企业应当为供应链成员提供一些排他性的特殊优惠政策，比如：订单保障、跌价补偿、排产优先等，以增强供应链成员间的抗风险能力。通过构建利益共同体，利于银行引入信用捆绑技术，降低银行的授信风险。

核心企业对供应链成员设定面向供应价值的奖励和惩罚措施，利于银行利用核心企业的谈判地位，加大授信客户的违约成本。

2. 民生银行内部操作平台控制

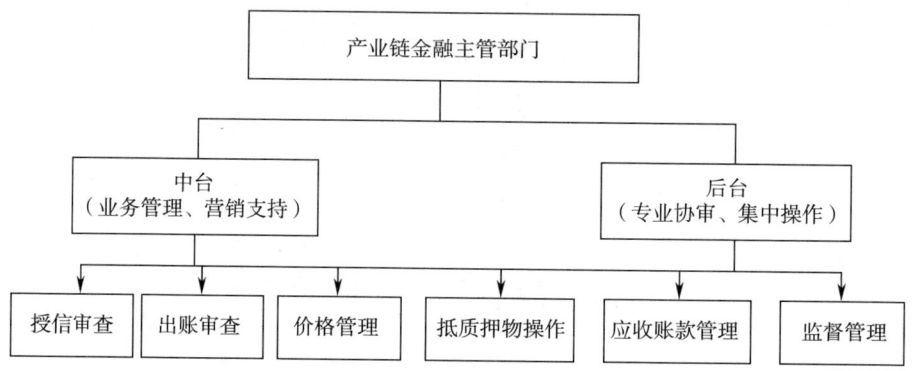

图 7.6　民生银行内部操作平台

3. 民生银行与物流企业监管合作

将物流监管方引入有助于银行货押业务的风险防控，一方面，由于物流企业在仓储、运输领域的专业化技能，能够使银行更为有效地对抵质押物进行管理，保障银行担保物权的价值和安全性；另一方面，监管企业的现场实时监督，能够比银行获得更多的授信预警信号。银行与物流监管公司之间的委托代理关系是在当前技术和法律背景下银行开展货押业务的必要条件。

（五）金融创新

目前产业链金融有以下几种模式：应收账款融资模式、融通仓（存货）融资模式、保兑仓（预付账款）融资模式等，这些融资模式的重点都在于资产端，这也是产业链金融的核心创新点之一。传统融资模式多以不动产为抵押对标，而产业链金融则是让中小企业带着更多种类和形式的资产进入融资通道，从而让灵活的资产得到盘活，市场的流动性得到释放。

三、小结

（一）总结

现代产业经济的发展，已从企业与企业的竞争转向产业链之间的竞争，强调对产业链条的整合，通过产业链条节点的优化和提升提高产业竞争力。随着整个产业模式的升级，银行应从传统的融资模式过渡为产业链金融的融资模式，由以前只关注企业主体本身的经营能力，过渡到更多地强调产业链的稳定性及资金的有效利用。

这种融资方式可以说对产业链上的众多企业都有很大益处，中小微企业获得方向性的金融支持政策后，亟待匹配的实际融资需求倒推行业的发展，越来越多的产业链资产被纳为融资对标物；核心企业、物流企业、商业银行及第三方管理机构也已意识到自身参与其中的优势，纷纷变成产业融资链条的一部分。

（二）建议

构建产业链金融电子交易平台。构建由商流撮合模式、支付结算的资金流模式、信息管理平台的信息流模式组成的开放式的产业链电子交易平台，将企业自身产业链的商流、物流、资金流和信息流在这一平台上进行信息交互、促成、居间见证等，为中小企业提供订单管理、仓储管理、运输管理、资金管理、支付结算等，从而促成产业链金融的新的商业模式，促进产业链金融发展，进一步解决小微企业融资难、融资贵的问题。

（执笔：耿勇）

案例二 杭州联合农村商业银行安吉竹产业链金融[①]

一、基本情况

(一) 安吉竹产业发展情况

1. 竹产业规模

竹产业这一传统特色产业发展迅猛,已初步形成一大产业集群,成为安吉的支柱产业。截至2015年底,全县有竹制品企业1650家,其中省级农业骨干龙头企业3家,省级林业骨干龙头企业13家,规模以上企业65家,产品涉及板材、食品、编织、竹纤维、工艺品、医药食品、生物制品、竹加工机械等七大系列的3000多个品种,产品销往港台、东南亚、欧美等30多个国家和地区。竹地板年产值占全产量的50%以上,竹凉席占据了55%的国内市场;竹工机械制造业占据了80%的国内市场。2015年竹产业产值达65亿元,全县农民人均从竹子中增收达7100元,占当年农民人均纯收入的35%。从2014年到2015年竹产业的发展过程来看,竹产业总产值的增加主要集中在加工制造业。但是竹产业内加工制造业、服务业的增长仍存在着比较大的空间,竹产业内的加工制造业还需要不断进行调整、协调。近年来,还兴起了一些旅游项目如竹博园、大竹海等。在全国同行中,安吉竹产业拥有最大的竹产业规模、最高竹制品加工水平、最强产业配套能力,国内市场遍布全国所有地级市以上城市,并有大量产品长年出口到美国、欧洲、日本、韩国、中国香港等国家和地区。

2. 竹制品的结构

传统的竹编织产品包括竹凉席、竹窗帘、竹地毯、竹垫等,约占竹

[①] 来源:杭州联合农村商业银行提供。

产业总量的 52%。竹板系列产品有竹地板、竹胶版等，约占竹产业总量的 18%。竹工艺及日用品系列，竹根工艺、竹扇、竹制纪念品、竹家具、竹筷、扫帚等；竹笋食品系列。竹高新技术产品系列，包括竹醋液、竹纤维、活性炭等。生物制品如从竹叶中提取出的竹叶黄酮、竹油等。竹加工机械主要集中在孝丰镇，产品主要有竹拉丝、竹地板、竹筷等加工机械。近年来还兴起了一些旅游项目如竹博园、大竹海、藏龙百瀑等。

3. 竹制品品牌

截至 2015 年底，安吉县已有一个中国驰名商标，一个省著名商标和两个浙江名牌产品，其中"永裕"是通过司法认定的中国驰名商标，"永裕"获得了省著名商标和浙江名牌产品称号，另有"黄浦江源"冬笋是浙江名牌产品。获国家级科技成果 2 项、省部级科技成果 17 项，推广应用新成果技术 32 项，专利技术 1000 多个、竹制品注册商标 100 多个。

4. 竹制品的市场

（1）国外市场

安吉县的竹产业出口额呈逐年上涨的趋势。截至 2015 年底，竹产业规模以上企业实现销售 41.13 亿元，自营出口 20105 万美元。出口产品主要包括地板、竹窗帘、竹地毯等。安吉竹制品主要出口亚太及欧美国家，其中亚太地区占到 48% 左右，主要集中在日本和韩国，欧美国家占 41%，其他国家所占的份额较少，在 11% 左右。

（2）国内市场

由于安吉竹制品的市场主要在国外，国内的市场被忽略，而留下的市场空隙则被一些小作坊式企业填补了，由于这些企业实力弱，资金不足，技术设备落后，生产管理不到位，导致产品质量达不到国际标准只好转做国内市场。由此，出现了低价低质的恶性竞争，产品和服务得不到保障，竹制品国内市场低迷。

在竹制品需求方面，比如竹地板，在国内家具装修中并不十分受欢迎。消费者认为竹地板不够档次，更喜欢高档实木地板、瓷砖等，又担心它不适应北方干燥的气候，容易开裂，导致竹地板在国内装饰面板材料市场中不受青睐。

由于2008年国际金融危机，国外市场需求减少，从2009年开始，安吉县大部分竹制品企业把主要销售市场转到国内。至此安吉县的竹产品开始在国内各大城市商场的柜台上出现。

（二）产业机遇和挑战

1. 产业机遇

一是国家的产业政策支持。竹产业在发展循环产业、促进绿色增长方面作用显著，获得国家产业政策较大支持。

二是竹产品研发创新空间巨大。作为一种新型材料，以竹代木、以竹代塑将带来巨大的发展空间。

三是产业环境改善，包括关键技术突破、物流产业发展和行业标准的完善，将提高竹产业主体的总体水平。

四是市场需求多元化发掘。随着木材资源的缺乏、棉花与粮争地矛盾等问题加剧，竹产品可再生优势日益受到工业企业青睐。

2. 产业挑战

一是国内市场份额偏少，出口转内销尚在拓展阶段。

二是产品档次较低，主要是传统编织类产品，差异化、高档次、深加工的产品较少，且包装简陋、制造环节附加值低。

三是科技支撑弱。竹制品行业每年技改投入较少，截至2015年底，安吉竹产品相关专利1346件，但是发明专利权72件仅占5%左右。

四是资源要素压力加大。安吉县竹制蓄积量1.7亿支，年采伐量0.3亿支，然而每年需成品竹1.5亿支，80%的资源要从外地购入。随着产地竹产业发展及资源意识觉醒，供应量逐年减少，价格随之上涨。

（三）产业集群和产业链运行情况

1. 产业集群

在安吉竹产业发展过程中，逐渐形成了两大产业集群：递铺镇、天荒坪镇、梅溪镇的竹制品集群；孝丰镇的竹机械加工集群，合计约占全县竹制品企业总数的90%，并形成十多个各类竹制品的专业加工村。2015年安吉竹制品集群有近1600家企业，整个产业从业人员约4万人。

竹工机械企业 40 余家,从业人员 1200 余人,生产八大类 200 多个品种产品,年创产值 3 亿元以上,产品销售到国内 10 个产竹省份,并出口到东南亚、南美、非洲等 8 个国家和地区。

2. 产业结构

安吉县现有 2600 多家各种竹制品企业,主要分布于产业链的 3 个环节。一是竹材的生产供应,主体是林农,其主要生产形式分 3 类,即散户经营、承包经营、企业+农户,各类生产形式分别占竹材供应总量的 80%、10% 和 5%。二是收购运输和处理加工,一般由竹拉丝厂等企业主体完成。三是竹制品的销售,由竹制品企业自身经营的营销部门来完成。

3. 产业网链结构

安吉县通过技术创新,实现竹产业主体间"原料—废料—原料"的循环加工,打造全加工产业链。同时,大力发展与竹产业相关的研发、仓储、运输、物流、金融服务、会计、信息提供、设备生产、维修、营销、法律服务和基础设施建设等生产性和非生产性服务业,呈现网链结构。

二、竹产品产业链金融服务现状

(一)总体规模

截至 2016 年 6 月 30 日,安吉支行竹制品产业相关行业贷款余额共计 27001 万元,占安吉支行全支行贷款余额的 18.95%;贷款客户总数为 211 户,占全支行贷款户数的 14.17%。其中不良贷款为 0,不良率为 0,优于全行各项贷款 3.08% 的不良贷款率水平。

(二)主要特征

一是贷款期限短。安吉竹制品产业企业每年九、十月开始生产,次年三月份进入销售期,到六月底七月初基本结束。为与生产季节性相匹配,本行贷款以短期为主,平均期限 9 个月。

二是平均余额小。本行竹制品产业贷款户均余额仅为 128 万元。

三是以保证担保为主要贷款方式。本行保证担保竹制品产业贷款10203万元，占全部竹制品贷款的37.79%。原因是行业规模不大，利润率较低，企业一般为租赁土地、自建厂房，缺乏抵押物。

四是金融服务深度不足。结算以现金为主，银行承兑汇票、外汇结算等多元化产品运用不足。

五是行业投向集中度较高。主要集中投放在竹凉席、竹地板、竹工艺品等3个产业，占比分别为60%、20%、10%。

（三）客户营销路径

一是建立以行业协会、农民专业合作社为核心的批量营销平台。签订总对总协议，开展补贴代发、会费代缴、数据共享、贷后监控等合作，筛选可授信的客户群。

二是抓关键人物营销。与本行业中具备一定实力，拥有一定威望的关键人物建立良好合作关系，获取侧面信息。

三是银政合作。与地方政府农委对接，筛选可授信的客户群。同时，将政府风险补偿或贴息纳入借款主体还款来源。

四是产业链营销。包括农资农机经销商、超市、市场方、龙头加工企业等核心企业，开发上下游产业链客户群。并采用订单融、应收账款质押、设备通等供应链产品来提供融资。

五是与中银保合作。筛选购买农业保险且整体风险水平较低的客户群。

三、金融风险识别及控制

（一）行业风险

一是政策风险。政府缺乏对竹行业长远规划、发展引导和市场管理。

二是产业集中度低。大部分企业无法实现规模经济，产品成本高，企业竞争能力低下。

三是产业转型升级加快。部分生产技术落后、经济效益差的小企业将面临淘汰。

四是外部风险。包括自然灾害、火灾、虫灾等。

五是市场风险。如夏天气温偏低，则竹凉席销售情况很好，库存基本卖空，反之，就会卖不动，造成产品积压。

（二）生产主体项下风险

1. 产能过剩

竹制品是低附加值的劳动密集型产品，市场竞争很充分，企业主可以根据销售情况随时调节产量。受经济大环境影响，近两年总产值逐年下降了1/4，很多小织机户都已停产。

2. 环保风险

环保风险主要来自胶水，胶水市场价从2000元/吨至10000元/吨不等，低价胶水容易造成甲醛超标。

3. 民间借贷风险

（三）风险识别和控制

1. 筛选优质客户

一是同行的评价。通过同行业打听和周边企业评价可知晓客户产品前景、出货频率、平均利润率等情况。

二是内部员工评价。通过不定期、不提前告知的多层次员工调查，从管理层到车间主任、到工人、门卫逐个询问，了解工资发放、内部管理、产销情况。

三是调查上下游企业。竹制品普遍以订单加工为主，可通过下游企业、半成品供应商等侧面了解企业情况，调查客户的订单是否稳定、货款支付是否及时、出货频率等。

2. 信贷调查重点

一是客户人品。从业人员尽管文化知识普遍不高，但生产经验丰富、拥有固定客源，只要人品不出问题，总体风险不大。因此，必须通过实地调查，多方了解客户家庭是否稳定、人际交往是否健康，有无赌博、吸毒、拖欠员工工资行为。

二是从业年限。一般经营3—5年以上的客户才是成熟的客户。具体而言，客户对该行业的熟悉程度、市场需求的敏锐性、产品的设计、管理能力和经营信息等都是重点调查的内容。

三是关注产品和供应链。重点关注产品的成本定价比和销量。包括：查看客户生产流程，询问单件产品成本及售价，根据年产量估算出年产值和利润；了解客户销售模式及主要销售对象，关注客户经营是否有明显季节性。

四是关注企业的生产管理能力。竹制品行业技术创新难度大，普及非常快，同质性严重，不同厂家生产出来的商品只能通过价格竞争获取市场份额。因此，企业经营者的管理能力至关重要。

五是核查生产真实情况。部分客户可能制造"假现场"，隐瞒停产、滞销情况，必须坚持连续核查、眼见为实。

四、典型金融服务产品

（一）存货质押

针对竹凉席等一些产品季节性很强但变现能力好的竹制品企业，在销路有保障的前提下，通过引入第三方专业监管公司对存货进行质押监管，开展存货质押融资。为应对货物保存风险，通过购买保险的方式，在保单上将质权行列为受益人。

（二）订单融资

以竹制品企业与大型商超或贸易商签订订单为前提，基于对竹制品企业的供货履约能力的认可，以及对订单付款方大型商超或贸易商付款能力的认可，在签订三方协议的前提下，以融资金额最高不超过订单金额80%，为企业量身订制融资计划。

（三）核心企业商票保贴业务

基于核心企业支付上游供应商货款的需要，推出核心企业商票保贴业务。即根据核心企业所有上游供应商应付账款的账期和金额核定商票保贴最高额度，并根据单家上游供应商的应收账款情况核定单户额度，在核定额度内，本行对上游供应商持有的核心企业的商业承兑汇票进行保贴，从而帮助核心企业有序管理应付账款，提高商业谈判地位，也帮助核心企业的上游供货商提早实现应收账款的资金回笼。

(四) 设备通服务

以竹机械设备制造企业为核心企业,为购买其竹机械设备的下游企业提供设备按揭贷款,一般首付30%的资金,并将竹机械设备抵押本行,本行为竹机械设备制造企业核定最高额度,核心企业在最高额度内提供回购担保。

(五) 开展国际贸易项下服务

针对部分出口型竹制品企业,量身订制"信保通"业务,即本行与担保公司合作,在出口信用保险项下提供押汇业务。该业务系担保公司基于企业办理出口信用保险的前提下,提供纯信用保证担保,本行在出口信用保险公司核定最高额赔付额度及担保公司担保额度项下,单笔融资业务打8折来给予押汇。

(六) 探索建立竹制品协会担保公司机制

依托当地竹制品协会建立的会员租赁厂房流转机制,探索建立非盈利性会员制互助式担保公司。具体做法:竹制品协会合理评估会员企业的厂房价值,担保公司根据评估价值的7折来确定最高担保额度,企业按最高可被担保额度的10%缴纳股本金入股,担保公司根据股本金的10倍以内给会员企业提供担保。

案例三 浙江江山农商行蜂产业链金融服务[①]

一、基本情况

近年来,浙江省银监局积极引导辖内农村中小金融机构深度参与农

---

① 来源:浙江江山农商行提供。

业产业化进程,开展农业产业链金融服务试点工作,提高金融服务质效。江山农商银行作为首批试点行社,2013年5月选取了具有江山当地特色、产业链比较成熟、具有一定规模的蜜蜂产业开展试点工作,积极探索农业产业"链"条式金融服务新模式。通过一年多努力,试点工作取得阶段性成果,初步构筑了蜜蜂产业链"银行+蜂农+合作社+企业+电商"服务模式。

(一)产业发展情况

1. 产业规模。江山市是中国最大的养蜂市(县)和蜂产品集散地,2001年被农业部命名为"中国蜜蜂之乡",江山市蜂产业建立了被中国养蜂协会称为"江山模式"的"协会+企业+合作社+基地+蜂农"五级管理体系,实现了蜂产品产加销一体化经营的完整产业链。据浙江省江山市蜂产业协会及相关调研统计,2016年上半年全市累计实现蜂业总产值7.65亿元,出口产值达1105万美元,蜂业规模与经济效益连续24年位居全国县市之首。

2. 发展前景。近年来,随着人民生活水平的提高和对蜂产品保健功能认识的不断加深,蜂产品的消费量持续增长,其价格也不断提升。目前,普通蜂蜜价格已达20元~30元/公斤,土蜂蜜甚至达60元/公斤以上,蜂王浆达到130元/公斤以上,花粉、蜂胶、蜂蜡等价格也均有大幅度的上升。而推高蜂产品价格的首要因素来自于消费需求。2008年全国蜂产品人均消费量仅0.3千克,部分城市居民和大多数农村居民基本上还没有消费蜂产品。

近年来,面对极端天气频发、国内外经济环境复杂多变的不利形势,江山市蜂产业通过提升品牌影响力,创建新型溯源体系,实现市场多元化销售,研发深加工产品等举措,积极将蜂业打造成为"规模型、效益型、特色型、生态型、科技型与创新型的"六型蜂业",蜂产业总体发展向好,呈现稳定发展的良好态势。

3. 优劣势分析。江山蜂业在全国有着很高的社会知名度与美誉度,被命为"中国蜜蜂之乡",建设了国家级蜂产品标准化示范基地,并与高等院校联手,委派专业技术人员,对蜂农原料生产进行技术指导,从源头上保证了蜂产品加工所需原料的质量,"江山""恒丰园""福赐德""千红""野春源"等商标品牌多次获得国家级、省级农博会金奖,拥有多个品牌并被为"中国驰名商标""浙江省著名商标""浙江省名牌产品"。全市蜂群数25.23万箱,拥有近4725人的养蜂队伍,2个国家级蜂产品标准化生产示范基地,省一级养蜂场2个,3个有机蜂产品生产基地,106个以合作社为单位建立的标准化蜂产品生产基地,2016年上半年生产蜂蜜11300吨、蜂王浆355吨、蜂花粉164吨、蜂蜡167.5吨。全市现有恒亮、健康、福赐德、千红、野春源等蜂产品公司21家,蜂产品加工厂11家。江山蜂产品主要有蜂王浆、蜂王浆冻干粉、蜂胶、蜂花粉、蜂蜜、蜂蜡、蜂胶软胶囊、蜂王浆软胶囊等30多个系列品种,产品销往欧盟、日本、美国、新西兰等25个国家和地区。近十年来江山市养蜂产业化协会主持实施了国家级省市级科技、星火计划、标准化项目15个,获得了国家发明二等奖、国家科技进步三等奖、农业部科技进步一、二等奖、浙江省科技进步一、二、三奖,农业部科技进步一、二等奖与丰收奖等省级以上科技奖16个。近年来,江山市又大胆创新,在全国率先将蜂王浆与蜂蜜进行上市交易,将传统现货贸易和电子商务有机结合,促进蜂产品由传统营销模式向电商化营销模式转变,加快了江山蜂产业转型升级。江山蜂产业虽然拥有众多优势,但依然存在以下不足:一是蜂农单家独户养蜂,单产量少,物流不畅;二是蜂农与贸易商和消费者之间的商品信息包括商品的供需状况、质量状况、价格波动等不对称,蜂农增产不增收;三是缺乏市场化的质量监管体系;四是竞争力整体不强,近三分之二企业仍停留在小规模生产阶段;五是高科技含量蜂产品少,没有较高附加值;六是一些蜂产品企业无序竞争,低价竞销,影响产业稳定发展。

(二)产业链运行情况

蜂产业链主体构成为"蜂农+专业合作社+企业+经销商",经过多年发展生产经营相对比较稳定,其中蜂农从事养蜂工作,生产蜂蜜、蜂花粉、蜂王浆等蜂产品原料,专业合作社主要负责跟随蜂农养蜂足迹从全国各地蜂农手中收购蜂产品原料,同时对蜂产品进行粗加工,蜂产品企业主要对专业合作社加工的蜂产品原料进行生产加工，制成蜂王浆、蜂王浆冻干粉、蜂胶、蜂花粉、蜂蜜、蜂蜡、蜂胶软胶囊、蜂王浆软胶囊等成品，通过开设专卖店、网店等形式对蜂产品进行销售。在现金流方面，江山蜂产业经过多年积累与发展，自身已经形成一套相对稳定的信用购销体系，货款主要采用信用赊销方式进行，货款普遍在年底前结清。

（三）本行产业链金融服务现状

针对蜜蜂产业链，我行制定了"银行+企业+合作社+蜂农+电商"服务模式。

1. 核心企业：控制"物流"，试点"仓储质押"贷款。针对核心企业蜂蜜、蜂王浆存货量大的特点，我行创新产品及服务，向企业推出"仓储质押"贷款，目前已向健康公司提供500万元存货质押授信。在支付结算上，一方面为企业提供网银服务，以及免除跨行转账手续费。另一方面结合企业产品出口，为公司提供国际结算服务，并且在手续费上给予优惠。

2. 专业合作社：做"信用"文章，引导核心企业担保，盘活"应收账款"。一是以合作社"信誉"为出发点，在"信用记录"上做文章，对合作社开展信用等级评定，提供纯信用贷款授信，目前已向合作社发放70万元纯信用贷款；二是针对合作社持有"核心企业"大量的应收账款"新陈代谢"速度较慢的特点，积极盘活"应收账款"这一沉睡资产，一方面引导核心企业担保，另一方面创新推出"应收账款质押贷款"业务。

3. 蜂农：以农村信用工程为基石，提供升级服务。一是针对养殖规模相对较小、松散型的蜂农在经营性及消费性方面的资金需求，以我行现有的信用工程建设进行对接，直接通过农户小额信用贷款满足其资金需求。二是针对养殖规模相对较大、相对紧密型的蜂农提供信用"升级"服务，通过订单合同从而判定预测蜂农未来经营现金收入，判定蜂农还款履约能力，蜂农在原先我行信用工程的基础上享受"信用升级"服务，信用等级和授信额度在系统评级基础上其信用等级向上提升一级。

三是为蜂农提供原材料白糖信息咨询及融资服务，与本市最大的白糖批发商合作，提供白糖交易价格、行情分析和咨询服务，加强研判，提前锁定价格、锁定生产成本。

4. 电商：积极介入"电商"领域，创新"电商贷"金融产品满足新型产业链经营主体金融服务需求。针对蜂产业链下游"电商"的金融需求，我行一方面从"核心企业"获取第一手交易信息，另一方面从"电商"特性出发，结合本行微贷技术，根据信誉度、现金流、物流、信息流等特性，突破抵质押担保，推出"电商创业贷"和"电商成长贷"金融产品，向下游"电商"提供信用、准信用贷款。目前，已向26户从事蜂产品销售的下游电商发放信用贷款618万元。同时，在支付结算上为其提供信息咨询、银行卡、网银、手机银行等综合金融服务。

（四）客户营销

农业产业链的关键在于核心企业，通过为核心企业提供金融服务链接产业上下游客户，成为开展农业产业链金融服务的切入点。

一是确定核心企业，建立合作关系。我行结合在江山地区多年积累的丰富农业资源及核心客户的优势，积极走访产业链上下游客户，重点加强对行业以及产业链上客户分析，确定核心企业，建立产业链金融服务业务合作关系，双方签定"农链车"业务合作协议，明确双方权、责、利。二是政策优惠，强化"银农"合作意愿。针对产业链上的客户建立合作关系后试点意愿不强的情况，本行通过一系列政策优惠来引导客户积极参与产业链金融，在贷款上给予手续简便、贷款优先、利率优惠、循环额度贷款优先等优惠政策，在结算时给予费率优惠或减免政策。

二、产品设计

（一）产业风险及准入政策

1. 产业风险识别

一是规模蜂产业加工龙头企业仍不多，蜂产品精品少，缺乏拳头产品；二是产业化程度不高，部分蜂农单兵作战，养殖技术落后，产量不高，养蜂效益不够理想；三是市场竞争不规范，对产品质量全程管理水平不够高；四是一些蜂产品企业无序竞争，低价竞销，影响产业稳定发展。

2. 准入政策

针对蜂产业链金融服务，我行采取选择性准入政策，加强核心企业的判定及审核，在与核心企业建立业务合作的基础上，重点加强对行业以及产业链各节点客户信用记录、经营情况进行分析，积极支持紧密型客户，选择性支持松散型客户。

（二）产业链风险识别与控制

1. 风险识别

（1）核心企业：蜜蜂采蜜具有较强的季节性，为保证企业生产的稳定性与可持续性，企业往往在上半年大量收购蜂产品原料，存货量大，造成企业拥有大量的应付款。

（2）专业合作社：合作社与核心企业之间关系紧密，主要负责为核心企业收购大量蜂产品原料，因货款往往年底结算，存在现金流不足现象，持有大量应收账款的同时应付账款同样较多。

（3）蜂农：蜜蜂采蜜受自然灾害影响很大，天气好坏直接影响农作物生长，从而影响蜂农收益。进入冬季，为保持蜂产品产量，蜂农普遍采取白糖喂养措施，而近几年白糖价格波动较大，影响养蜂成本。

2. 风险控制方法

（1）核心企业：针对核心企业应付款多而蜂产品原料存货量较大情况，本行向企业推出"仓储质押"贷款，并积极与巨化物流公司合作，通过引入专业物流公司进行监管。

（2）专业合作社：对合作社开展信用等级评定，推出"应收账款质押贷款"业务的同时，积极引导核心企业担保，通过银行信贷资金的注入，加速合作社上下游客户间的资金流动速度。

（3）蜂农：以本行现有的信用工程建设进行对接，对产业链结紧密的蜂农提供信用"升级"服务，通过订单、合同等交易信息开展现金流监测，同时与本市最大的白糖批发商合作，为蜂农提供白糖交易价格、行情分析和咨询服务，加强研判，提前锁定价格、锁定生产成本。

三、内部管理提升及改造

（一）管理架构改造

以服务农业产业链客户为中心，由总行行长任组长成立江山农商银行"农业产业链金融服务"领导小组，专门设立石门支行为本行农业产业链金融服务试点机构，同时由本行青年员工自发组织成立"农业产业链金融服务"青年项目小组。在绩效考核上，总行把农业产业链金融服务工作列入各支行（部）行长年度责任目标考核，并对开展试点机构给予年度考核加分。

（二）业务流程改造

为支持产业链金融服务业务开展，本行对业务条线的操作流程、管理流程进行优化，推出农户贷款"一站式"服务。在信用工程创建的基础上，以"阳光信贷""普惠快车"支农服务工程为抓手，围绕"支农服务信息平台"建设，进行农户档案建立、信用评级、授信额度测算、农户信用贷款标准化放贷流程全面开展，以丰收小额贷款卡和丰收创业卡为载体，通过"整村批发"模式，实行一次授信、上门签约、循环使用、随用随贷的便捷措施，推行农户贷款一站式服务，建设标准化、透明化、规范化、集约化支农信贷服务新模式。

（三）信贷文化打造与团队建设

开展农业产业链金融服务，在信贷文化上我行积极转变传统信贷业务的抵质押担保思维，更加注重对客户的现金流、物流、信息流进行分析，提升了客户经理互联网思维以及微贷技术的运用，树立了以客户未来的现金收入作为贷款第一还款来源的信贷理念，同时加大了动产融资业务在本行中的创新与运用，拓宽了抵质押担保方式。

以前，我行的客户经理业务较为综合，包含农贷、消费贷款、企业贷款等业务，行业涉及面较广，开展产业链金融服务后本行开始积极培养既懂银行业务又熟悉农业产业链运营规律的产业链"专家"，不仅要求客户经理在宏观上对国家宏观调控政策、金融政策、产业政策、行业发展趋势进行分析、调判,同时要求在具体产业上对产业链主链和辅链上各节点客户生产经营规律、资金流、信息流、物流进行分析评价,提高客户经理行业分析能力与水平。

四、典型金融服务产品及模式

在蜜蜂产业链金融服务试点过程中,本行与市农业龙头企业健康蜂业有限公司建立了"农链车"业务合作关系,经过走访调研,发现健康蜂业有限公司产品销售渠道主要为:出口+专卖店+电子商务,其三种销售占比分别为70%、17%和13%。我市具有丰富的农副产品,随着电子商务的兴起,网上销售农副产品的电商如雨后春笋般成长。针对产业链下游"电商"的金融需求,我行从"电商"经营、销售特性出发,以电商客户在网络平台的信誉度、销售额、利润率、快递出单量等为评定依据,积极研发推出"电商创业贷"和"电商成长贷"金融产品,满足产业链新型经营主体金融需求。

"电商贷"产品主要具有以下几个特点:

(一)根据电商不同发展阶段提供差异化服务

一是电商创业贷意在支持处于创业初期的电商客户创业发展,以电商客户月均销售额为基础,结合电商客户公众信誉度,按照简易的统一标准对电商客户的资信状况进行综合授信,授信金额最高不得超过50万元(含),其贷款只能在微贷中心及其下属分中心办理,超过50万元的须提供相应的担保及推荐到各支行办理。二是电商成长贷意在助推经营已经相对稳定,处于快速成长中的电商客户,以电商客户的信誉为基础,以偿债能力为核心,结合电商与我行的合作度及贡献度,按照规范化的统一标准对电商客户的资信状况进行综合评定和授信,无最高授信金额限制,贷款在普通信贷网点办理。

(二)建立了标准化评定授信模式

从电商客户在电子交易平台从事经营活动的特性出发,对电商客户电子交易平台的大量交易数据进行分析，设定了月均销售额、月均交易量、月均物流快递单、月均利润等基本指标，同时结合电商客户在电子交易平台的公众信誉度（如电商客户在淘宝上网店公众信誉度达到五皇冠的直接给予20万元授信，达到二金冠或以上的直接提供50万元授信）、平台保证金（提供平台保证金30%授信）以及与我行的合作度、贡献度等多维度进行综合评定，以电商客户未来正常经营的现金收入为第一还款来源，从而判定其是否具有还款能力，提供信用（准信用）贷款授信。

（三）建立了电商临时授信模式

针对电商客户如双11搞活动等固定时间节点上的宣传、搞活动等临时性资金需求，对"电商成长贷"客户建立了临时追加授信模式，临时增加授信额度为电商授信总额的50%，在临时增加授信用信时间及次数上规定单次使用临时授信额度时间原则上不超过2个月，每年累计使用次数原则不超过4次。

（四）构建了差别化的利率运作机制

充分发挥利率调节器作用，根据电商客户创业及成长不同发展阶段的风险程度、贷款评级授信和用信时的简易程度不同，执行差别化利率政策。"电商创业贷"客户贷款利率执行微贷利率，不享受利率优惠政策；"电商成长贷"客户贷款利率按照本行利率定价管理办法测算，在测算基础上最多可给予10个百分点优惠，而临时授信贷款利率参照微贷利率执行。

（五）提供丰收创业卡服务

贷款通过丰收创业卡用信，可以通过网上银行、手机银行和自助设备等渠道完成借款与还款，实现网络放款与还款。电商客户可结合自身实际选择使用"网点柜面放款""网上银行放款""手机银行""自助放款"四种放款功能其中的一种或多种放款组合的放款方式。

案例四　磐安农信联社中药材产业链金融服务[①]

一、基本情况

磐安是"中国药材之乡",中药材产业产值占我县农业产值的40%以上。2013年以来,磐安农信联社开展产业链金融服务试点工作,推出"药业贷",取得阶段性成效,但也面临诸多瓶颈和困惑。

(一)开展产业链必要性

一是中药材产业贷款占我社各项贷款的15%。截至2016年6月底,中药材产业贷款2535户、45625万元,户数和金额分别占全部贷款的18.35%、10.09%。二是中药材产业与我社业务息息相关。以浙贝母主产区的新渥信用社为例,2006—2007年中药材价格落入低谷,该社存款增长倒数第一,当年不良贷款率高达6.19%,其中90%是中药材种植户和购销户。而到2010年至2013年中药材价格上扬时,该社业绩居前。

(二)开展产业链可行性

一是中药材产值占全县第一产业比重40%以上,产业发展前景较好。全县中药材种植户4.8万户[②],产值5亿元,占全县农业产值的41%。二是中药材产业链节点清晰。形成了种植、加工、仓储、销售为一体的产业链条,各节点清晰。三是核心企业实力增强,带动作用逐渐显现。全县拥有中药材加工经营企业5家[③],一级经销商6家,二级经销商约1900户,新型农业主体190家。整个产业链的稳定性有所增强,各节点客户主动参与链条的搭建,寻求在资金流、信息流、物流上的互惠互利。

[①] 来源:磐安农信联社提供。
[②] 80%以上的农户都从事中药材生产经营。
[③] 其中:中药制药企业1家,中药饮片加工企业2家,保健品生产企业3家。

二、产品设计

中药材产业链可分为种植、仓储、销售、加工等若个环节。尽管理论上每个环节都有融资需求,但从我县实际看,融资需求主要集中在种植和销售2个环节。而这2个环节的产业链紧密度不同,对应不同的授信模式和担保方式。

(一) 种植环节

特征:松散型。我社种植环节的中药材贷款有2030户、13680万元,分别占中药材产业贷款的80%、30%,涉及贷款户数多,金额小。

在中药材生产中,种植环节投入的成本最大。以浙贝母为例,主要成本有种子、人工、化肥、农药等。按2015年估算,种植10亩浙贝母,平均每亩综合成本约1.4万~1.5万/亩,其中种植成本占84%。具体见表7.2。

表7.2 浙贝母种植加工成本一览表

项目		数量	单位价格	总价(元)	占比
土地承包费		10亩	200元/亩	2000	1%
种子		7000斤	14元/斤	98000	66%
人工	种植期	60工时	120元/工时	7200	18%
	生长期	60工时	120元/工时	7200	
	收获期	100工时	120元/工时	12000	
农资	化肥		430元/亩	4300	3%
	农药		70元/亩	700	0%
加工费	烘干	21000斤	0.4元/斤	8400	6%
	切片	21000斤	0.4元/斤	8400	6%
成本小计				148200	

为此,我联社对症下药,以种子经销商为上游,把下游农户进行组合,以2种模式进行信贷支持。

1. 具体做法

一是集中授信。在每年的播种季节(9—10月),对种子经销商等进行集中授信，由其对农户的种子款等进行赊销，并约定在第二年的药材产出期支付欠款（6—8月）。二是批量授信。对种植农户进行批量授信，直接向农户发放信用或担保贷款，由种子经销商作为第二保证人。

2. 风险控制

种植环节主要涉及农户，具有覆盖面广、贷款金额少等特点，由此我社根据"四定"原则控制风险。一是以行情定贷款。依托我县中药材研究所的行情分析判断次年的发展状况，适度调节当年信贷规模，引导农户合理种植。如2014年浙贝母最高上涨到100元/公斤，大批农户扩大规模，而今年只有50元/公斤，导致部分农户成本无法收回。二是以面积定贷款。通过助农经理的实地走访，掌握农户的实际种植面积，并据此确定贷款金额。目前我县已采集并建立了80%以上的农户信息档案。三是以流量定贷款。根据上一年客户的产量和资金回笼情况估算客户现有资金，测算所需资金流，再确定贷款金额。四是以生产周期定期限。中药材具有明显的生产周期，每年10—11月为播种季节，次年5—6月为产出季节，但因中药材保存期限较长，销售期会持续全年。

（二）销售环节

特征：相对紧密型。目前我社销售环节的中药材贷款有252户、30110万元，户数和金额占中药材产业的10%、66%。

销售环节又区分为零售模式和批发模式。最核心的是一二级经销商，也是资金需求量最大的客户群，在整个产业链中起到至关重要的作用。

1. 具体做法

针对我县中药材销售模式的特点，我联社提供4种模式的信贷支撑。

模式一：直接授信给一级经销商。我县一级经销商有6个，占全县中药材销量的70%，资金需求量大，且占用周期长。我联社对一级经销商进行滚动授信，根据收购周期和储存量确定不同阶段的授信额。目前，6户一级经销商在我社有贷款4000万元。

模式二：直接授信给二级经销商。全县登记在册的二级经销商约1900多家，是连接千家万户种植农户和全国各地药材产业的重要节点。我联社对其进行分类批量授信，并由一级经销商担保。

模式三：探索应收账款质押。对直接与医药公司、医院建立购销关系的经销商，以应收账款质押获取贷款。

模式四：直接授信电商。对落户磐安县电子商务创业园的商户，我联社推出"丰收e贷"，给予信贷支持。

2. 风险控制

通过多年的经验积累，我联社总结出一套"四看"法则。一看数据。数据是反映客户经营最为直观的东西，如何进行真伪辨别是关键。看账户流水，事前看当年和往年的交易流水，了解客户基本状况；事后看贷款资金是否移用等。二是看订单。通过客户提供的订单，结合账户流水分析客户经营状况，合理确定贷款金额。三看仓储。助农经理通过实地察看客户的仓储环境、数量、质量，判断客户真实的经营情况。四看诚信。利用农信社的人缘、地缘优势，分析客户诚信度，防范贷款风险。

（三）初步成效

回顾2年多的试点历程，我联社主要取得了以下成绩：

（1）中药材产业贷款快速增长。以前，我联社对种植农户、经销户也有融资，但基本是点对点的融资。开展产业链融资后，利用产业链内部的生产协议、购销协议，识别关键节点，围绕核心企业，由点及面、联动开发上下游主体。主要有"公司+农户（种植大户）""公司+基地+农户""公司+合作社+农户""公司+公司"等多种融资模式，拓宽客户群。截至2016年6月底，中药材产业贷款2535户，比2013年初增加了1710户；中药材产业贷款余额更比2013年初增长了约300%。

（2）产业抱团，降低贷款风险。让产前、产中、产后链条上的上下游龙头企业、农户、新型农业主体等抱团，相互进行监督，提供了更为准确的生产、经营和销售情况，授信和用信额度相对较为合理，另外核心企业为农户进行担保、上游为下游担保、下游为上游担保的模式，紧紧形成了风险"调节池"。产业链上下游之间的信息流、物流和资金流，也降低了贷款风险。

（3）普惠"三农"，社会反响良好。通过产品、模式和服务组合，推动了中药材产业链的提升,实现了中药材产业的资源共享,使我县的中药材产业优势愈加明显。我联社的特色金融扶持做法在《金华日报》《浙江日报》《中国农村金融》等媒体刊登,并在中央二台经济频道上进行播放。

三、存在的主要困难

截至 2016 年 6 月末,我联社"药业贷"产业链贷款 292 户 7912 万元,仅占全部中药材贷款户数和金额的 11.52%、17.34%。在产业链金融推广过程中,主要碰到如下困难:

(一)产业结构松散

产业链上各节点上均以自由、分散的个体为主,紧密度不够。从种植户到药企相互之间的关联度松散,相互制约及相互促进收益的机制未有效形成。一是从种植环节上看,在整个县域内缺乏规模化、集约化、标准化、合作型的新型经营主体引领市场,农户大都凭自身的经验与习惯种植中药材,农户和经销商之间整体利益关联不强、粘合度不高;二是从销售环节上看,中药材的行业特点是一市一价,受人为炒作等影响,价格起伏波动大,农户和经销商"小农意识"较强,上下游间联合防范市场风险观念较弱。三是从信贷资金风险防控上看,"封闭回款账户"推广难。在批发销售①环节,商户间虽有一定合作圈子,但在交易过程中大都通过电话或短信方式进行,根据市场行情采用随机、短期、货齐现金交割的方式交易,使银行从账户上无法及时把控贷款的风险。

(二)产品附加值不高

一是链条粘合度不高。从种植农户、专业合作社、经销商、加工企业等之间,缺乏契约精神,粘合度不强。二是产品附加值不高。以加工环节为例,传统加工(硫磺熏蒸法)无附加值,但加工成本低,储存周期长(6—10 年);而新工艺(无硫加工)采取切片和烘干,有附加值,

---

① 主要二级经销商与一级经销商之间、一级经销商与制药公司之间。

但储存周期短（1年），因此70%的农户还是倾向于传统加工模式。三是存在产业系统性风险。中药材产业受自然环境和供应销售市场的影响，产量和收益极不稳定。四是行业管理不规范，中药材产业为我县的主导产业，但县内缺乏有效的行业健康运行的管理机制与模式，导致银行在金融支持上存在信息不对称，风险把控难。

（三）链条不完整

缺少大型仓储和物流企业。产品的包装、规格，以及质量五花八门。多数农户或经销商以自家农房或租赁的房子做储藏地，不能通过第三方形成有效的存货等动产质押，担保难问题难以有效解决。

四、小结

（一）种植环节

如何设计产品，让种植环节最大的主体——农户，自觉加入链条，让农户、种子经销商、一二级经销商以一级经销商为核心（目前我县种子经销商、一二级经销商各为独立，相互间无大的穿插点，种子经销商相对较少），组合成链条，以订单等模式进行融合，提高农户种植的面积、产量，确保种子有来源、销售有保障。

（二）销售环节

如何监控交易真实性和资金流向是我社产业链金融的最大难点。一是附加值少。一二级经销商能否通过向传统制造业的产业链学习，提高附加值。二是交易真实性。二级经销商与农户、二级经销商和一级经销商之间交易的真实性难以确定，如何让经销商理念进行转化，所有交易进行规范化操作。三是如何应用存货融资、应收账款融资，既规范又安全。目前一级经销商都是以购销站、经营部模式存在，财务管理和经营管理都停留个体经营阶段，制度化和规范严重不足。我县目前还没有大型仓储公司，都是小型的、简单的冷柜，不具备存货估价、监管存货进出等能力。

(三) 如何挖掘其他环节的金融服务

目前我联社对中药材产业链的融资服务主要集中在种植环节和销售环节,而加工、仓储、制药等环节,参与度低。一是加工环节。如何推进无硫加工,推进产品品质提升。二是仓储环节。中药材产业行情变化快,一般在药材的产出期价格比较低,而后上升,而随着无硫加工的推进,中药材虫蛀、霉变对药农来说是一个难题,大部分农户只能选择在晒干后马上出售。如何与仓储公司、研发公司合作,推进中药材的保存期限、保存品质和存货再利用。

案例五 松阳联社茶产业链金融[①]

一、基本情况

(一) 产业发展情况

松阳茶叶距今已有 1800 多年历史。松阳本地种植的茶叶主要以迎霜、嘉茗 1 号、龙井 43、白叶 1 号、银猴等无性系品种和内质好的鸠坑有性种为主。松阳现行实施的农业政策是以茶产业带头的"田园松阳"战略。截至 2015 年底,全县茶叶种植面积达 12.11 万亩,茶叶总产量达 1.25 万吨,茶叶总产值 11.81 亿元,形成了 40% 的人口从事与茶相关的产业,50% 的农民收入和 60% 的农业产值来自茶产业的局面。地处松阳的浙南茶叶市场交易量已稳居全国茶叶市场首位。

(二) 发展优势

1. 政策支持

近年来,政府开始注重发展茶行业,并且采取了退耕还林、西部开

[①] 来源:松阳联社提供。

发、农机补贴等政策，促使茶园种植面积扩大，茶行业经济发展，茶叶产量快速增长。松阳县政府专门成立茶叶办公室统筹管理茶产业，面向茶农评估发放"茶园证"，向茶产业贷款提供了财政贴息等扶持政策。政府的支持为茶产业的发展提供了一个良好的创业环境。

2. 投资者支持

目前，爱茶的消费者越来越多，茶行业也越来越受到人们的重视。消费者、投资者投入的资金增多，也促进了茶行业的积极发展。

3. 新技术开发

随着近年来茶行业技术水平的提升，茶叶加工由手工作坊发展到流水线生产作业，不仅提升茶叶加工的效率，还能提高产品的质量。

4. 产品开发

技术进步的同时，茶企已越来越重视茶叶新产品、新品种的研发，不断丰富市场选择，满足客户的不同需求。

（三）发展劣势

目前市场整体需求趋于饱和，消费增长速度低于茶叶生产能力的扩张速度，呈现供大于求的买方市场特征。在这样的背景下，加上历史积淀的影响，与其他产业相比茶产业呈现如下劣势：

1. 多：茶叶种类多，行业企业多。

据统计，我国目前有大约8000多万茶农、7万多家茶企。大量的茶农、小茶企各自经营，难以集中形成一股提振产业效能的力量。

2. 乱：管理无序，标准缺失。

产品种类和行业企业众多本就容易形成混乱的市场局面，而行业管理不健全和产品标准的不易操作更导致了茶产业出现比较混乱的局面。管理的松懈也导致食品行业普遍推行的 QS 认证在茶产业得不到有效执行。此外，行业内还存在假冒伪劣、农药残留超标的情况，也严重影响了行业形象和消费者的消费需求。

3. 弱：生产技术弱，品牌意识弱。

我国茶叶企业数量虽多，但生产技术相对落后，茶叶研发程度偏低。绝大部分茶企都缺少自主研发产品能力，在新品种研发上也显现出技术的薄弱和能力的不足。

二、茶产业金融服务开展情况

（一）产业链运行情况

松阳联社把松阳当地的产业链粗分为两大类，分别为松散型结构的产业链和紧密型结构的产业链，松阳县茶产业以松散型为主。

1. 松散型结构的产业链

松散型结构的产业链由原材料供应商、茶叶加工商和茶叶分销商通过自由市场自由结合构成的产业链。与紧密型产业链对比，松散型产业链有以下特点：一是组织结构松散，上下游间无相应制约关系。二是交易对象不固定，基本上采用自由市场方式进行交易流通，链条内资金无法进行内部循环。三是结算及时，交易当场付款，价格随市场价格波动较大。随行就市的模式造就了现货交易、现金结账的市场表现。这一特点对茶叶种植者和采茶工来说有一定的好处，采茶的雇工费是卖茶价值的30%，当天采摘当天销售，马上就能付清工资。但是加工户必须自备一定额度的资金作为垫款，整个产业链结构也因此更加脆弱，原材料价格波动幅度较大，也给整个行业带来一定的市场风险。

2. 紧密型结构的产业链

紧密型结构的产业链是由原材料供应商、农业龙头企业和茶叶分销商通过签订购销协议形成，有以下特点：一是组织结构紧密，签订了长期合作协议，产业链各环节之间的依赖关系变得非常强，上下游互相担保的意愿也比较强。二是交易对象固定。交易对象少，产业链的紧密程度高。三是价格稳定，但结算不及时，货款往往拖后一个周期支付，也催生了应收账款的产生。据调查，松阳当地有固定货主的茶叶加工户，每年约有40%左右的货款一直要拖到11月底茶产业周期结束才能拿到手，次年出新茶马上又要继续投入，在一定程度上这块资金缺口也为金融机构创造了市场。

（二）茶产业链金融服务现状

茶产业金融服务的核心是基于茶产业链的现金流分析。松阳联社在调研中发现，2015年全县全年茶叶产量达1.25万吨。而本地的浙南茶叶市场交易量为7.38万吨，茶叶市场交易量是本地茶叶产量的近6倍，而且每年都比上年有较大增幅。浙南茶叶市场掌握了全国绿茶价格指数的发布权，松阳当地的茶产业实质上已经形成了一个稳定的卖方市场。只要茶叶生产出来，一般情况下必然有销路，还有一定的溢价收益。在全国经济形势放缓的情况下，松阳的茶产业仍然体现出一个朝阳产业的表现。

然而，松阳茶产业仍然处在产业链的萌芽期，主要以松散型的方式存在。各个产业节点之间往往采用现金交易进行结算，在改变茶农结算习惯之前，银行无法通过实际现金流提供产业链金融服务。为了探寻茶叶生产活动中的资金流变化情况，松阳联社探索采用"源头法"，即根据客户的茶叶种植面积、加工机械种类、数量、开工率、用电量、销量等信息从资金流的源头测算现金流，再根据现金流确定贷款额度。

截至2016年6月底，松阳联社茶产业链贷款"茶链通"贷款余额27587万元，惠及客户2973户，贷款客户数占联社信贷客户总数的29.8%。

（三）客户营销

松阳联社产业链金融服务的客户营销方法主要分为两大类：整村批发和产业链延伸。

1. 整村批发

银村合作、整村批发是松阳联社发展松散型产业链客户的主要方式。整村批发主要通过发动村民，开展调研，签订农银联络员责任书，签订银村合作协议，对茶产业发展相对集中的行政村进行集体授信。信贷人员走访农户、现场拍照建立"茶链通"信贷档案，档案中详细记述了农户茶叶种植面积、茶叶交易额、加工机械种类、数量等茶产业相关信息，在此基础上根据茶链通"源头法"开展农户授信。到2016年6月底，松阳联社已成功与当地 169 个行政村合作开展了"茶链通"整村批发业务。

2. 产业链延伸

在紧密型产业链中，松阳联社通过产业链延伸发展客户。抓住大中型茶叶生产企业作为核心，向其上下游关联客户提供产业链金融服务。炒"好茶"必须用"好芽"，茶叶种植水平的高低是影响成品茶质量的决定性因素。茶叶加工商最怕收到残次芽，农残叶影响成品茶质量。签约茶农必须按照企业统一的绿色病虫害防治技术和茶叶生态种植技术进行种植，根据企业要求统一修剪，按时采摘，集体收购，使成品茶质量得到了稳定的提高。松阳茶产业也在规模化、集约化的道路上迈出了新的步伐。通过茶产业金融服务，松阳联社已成功促使百余户茶农与当地制茶企业牵线成功，成为制茶企业"御用茶农"。

三、产品设计

（一）产业风险及准入政策

1. 产业风险识别

茶产业的行业风险主要体现在政策风险和市场风险。

（1）政策风险。茶产业属于农业范畴，近年来每年的中央一号文件都将支持农业作为政策重点来抓。但是随着中央"八项规定"等一系列厉行节俭的政策推出，"三公"消费的大幅度缩水，部分高端茶、礼品茶的销售受到了一定程度的打击。与此同时，由于近年来个人客户的收入水平显著提高，国民养生意识不断觉醒，中低端茶的受欢迎程度也在逐渐提高。

（2）市场风险。茶产业的市场风险主要体现在同行业内的竞争中。茶产业是一个传统产业，真正现代化产茶的兴起也是在近几年。茶产业经营者的生产技术、规模、现代化程度差异非常巨大，从家庭作坊到大型茶企业都是茶产业经营者。随着产业集约化进程的不断加深，家庭作坊式的茶叶加工户无法与拥有自主品牌与现代化技术的大型企业相竞争，将不适应市场需求。

2. 准入政策

松阳联社当前对茶产业链客户采取选择性准入政策。对种植技术过硬的"职业农民"，制茶经验丰富、有实力实施或即将实施"个转企"的茶叶作坊和茶叶市场长期入驻的茶叶贸易商都是来者不拒。而对技术不精，盲目"创业"，短期投机贸易者则是采取有条件准入措施，给客户一定的时间改善状况后再行投入信贷支持。

（二）产业链风险识别与控制

1. 风险识别

（1）种植环节：在茶产业上游的种植环节存在主要的风险是自然风险。种植业受天气影响较大，特别是在农历年后茶叶初产时容易遭受倒春寒霜冻和降雪的袭击。由于该阶段茶叶价格奇高，受自然灾害影响后的茶田无法在短时间内恢复产出。其次是价格风险，茶叶种植者处于产业链的上游，数量巨大的茶农在市场竞争中往往无法在缺乏价格联网的情况下获得准确的信息，常被某些投机商刻意压低价格造成利润降低。再次是技术风险，茶叶种植过程中往往受病虫害的影响较大，如果没有适当的处置措施，茶叶损失将相当严重。比如部分存在侥幸心理的茶农使用剧毒农药，农残被检出的话将彻底丧失在茶叶市场当中的信誉，甚至被下游固定供应商除名。

（2）加工生产环节：在核心的加工生产环节存在的主要风险是市场风险。茶叶加工的原材料"茶青"和成品"干茶"在清明前的价格水平奇高，具体价格一日多变，忽高忽低。如果对原材料市场和成品市场价格没有一个准确的判断，盲目收购茶叶会使流动资金"套牢"，可能出现高价买入"茶青"、低价出售"干茶"套现的情况，使茶叶加工者蒙受巨大的损失。其次是信用风险。松阳有个约定俗成的行业规定，固定收购商的货款40%左右是以应收账款的方式结算的。如无特殊情况，该笔应收账款会在每年11月底前茶叶停市前才进行结算，因此茶叶加工商必须承受固定收购商的违约风险。

（3）流通环节：茶叶流通环节的主要风险依然是市场风险。特别是在茶叶价格奇高的清明前后，茶叶流通商往往需要投入大量流动资金收购茶叶，如果下游市场价格不好，很大程度上会影响茶叶流通环节的收益。但是与种植和加工环节相比，流通环节由于常常通过刻意压价抬价的方式向上游转嫁市场风险，因此其市场风险是三个环节当中最小的。

2. 风险控制方法

在产业链金融服务当中，松阳联社主要通过加强产业链紧密度的方式防范上述风险。在实际操作中，松阳联社推荐茶叶种植、加工散户与实力较强的大中型茶叶制造企业签订合作协议，共同组成一个大的产业链圈子。通过合同约束的方式，可以尽量减少链条内的市场风险造成的损失，同时由大中型企业向上游供货商提供优质的苗木、技术和农资，实行标准化种植加工，加强对自然灾害的抵御能力，同时可以极大地增强产品的质量，提高出货稳定性。

（三）生产经营主体项下的风险识别与控制

1. 风险识别

主要是信用风险的识别。有的客户为求贷款虚构收入因素和信贷需求向银行申请贷款，信贷资金往往被挪用他处。有的客户有不良嗜好，流动资金回流以后不及时归还贷款而试图从事风险较大的投机赌博，信用风险因素较大。

2. 风险控制方法

松阳联社通过构建"贷前""贷中""贷后"三道防火墙结合"源头法"的资金测算方法对风险进行控制。

（1）贷前"交叉验证"。目前，松阳联社将"源头法"相关测算工具打包下发给相关客户经理，客户经理需将测算出的"现金流"与客户实际资产、生产生活情况进行比对印证，对存在逻辑不一致的现象进行重点风险分析。

（2）贷中"眼见为实"。针对贷款客户可能出现的经营不善、挪用资金等问题，通过定期开展生产情况实地走访进行监控，如茶叶种植规模是否达到应有水平，生长状况是否良好。另外，逐步培养客户用卡习惯，提高"回款账户"普及面；同时借助"银村合作"的支农联络员制度，及时获取借款主体生活习惯、民间借贷等信息。

(3) 贷后"数据积累"。要想管理千家万户分散茶农的"现金流",手工测算和统计只是权宜之计,未来必须向"大数据"靠拢,依靠计算机工具完成批量计算和跟踪,这就要求前期的信息积累必须到位。目前松阳联社已经收集了超过 6000 户的茶产业经营户的基本经营信息。

(四) 典型金融服务产品及模式

在使用"源头法"进行现金流测算的同时,松阳联社把产业链分成"松散型产业链"和"紧密型产业链"两种不同的服务模式。

1. 松散型产业链

在松散型产业链当中,由于客户之间很难确立稳固结合的长期供销关系,松阳联社就把注意力投向了资金流通环节,只要茶叶有销路,资金有回流,整条产业链就不会出现问题。因此,茶叶交易资金的监控成了重要的突破口。联社根据茶叶交易量转账金额来确定散户主体的贷款额度,再以客户经营茶产业的配套设备、茶园面积等进行佐证,向茶叶加工者发放厂房抵押、农房抵押、机械抵押、上下游担保等一系列特色贷款。

2. 紧密型产业链

在紧密型产业链当中,主要引导紧密型产业链客户组建农民专业合作社,社员出资存入信用社,县财政支持部分资金作为保证金,信用社在保证金放大数倍范围内向合作社社员发放保证贷款。贷款享受较高的利率折扣,县财政对贷款实行贴息并将贴息资金补充到保证金当中。

四、小结

开展农业产业链金融服务以来,新的信贷模式对客户经理的信贷理念造成了很大的冲击,信贷文化有了很大的改变。

(一) 学会重构现金流,重视客户第一还款来源

开展产业链金融之前,客户经理往往只关心客户当前的资产负债情况,而忽视客户第一还款来源。开展产业链金融以来,客户经理逐渐转变了思路,使用"源头法"测算工具,根据客户未来现金流确定贷款金额。同时，举一反三，对其他种类的贷款学会了思考如何重构现金流。

（二）改变过分重视不动产抵押的错误理念

在此之前，客户经理往往认为房地产等固定资产抵押安全性高，易变现，是贷款的最有效担保物。通过产业链金融，发现动产背后隐藏的预期现金流比不动产抵押更可靠。比如茶叶加工机械、茶园流转经营权等，银行可以根据动产融资的思维测算出第一还款来源的未来现金流。基于动产的信用贷款，动产抵押、质押逐渐提上创新日程。

第八章 其他产业链金融模式

案例一 农业高风险产业价值链融资
——对虾养殖链

一、基本情况

改革开放以来,我国的水产养殖业快速发展:水产养殖总量增长了15倍,养殖产量连续11年超过捕捞产量,连续18年居世界首位,中国成为全世界最大的水产品生产国,水产品养殖总量占世界总产量的70%,对虾产量占全世界的30%以上。

对虾养殖是水产养殖的传统产业,也是最具有代表性的产业。目前,我国的对虾产业已经形成了较为完整的产业链形态:以养殖环节为中心,上游投入品环节主要包含虾苗、饲料、药品等,下游加工及销售环节主要涉及了鲜虾及加工对虾的加工及销售。在对虾养殖中,养殖成本主要有塘租、改、扩建池塘等固定成本以及种苗、饲料、虾药等成本,其中饲料投入占据了整个养殖环节成本的70%。一定程度上,对虾饲料的发展会制约整个对虾养殖业的发展。对虾产业链如图8.1所示。

对虾养殖具有高利润、高风险、季节性强、水平差异大的特点,反映在对虾产量的不可控性和对虾价格的不稳定性,尤其是对虾产量的不可控性。这类风险主要来自对虾的养殖。同时,高风险、季节性强、不可控性强、水平差异大反映出对虾养殖中资金流动性弱、安全性低,这与正规金融机构要求的流动性强、安全性高的特点相悖,使得即使该行

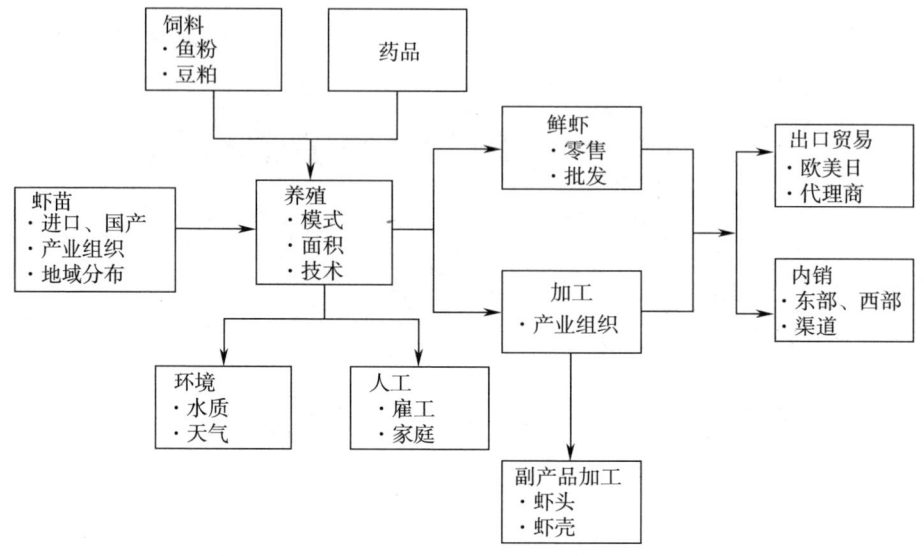

图8.1 对虾产业链

业中隐藏着巨大的利润并且资金需求量巨大,银行等正规金融机构不敢涉足养殖上游。面对养殖业的高风险,原本可以利用保险手段来转移或者减缓养殖风险。然而,目前中国对虾养殖中,养殖保险的发展仍然比较缓慢,近些年上海安信保险退出了对虾保险,广东省的对虾保险目前还在试点阶段。

一方面,对虾养殖中饲料投入成本高,利润高,资金需求量大;另一方面,对虾养殖风险大,保险体系不健全,几乎没有金融机构为其解决资金问题。因此,对虾产业中利用产业链中的价值链进行融资显得弥足重要。也正是因为巨大的资金需求得不到金融机构的信贷支持,对虾产业中赊销这种贸易信贷盛行。曾经一段时间,对虾养殖的资金来源基本上是由饲料企业的产业资金来提供的。可以说,饲料环节中的贸易信贷在整个对虾养殖过程中起到了至关重要的作用。在当前比较流行的模式中,养殖户主要通过向饲料经销商赊销获得饲料,进行养殖,待到对虾收获后再将饲料款还给经销商。这种通过价值链融资的方式解决了养殖户融资难的问题,进而润滑了整个养殖流程,平滑了物流和资金流。

纵观整个对虾产业,我们可以发现对虾养殖呈现出明显的高风险特征。风险来源主要有两个：一个是自然环境的恶化，主要表现为水污染、大气污染和气候变化；一个是病害的爆发，病害的周期性爆发一方面和自然环境的变化有关系，另一方面和人工养殖的技术有关系。随着人工养殖的推广，病害的爆发推动着整个对虾生产方式的转变。这些转变表现出来的特征是：池塘面积缩小，单养、混养向精养转变，养殖周期变短，养殖密度增大，土池转向高位池以及反季节养殖。这些方式的转变体现的两个主要趋势为：分散化养殖到规模化养殖，资源密集型投入转向资本密集型投入。

对虾养殖方式的变化催生了高养殖成本，同时对虾销售还面临着市场的波动，高成本再加上高市场波动不断压缩养殖户的生产利润，致使传统养殖户不能够仅依赖自身的资本积累进行扩大再生产，还要依赖于外部融资来解决资金短缺问题。传统的农业融资难问题同样发生在了水产养殖上。在现实对虾养殖中，表现出来的往往是产业链的链内融资，资金来源于饲料企业的赊销，通过这种方式来减轻养殖过程中的养殖户资金短缺问题。

本案例通过梳理对虾产业链条中的贸易信贷及风险控制手段来讨论对虾养殖融资中的产业链融资创新。

二、风险、风险控制与贸易信贷

（一）贸易信贷模式介绍

在对虾饲料链条中的贸易信贷主要是赊销模式，提供赊销的主体有两个：饲料企业和饲料经销商。这种赊销的方式主要通过产业链内部的资金流动来缓解养殖户的资金需求压力，从而降低养殖户的融资风险。当饲料企业及饲料经销商在提供赊销时，具体的方式主要有：（1）养殖户/经销商利用鱼塘等生产资料进行抵押；（2）饲料经销商无抵押赊销。这种赊销方式下，饲料企业在对经销商进行筛选及风险控制时，主要采用的是信用风险控制，通常更多的会依赖于抵押品来降低坏账损失。

当饲料经销商对虾农提供赊销时，常见的方式是无抵押式的赊销。由于经销商熟知养殖户的个人信用信息，此时信用风险已经降低到次要位置，主要的还是来自养殖户的区域性的风险控制。

无论提供赊销的主体是谁，该行业的发展都需要外部资金的注入。而无论是大企业直接从金融机构融资还是通过担保方式帮助经销商从金融机构融资都在一定程度上解决了这个产业链中的资金瓶颈，间接缓解对虾生产中的养殖户融资难问题。

（二）饲料企业提供赊销

1. 抵押品赊销

在现有的饲料企业销售链条中，有一些企业采用直销的方式，直接出售饲料给养殖户。这种模式一般是中小型饲料厂对接中小型规模的养殖户，规模较大的养殖户可以将自有虾塘抵押给饲料厂进行饲料赊销，待养殖户回款后再偿还给饲料厂。一些大的饲料企业有直销渠道时，也采用这种方式的赊销。恒兴饲料在部分直销渠道中，就应用了这种方式。当养殖户无法及时偿还饲料款时，恒兴饲料厂将虾塘收回用作种苗基地和规范养殖基地建设。

当前在对虾养殖中还存在一种趋势：养殖户兼业经销商。这种情况是在城市化进程及外出务工收入增加，加之近几年病害严重，小养殖户不断退出最终形成的一种模式。在这种模式中，饲料经销商往往是养殖大户，对饲料的需求量大，基本上形成了饲料企业直供养殖户的格局，而养殖户又作为经销商可以顺便销售饲料给其他养殖户。饲料企业提供赊销如图8.2所示。

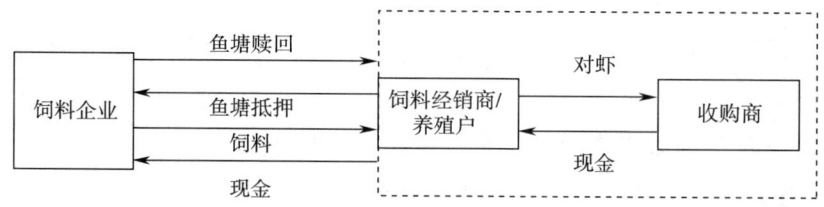

图8.2 饲料企业提供赊销

在这种模式中，饲料企业提供赊销时，主要对经销商进行具体的审核，并且会定期对经销商的资质进行评审，以确定是否对经销商进行下一步的赊销。这个"评审—再评审"的动态过程与这条链中的资金结算周期相关:以恒兴饲料为例,饲料企业向经销商赊销饲料,首先会对经销商进行资质审核,审核通过后根据经销商资质的分类来确定是否采用抵押品赊销这种方式。

此时,经销商提供相关的抵押品后,即可获得饲料。而在月末,恒兴饲料会对经销商的饲料销售情况、饲料款回款情况以及相关的行业风险变化重新评审其是否还具备继续赊销的资格。这样一个资质审核周期,再加上抵押品的保证,能够较好地控制饲料经销商风险,降低坏账发生时的损失。

2. 无抵押品赊销

这种情况的信贷资金最初主要来源于金融机构,饲料企业通过向金融机构贷款从事饲料生产。饲料企业对经销商赊销饲料,而经销商对养殖户赊销饲料。在一个养殖周期结束后,养殖户将虾出售,获得现金流。养殖户还款给经销商,经销商将款再还给饲料企业。对于结算周期,一般养殖户是按照养殖周期来还款,而饲料经销商存在按照年度结算或者是按照养殖周期进行结算两种方式。在该种链条中,资金的流动情况如图 8.3 所示。

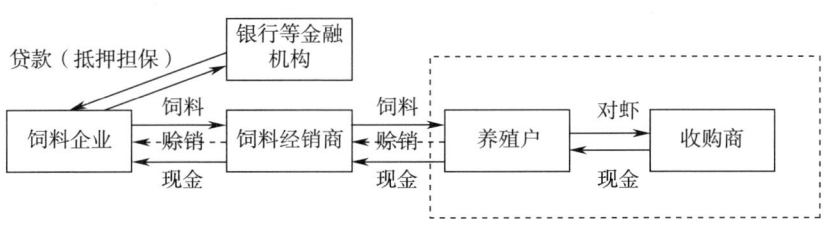

图 8.3 无抵押品赊销

该种模式中,饲料企业对经销商的赊销可能是全款赊销,也可能是一定比例的赊销。这主要取决于饲料企业的资金实力,以及饲料经销商的还款能力。饲料企业在刚进入该领域时,为了占领饲料市场,往往会采取全款赊销的方式来吸引经销商,从而打开销路。同时,饲料企业也会对饲料经销商进行审核,对不同的经销商采取不同的赊销方式:信誉好、资金实力强的经销商采取全款赊销;信誉较差、资金实力弱的经销商采取部分赊销。此种模式中,资金的风险主要由饲料企业担负,主要的风险点就在于饲料企业如何去筛选合格的经销商,保证企业应收账款的回收。

在结算方面,饲料企业一般对经销商采用的结算方式为每年结算一次,而饲料经销商对养殖户的结算方式一般为每一生产周期结算一次(对虾收获后还款)。这种融资模式对饲料企业自身融资能力要求比较高,最起码能够支持3个养殖周期的资金流动,以满足整个产业链中生产周期的资金需求,在饲料企业进入一个新的领域中倾向于选择这种模式。恒兴在刚刚进入对虾饲料中,为了与粤海、海大等竞争采取该种赊销策略,从而实现了对对虾饲料市场的占有。

(三) 经销商提供赊销

饲料经销商对养殖户提供赊销时,通常采用的是无抵押方式对养殖户提供饲料,饲料经销商在现金流动方面主要依赖于自身的融资能力。同时饲料经销商在向银行融资时,由饲料企业为其进行担保的模式也较为普遍。获得资金后,经销商在购买饲料时直接支付现金给饲料企业。而同时饲料经销商向养殖户提供赊销,待养殖户获得贷款后,再支付饲料款。该种融资方式的风险承担者主要是经销商,同时饲料企业承担违约风险,此时融资的风险由饲料经销商和饲料企业共担。经销商提供赊销如图8.4所示。

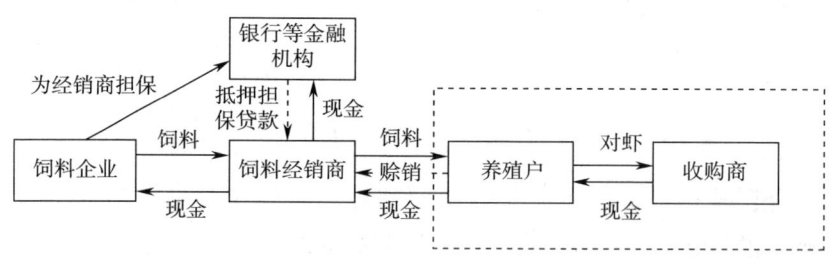

图 8.4 经销商提供赊销

该种模式中,饲料企业一般对经销商采用的结算方式为季度结算,而饲料经销商对养殖户的结算方式一般为每一造结算一次(对虾收获后还款)。这种融资模式中,虽然是经销商在向银行进行融资,但通常是饲料企业担任担保人角色。经销商自身应该有较强的信誉以及足够的经营规模,这样一方面银行可以对其进行一定的财务审核以及其他方面的审核,另一方面,饲料企业有意愿向有规模的经销商进行担保,稳定客户,稳定销售渠道。该模式一般针对的是大型的养殖户或者是规模的经销商,一般是在饲料企业在当地有一定的市场占有率时为了进一步稳定销售渠道而采取的一种模式。

资金的风险主要由饲料经销商与饲料企业分担。对于饲料经销商而言,主要风险控制在于对养殖户的养殖风险控制。为了提高资金回流的速度,饲料经销商对养殖户的可能采取的是部分赊销而非全额赊销。在对虾养殖成功率较高时,饲料经销商往往对养殖户采用全额赊销的方式。

(四) 从静态角度看风险控制

1. 个体信用风险控制

这种风险控制主要是在企业对经销商提供赊销时采用的风险控制手段。实践中,饲料企业在对经销商进行赊销时,一方面,企业通过对经销商的筛选和审查,建立第一道防线来降低后期产生坏账的可能性,另一方面,饲料企业也会要求经销商提供一定的抵押物来降低后期坏账发生的损失。以恒兴饲料企业为例,恒兴饲料在对饲料经销商赊销时,会有一个具体的流程和机制,通过这个流程的审核来把控经销商的信用风险,同时对每一时间段的经销商进行跟踪评估,使得企业能够及时了解并调整对其赊销比例,降低风险。

在流程中,为了控制风险,降低坏账,企业主要从两个大的环节进行把控:(1)客户信用评定。通过客户自身特征、客户行业特征以及客户信用及财务特征,来决定对该客户的信用额度,即赊销的比例。评分高于某一水平时,饲料企业对其进行赊销,信用较高的客户可能给予的信用额度就比较高,相反就比较低。(2)抵押品机制。抵押品的主要作用有两个:客户守约的限制和坏账的抵偿。目前饲料企业采取的抵押机制主要是担保和抵押。之所以鱼塘抵押能够实现,是饲料企业进行产业链整合的需要。企业进行纵向产业链整合时,对上游生产者的鱼塘进行控制，一方面可以储备在建的养殖示范基地，另一方面可以作为自身的育苗基地。不过，这种模式也可能面临着法律风险，主要是目前的这种模式并没有相应的法律保障（鱼塘的使用权、所有权界定不清晰）。

2. 区域风险控制

这种风险控制主要是在经销商对养殖户提供赊销时采用的风险控制手段。经销商对养殖户的风险控制通常更多的还是依赖于传统农村中的"熟人社会"，一般经销商扎根于当地市场，熟知养殖户的养殖技术水平及信誉，同时又掌握一定的区域信息，对于养殖户的投苗、饲料喂养、水质调节、销售行情等非常熟悉，容易把控区域风险及销售信息，从而保证饲料款的及时回收。

这个环节中所提到的区域风险主要表现为该地区的自然灾害以及病害带来的风险及损失程度。自然灾害的主要来源为台风、水灾。一般虾塘主要建在靠近海边的地方，6、7、8月是台风频发时期，台风一方面带来的是降雨，会冲淡塘水盐度，对对虾生长产生不利影响；另一方面，台风风力过大会对池塘有毁灭性作用，甚至带来传染病害，最终导致对虾产量大跌。

在台风频发的季节，一般养殖户会通过提前放苗或者延迟放苗来提高该造的对虾成活率，同时在台风来临时也会采取一些应急措施（水质调节、盐度调节以及pH值测试等）保证对虾生长环境的稳定。在该季节，一般饲料企业会降低对饲料经销商的赊销比例以及赊销总量，饲料企业压缩赊销比例也迫使经销商压缩养殖户赊销比例。近年来病害频发导致对虾养殖产量大幅度下降。

在2000年之后的一段时期内，经销商对养殖户基本上是全程赊销，整个养殖过程中的资金来源主要是"经销商自有资金＋饲料企业资金"。虾病没有泛滥时，养殖户遭遇的系统性风险小，养殖风险也比较小，从而能够将饲料款及时返还，实现整个饲料链条资金的运转。自2008年以来，经销商对养殖户赊销时施加了一定的条件，赊销的额度有所下降，赊销的时间缩短。

在对虾的一个养殖周期中，0#料、1#料的投入量比较小，并且如果对虾出现问题，一般情况下养殖户采取的方式是排塘，如果在这个阶段进行赊销的话，饲料经销商是没有现金回流的，很容易形成坏账。这样，饲料经销商会面临现金流紧张等问题，故饲料经销商往往会在2#料后期才对养殖户赊销，这个时候的对虾一般即使出现病害，也能够出售，养殖户有现金回流，这样能保证一部分饲料款回流。

同时，在这个时候选择赊销，也是对赊销对象的一种筛选。如果养殖户能够将对虾养到2#料，一般该养殖户的养殖技术还是有一定保证的，这样养殖技术低的养殖户就被自动排除在赊销对象外，从而提高了赊销回款的概率。

一般病害爆发都有区域性特点，并且在不同的季节爆发的病害的种类以及不同病害造成的产量损失也不一样。饲料企业一般会根据病害爆发频率以及病害爆发后带来的损失程度来评估这个地区的养殖情况，进一步决定对经销商的赊销比例。

在区域风险控制中，饲料企业为了降低坏账率，通常会采取降低对饲料经销商的赊销比例以及回扣高低等手段来加速企业资金的回流，而饲料经销商则会选择通过调整赊销时间以及赊销比例来保障资金的回流，实际上这是价值链规模缩小的表现。

3. 综合控制养殖风险

在对虾饲料这个链条中，最终的现金流来自于养殖户养殖的对虾的出售，因此对虾能否顺利养殖成功是关键。在对虾养殖中还存在着各种各样的其他风险：种苗风险、虾药风险、养殖技术风险等，这些风险的存在又进一步提升了对虾养殖风险。

在这一块风险控制上，饲料企业是比较有实力也有动机推动的。以目前出现的"海大养殖模式"为例，海大集团在提供对虾饲料的同时，也提供海大种苗、虾药，在整个生产环节中全程帮助养殖户进行养殖技术指导。饲料企业拥有对本行业的天然信息优势，通过种苗质量、饲料质量、技术管理等方面的一体化，打通整个养殖链条，通过规范投入品及养殖技术以降低投入品风险及养殖技术的风险，最终达到提高养殖成功率的目的。从信息及实力讲，饲料企业能够比其他机构做得要好。同时在这种模式中，海大集团也提供对虾饲料的赊销，对养殖户养殖情况的把控一方面可以为其赊销决策提供依据，另一方面这种模式也在降低养殖风险从而提升养殖户的养殖成功率，从而降低企业应收账款的坏账率。

通过赊销这种传统的贸易信贷方式，养殖户面临的资金压力转移到了饲料企业或者经销商身上。带动整个产业链发展的除了产业链条内部的资金融通之外，还有金融机构提供的外部资金。相比于养殖户，饲料企业再向金融机构融资时的优势大，更容易从金融机构获得资金。企业在外源融资时的优势主要表现在：饲料企业地位与金融机构在一定程度上是对等的，而养殖户与金融机构明显地位不对等；大的饲料企业的财务更加规范，同时能够提供比养殖户更为标准的抵押品，因此在获取金融机构贷款时大的饲料企业更具优势。发挥饲料企业的这一外部融资优势，大大缓解链条内的融资主体的资金问题。

（五）从动态角度看风险控制

在前文中我们详细分析了现有产业链中普遍存在的贸易信贷现象，并且详细分析为什么企业提供的贸易信贷能够缓解养殖户融资难问题。企业在产业链中提供贸易信贷的行为主要还在于饲料企业离生产链条最近，能够近乎于实时掌握生产信息，有效地进行风险的把控。

实际上在早期，饲料企业提供的赊销比例较高，养殖户可以通过产业链条内的赊销获得全部或者达90%的饲料，但在近几年饲料赊销多以部分赊销为主。发生这种变化的主要原因是养殖户养殖风险加大，养殖成功率下降，导致对虾生产中的现金流容易断裂。养殖风险、养殖环境以及养殖规模等的变化也促使饲料企业或者经销商控制风险的手段和方法也在不断发生变化。再加上不同的饲料企业又处于不同的产业发展阶段，受制于经济环境的不同及风险控制能力差别，其风险控制方式呈现出动态变化的现象。

1. 企业规模、链条长短与贸易信贷

处于同一风险状态下，不同体量的饲料企业其采用的贸易信贷方式及覆盖对象有差别：大型饲料企业更多利用抵押品方式对外赊销，中小饲料企业则是更多依赖信用方式对外赊销。这种赊销对象的差异主要是饲料企业对于在地化知识与信息的差异造成的。大企业由于饲料的销售渠道更多的依赖于经销商，在对经销商进行审查时虽然具备了一定的当地知识，但是由于赊销环节繁多，经销商信息在向上传递时难免出现漏损，容易造成决策的偏误。因此，在赊销上采取更为谨慎的态度，故更倾向于采用抵押品方式对外赊销。而中小型饲料企业饲料销售对象基本上就是养殖户，其业务员也都有丰富的对虾养殖经验，对该地区养殖户养殖技术及能力非常熟悉，因此更能够利用在地化知识来做好赊销对象的筛选以及后续的风险控制工作。

在实地调研过程中，我们走访了有代表性的大型饲料企业恒兴饲料及中小型饲料企业银海饲料，在访谈中我们了解到，恒兴饲料针对养殖户进行赊销时，一般会要求养殖户提供一定的抵押品，而银海饲料则直接采取无抵押的方式赊销给养殖户饲料。这两家企业最主要的区别在于企业的规模及所在地信息的掌控。从离养殖链条的距离上看，银海饲料要短于恒兴饲料：大企业一般采取经销商或者直销的模式，这种贸易信贷的审核要提交到公司做决策，信息在层层传递时容易出现信息漏损，因此有抵押品存在的情况下可以降低坏账发生概率。而银海饲料接触的都是熟悉情况的养殖户，并且熟悉当地的对虾行情，在这种情况下并不需要抵押品即可及时迅速地对风险发生变化时作出政策调整，从而降低坏账发生概率。

2. 主导风险与贸易信贷

在不同时期、不同的主导风险背景下，饲料企业对经销商以及经销商对养殖户的赊销比例及赊销期限不同：病害爆发期，饲料企业及经销商会主动收缩赊销比例；赊销时点上，越来越多的经销商在对虾2#料时开始赊销，并非全程赊销。

在实地调研过程中我们发现，在两次病害（1992年及2008年）爆发的情形中，经销商并没有采取大规模的赊销，而是缩小了赊销的比例和赊销的规模，而在两次养殖的黄金期，第一次黄金期并没有赊销，而是预付款，第二次则进一步缩小了赊销比例和范围，赊销比例经历的从30%→50%→70%→50%→30%的过程变化，赊销的对虾也从大范围的养殖户转为养殖技术高、现金为主的养殖户。

同时，经销商在对养殖户赊销时，从原有的全程赊销逐渐转变为局部赊销：在投喂0#料、1#料时，经销商一般会要求养殖户交付全款，而在从投喂2#料开始赊销。这种赊销策略实际上是有效的对养殖户的养殖技术进行筛选，同时，也避开了对虾养殖的高风险期。

三、小结

针对对虾养殖高风险、高收益、资金需求量较大的特征，广东湛江地区的对虾饲料生产商、经销商和虾农进行了一系列的金融创新以支持对虾产业的发展。包括在高风险、高收益的对虾养殖行业，根据对虾的生长期的风险选择赊销时机，并对对虾生产的投入进行综合服务，以控制信贷风险，从而缓解了对虾产业从正规金融机构贷款难的困境。对虾饲料生产商、经销商的金融创新是建立在对当地虾农的信息、对虾产业的技术、市场和风险深刻了解的基础上。作为产业链的参与者，饲料生产商、经销商对对虾生产的技术、市场、风险、虾农的信息掌握方面比当地的金融机构更具优势。本案例对其他高风险、高收益的农牧渔产业的产业链融资具有重要的启示。

随着对虾生产保险业务的发展，以及当地农业技术推广服务的改进，正规金融机构应该可以为对虾的生产提供良好的信贷和其他金融服务。

（执笔：马九杰 程恩江）

案例二 农业产业链贷款：宜信租赁农机业务

一、基本情况

2004年国家开始实行农机补贴政策以来，补贴额从当年的7000万元逐年增长，2013年达230亿元，带动了近千亿元的农机销售收入。2010年我国耕、种、收综合机械化水平超过50%，标志着农业生产方式实现了以人畜力为主向机械作业为主的历史性转变。在政策引导、财政扶持下，农民购机积极性高涨，农机装备保有量大幅增长，农业机械呈快速增长趋势，预计 2020 年，中国农业机械化综合水平将达到 70% 以上。从机具本身来讲，大型化、智能化、自动化将成为主流趋势，随之而来的是单机价格提升带给农民的资金压力。尤其是国家要求 2015 年农机补贴实行普惠制，全面由差价购机转变为全价购机，农民购买农机的资金缺口被放大。以单台拖拉机 10 万元，补贴 3 万元为例，差价购机政策下农民到当地农机局办理补贴手续，向经销商付 7 万元就可提机器；而全价购机则要求农民先交 10 万元，后凭购机发票到农机局办理补贴手续，补贴资金原则上要求 45 个工作日内返还到农民个人账户。农民购买农机时对金融服务的愿望日益强烈。

目前针对个体农户提供贷款的主要机构局限于农信社和村镇银行。他们提供的贷款金额往往都较小（一般在 5 万元以下），所需要的手续比较繁杂。这种小额贷款难以满足农户对大中型农业机械的投资需求。因为处置、变现困难，银行也不愿意以农业机械作为贷款的抵押物，放大贷款金额。在这种情况下，农机融资租赁应运而生。

融资租赁，又称金融租赁或财务租赁，是指出租人根据承租人对供货人和租赁标的物的选择，由出租人向供货人购买租赁标的物，然后租给承租人使用。融资租赁公司拥有对租赁物的所有权，可以和农机的生产、流通企业紧密合作，及时处置租赁设备，以物权保障债权，从而解决银行难以解决的农机融资难题。目前，国内农机融资租赁服务主要由三个方面提供：

（一）村镇银行和地方性商业银行

一般以当地农村信用社为主导力量，依托于完善的网络在当地县区范围内开展业务，大多数以农机补贴资金为限额。

（二）生产厂家

生产厂家自建融资租赁公司，依托现有的经销商为终端客户提供融资租赁产品，能够更大限度地保护产品价格，维护自我品牌形象，约翰迪尔、福田雷沃是该种类型的主要代表。

(三) 第三方金融服务机构

以寻找生产企业、经销商合作或自我寻找等方式，向终端客户提供融资租赁服务。宜信公司旗下的宜信惠琮国际融资租赁有限公司（以下简称宜信租赁）就属于第三种类型。

厂家自建的融资租赁公司，其成立的目的是促进自有产品的销售，所以只对自有品牌的农机提供融资服务。目前中国提供厂家融资服务的只有约翰迪尔和福田雷沃，覆盖面只有拖拉机、收割机等少数产品，且一般只对大批量购买客户提供资金支持。另外，厂家租赁公司也受限于自身的资金实力。它们的金融服务远远不能满足广大农村市场对众多品牌、众多门类的农业机械（例如灌溉机械、烘干设备、大棚设施等）的金融服务需求。像宜信租赁这样独立的融资租赁公司，不论品牌、机型，都可以提供融资服务，其覆盖面远远超过上述机构，且单笔融资额较小（一般不超过 50 万元），覆盖的农户范围更广，属于普惠金融的范畴。

二、产品设计

(一) 产品风险

开展小额农机融资租赁业务的关键在于管理风险和降低交易成本，风险主要体现在以下几个方面：

1. 租赁人的信用风险——我国全社会的信用体系还在建立的过程之中。在农村地区由于农户分散，信息不对称问题尤为突出，金融机构难以对单个农户的信用数据进行收集和评估。

2. 市场价格风险——农民客户的还款来源主要靠农机作业和种植收入，一旦粮食价格走低，还租来源不能保证。

3. 自然风险——因自然灾害造成的农业生产系统性风险。

4. 管理风险——农机租赁物在农闲时，对租赁物管理不善或将租赁物倒卖等引起的管理风险。

5. 农机质量风险——因农机质量问题引起的风险。

宜信融资租赁利用农资供应价值链融资的机制如图 8.5 和图 8.6 所示。

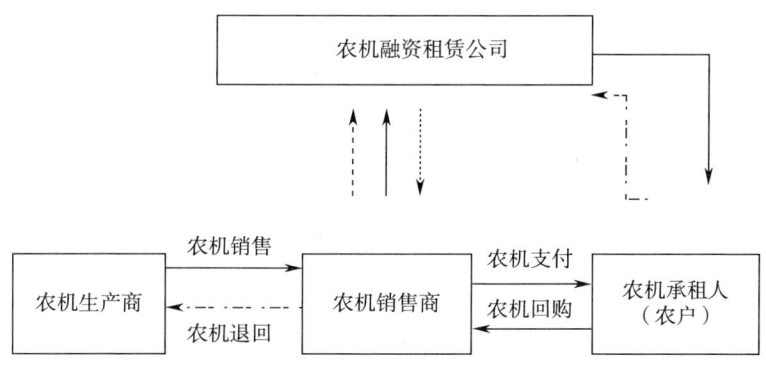

图 8.5　农业机械产业链物资和资金流

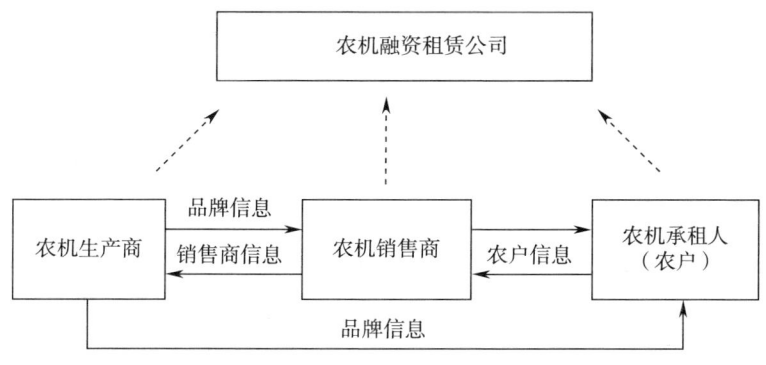

图 8.6　农业机械产业链融资信息流

图 8.5 中，实线代表实物农机及农机所有权的流动，虚线代表资金流动。农机承租人（一般为农户）在付出一部分初始费用（相当于贷款的首付）并与宜信融资租赁公司签订租赁合同后，其所租用的农机从经销商转移到农户，同时租赁公司向经销商支付全部剩余的款项，农机的所有权从经销商转移到宜信融资租赁公司。当农机租用人根据合同所交付的费用（相当于贷款的还款付息）能够补偿农机的购买费用及利息后，农机归承租人（农户）所有。在租赁期间，农机由使用者使用，所有权归租赁公司所有，租赁公司有权收回农机。租赁公司同时与经销商签订合同，如果农户违约，由经销商回购，回购款交租赁公司，经销商负责

处理回购的农机具。如果农机质量不合格，由经销商负责退回给农机生产商。

图 8.6 中，实线代表信息在产业链不同环节之间的流动，虚线代表信息由产业链向融资公司的流动。在农机生产、销售和使用的产业链中，生产厂商一般掌握经销商的信息，包括销售情况、守信程度，包括能否按时付款等。而经销商既知道厂商的情况（如品牌的质量，售后服务等），又了解农机使用者农户的情况（农户的收入、资产和信用）。农户也是既了解经销商的情况，又知道已经使用过的产品厂商的情况（产品质量）。租赁公司利用产业链的信息可以收集产业链不同环节的信息，为筛选合作的经销商、筛选融资租赁的客户、编制合同和执行合同服务。

三、农机融资租赁金融创新

宜信选择用融资租赁而不是直接提供农机贷款主要是考虑到在农机融资市场融资租赁有其优越性。由于法律关系的不同，与贷款相比较，融资租赁在风险保障上更有优越性。贷款是债权，即便以农机设备为抵押，设备的所有权仍属于借款人，一旦出现违约，贷款方需要通过漫长的法律诉讼程序确权、执行、变卖，时间拖得很长，设备贬值严重，往往出现打赢了官司也收不回损失的局面，这就造成金融机构普遍不愿意做设备抵押贷款，包括农机贷款。而融资租赁是物权，也就是租赁公司拥有所有权，农户只有使用权。物权优于债权。租赁公司因为拥有所有权，在客户违约后，根据法律及合同赋予的权利，可以直接把租赁物取回变卖，能够较快地变现。因为其拥有物权，租赁公司也更容易和设备的生产企业、流通企业合作，大家结成风险、收益公担的联合体，实现多赢的合作局面。

宜信租赁通过农机产业链开发农机租赁融资市场。市场开发首先从农机主要的使用地区开始，包括东北、内蒙古、山东，然后扩大到南方地区。这些地区是中国的粮食主产区，耕地面积集中，对大中型农机具的需求旺盛，相应的资金缺口就大，对农机金融服务的需求也就更大。前期主要还是通过农机行业协会特别是通过农机经销商开发市场。

宜信租赁从以下若干方面控制信贷风险。第一，农机归融资租赁公司所有,而且公司可以处置农机,相当于农机的动产抵押,动产抵押降低了信贷风险,并且用户不能转移融资资金(或贷款)的用途,这进一步降低了风险。

第二,是选择农机品种和品牌。对于宜信租赁来讲,不是所有的农机设备都能作为租赁对象,必须满足以下几个特点:(ⅰ)使用周期长。融资租赁物在一段时间内不会出现报废或严重功能缺陷,这个期限保持在3—5年为佳;(ⅱ)融资额度大。如农机设备单机价格小于5万元,融资必要性小;(ⅲ)保值率较高。即当年购买新农机使用一年后折损不超过40%为佳,以10万元拖拉机为例,使用一年后进行二手买卖,单机价格需保持在6万元以上;(ⅳ)可靠性高。所谓可靠性即产品质量,保证产品质量是开展融资租赁服务的前提;(ⅴ)三包服务及时。农机作为季度性极强的行业,要求的三包服务时效十分强烈,它和可靠性可作为一个品牌的重要考核标准,综合两条,即为品牌知名度。目前租赁的机型覆盖了动力机械、收获机械、耕整机械等5个大类,基本满足用户耕、种、收的全面要求。其中主要是拖拉机和收割机,选择的都是该行业中排名前三的品牌(如东方红、雷沃、迪尔等),这样可以保证产品的质量过关,保值率高。另外,融资租赁只和当地代理这些主流品牌的经销商合作,这些经销商要想获得这些品牌的代理权,其售后服务能力是必须要过关的,这也是经销商口碑和销量的保障。

第三,借重和选择经销商控制风险。鉴于经销人员少,服务区域不断扩大,租赁公司要求客户由农机经销商推荐,然后再根据农户家庭财产情况、收支状况、现金流状况等进行评估,同时结合担保人的实力,综合考虑是否接受申请。农机经销商因为常年在农村地区销售农机并提供售后服务,他们比金融机构更加贴近农户,了解农户的经营情况和社会关系情况,因而更能有效地解决信息不对称的问题。此外,他们自身经营农机,有广泛的销售渠道,如果农户违约,租赁公司取回农机后,可与经销商合作,经销商在农机的修理翻新,二次销售方面也有优势。有些经营年限久,资金实力较强的经销商,本身也有对购机农户的赊销经验,有一套行之有效、适合当地特点的风险管理办法。因此,农机经销商与金融机构合作,可提供客户,并有效解决信息不对称等问题。在经销商的选择上,其代理的是否是主流品牌,经销商自身的实力,在当地市场上的口碑,售后服务能力,以往赊销业务的管理能力等,都是租赁公司考察的维度。宜信租赁经过区域划分,各区域内市场调研,与当地势力较强的农机经销商达成合作,向终端客户即农民提供农机租赁服务。

第四,租赁公司只提供融资,不负责产品的质量问题,从而规避可能产生的产品质量风险。根据合同,租赁物是农户自己选择的,农户不能因为农机质量问题或售后维修服务问题而影响还租。但是在实际操作中,如果农机质量或售后服务较差,影响了农机的使用,造成农民无法获得预期收益,就极有可能殃及对租赁公司的还款。为了防范这一风险,公司在品牌的选择、经销商的选择上都制定了相关的准入制度,只对产品质量稳定的农机提供融资,只与售后维修服务好的经销商合作。其信息来源包括农户、经销商和生产厂家。

第五,租赁公司与多家财产保险公司合作,开发适合这块业务的险种,例如农机财产保险、操作不当时造成的人身意外伤害保险等,力争运用多种金融工具,为农机金融提供保障。租赁公司同时支持农户购买作物和牲畜保险,从而防范由于自然灾害而产生的还款风险。

在融资租赁产品的设计方面,融资租赁公司尽量降低承租人的交易费用,并降低融资租赁公司的风险。在产品设计方面,融资租赁公司通过首付比例和融资期限的设计,管理设备折旧风险,确保在租赁物处置时,其残值能够高于当期的市场价格。租赁期限长短不一,根据融资额的大小、各地区农业生产的季节性等多重因素确定,3个月到3年不等。还款方式也灵活多样,可以每月等额还款,也可以差额还款,甚至一次性还款,农户可以根据自己的经济实力和现金流特点,自主选择。针对其服务群体的特殊性,宜信租赁通过创新和优化,提出简化手续。在风险可控的前提下,减少不必要的手续,为广大用户提供更便捷的服务。公司收集客户的身份和财产信息等必要的手续和材料,没有要求农村小额信贷操作中常见的五户联保、入户调查等。公司同时要求审批快捷、放款及时。农机强烈的季节性导致购买时间集中,审批的时效会严重影响农民的购买选择和作业的及时性。宜信租赁优化内部流程,提高审批时效，保证农民使用农机的及时性。农机购买时间集中，业务量短时间骤升，放款及时保证经销商的资金正常运转，资料提交齐全后，一般3—5个工作日可以放款。

四、小结

宜信融资租赁针对个体农户、家庭农场的农机融资，金额一般不超过20万元，属于微型金融的范围，其风险管理技术与小额贷款技术相比有相似之处，农户的收益、支出、现金流状况都比较简单清晰，单笔融资金额也较小，可以较好地分散风险。与一般的农户小额贷款相比，除了使用动产抵押和借助《物权法》外，宜信融资租赁还利用农机供应产业链链条中的信息和不同环节之间的关系开发融资市场、控制融资风险、降低农户融资过程中的交易成本。

（一）宜信农机租赁加强与各方合作

宜信融资租赁在发展业务过程中坚持参与各方都赢的原则，尽量使农户、经销商、厂商都能够从融资租赁业务中收益。融资租赁业务使更多的农户能够使用农业机械提高农业劳动生产率，增加收入，同时扩大了生产厂家和经销商的农机销售。对经销商而言，经销商与租赁公司合作，有多重好处：

1. 可以盘活赊销占压资金，扩大销量。

2. 引入第三方后，有利于培养农户守信还款的良好习惯（经销商和农户之间是常年客户关系，如果是赊销款不还，经销商有时会碍于客户关系，难以催款）。

3. 与有实力的金融机构合作，有利于引进多元化的金融服务，对经销商的业务形成多方位的支持（例如租赁公司可以引进针对农机设备的保险、针对经销商的库存融资等）。

（二）宜信农机租赁的业务规划

1. 实现全国性覆盖。以东北地区为主，逐步形成东北、华北、西北、华东、华中五大区域，逐步覆盖到我国农机主要省份。

2. 产品品牌集中。在开展业务的过程中，充分做好数据统计，筛选出农民信赖、可靠性强的品牌，进行重点支持。

3. 细化服务群体。在保证租赁物处置能力前提下，提高农机行业高技术、高附加值产品的比率。坚持小微租赁理念，服务于广大未被传统金融覆盖的农民群体。

4. 加强风险控制。使用网络技术如视频面签等加强流程控制，提高专业水平，控制经销商和用户双方风险。

5. 提高服务水平，做好信用积累。加强内部人员培训，从多维度为农民服务，做好数据积累、用户评级工作，为农民提供更好更快的租赁服务。

（三）宜信融资租赁面临的风险及其问题

1. 经销商的违约风险：个别地区的经销商因自身经营状况或诚信度问题，不履行回购义务，造成风险，经过多次交涉不成，只能通过法律手段解决。

2. 自然灾害造成的系统性风险，可能影响到一个地区整体的还款能力。目前还没有很好的解决办法。自然灾害发生时，可根据农户情况，适当延期。

3. 宜信融资租赁的融资成本偏高，目前从银行获得的批发资金偏少。

（四）政策建议

1. 为了迅速扩大农机的贷款融资业务，建议商业银行和其他金融机构，包括商业银行，尽快开展农机动产抵押贷款业务，并且利用农机产业链的相关信息开发农机信贷市场、控制信贷风险。

2. 政策性银行和商业银行应积极向服务"三农"的业绩良好的农机融资租赁机构和贷款机构提供批发贷款，扩大对农户、合作经济组织和农场购买农机的信贷支持。

3. 建议宜信融资租赁公司，或其他金融机构与保险公司合作，积极试点开发农作物财产险、天气指数保险等，减少自然风险价格对融资安全的影响。指数保险也可以担保由于价格变动给农户带来的风险。

4. 与农补政策的矛盾：国家在对农机补贴的政策中规定，享受补贴的农机，其所有权在两年内不得转让。这个政策有效防止了个别人利用国家政策虚假购机，套取农补，但是却给金融服务的进入设置了障碍。因为无论是基于债权的农机抵押，还是基于物权的农机租赁，都不可避免地涉及农机的所有权转让，没有这个基本保障，金融资本难以进入。建议针对金融机构的融资行为设定例外性的规定。

（执笔：程恩江）

案例三　亳州药都农商行中药材产业链

——核心企业法人账户透支

产业链金融是近年来比较重要的金融创新之一，在我国的商业银行中得到了广泛的应用和快速的发展。亳州市作为中国最大的中药材集散地之一，具有完整的中药材产业链。药都农商行作为亳州市地方性农村金融机构，对中药材产业链提供"血统化"的金融支持，发展中药材产业链金融，为亳州市的金融服务业发展和中药材产业发展添力，为亳州市的区域经济发展增彩。

一、基本情况

（一）良好的产业环境：完整的中药材产业链

中药材产业是亳州市的主导产业，在亳州市的社会经济发展中具有举足轻重的作用。大型中医药企业陆续入驻亳州，为亳州市的中医药产业持续发展提供了动力，进而也为亳州市中药材产业链金融的发展提供了良好的产业环境。

亳州现为全国最大的中药材集散地之一。有中药资源170科，4000多个品种，常年种植面积达7万多公顷。亳州已经成为国内最大的中药材市场，著名的药乡。近年来，亳州的中药材产业发展迅速，已经成为亳州市国民经济的一个重要支柱产业，并已经形成了完整的以饮片厂和药商为核心的"中药材种植户＋中药材贸易商＋中药材加工企业＋中成药厂＋医药物流企业＋医院和药店"的产业链条。这就为亳州市中药材产业链金融的发展提供了良好的产业环境。

1. 中药材种植户

目前，亳州市的中药材种植户大约占全区农业人口的三分之一，以种植白芍、牡丹、桔梗、白芷等为主；这些中药材种植户是亳州市中药材产业发展的基础，为他们提供便捷灵活的融资产品也是亳州市金融服务的重要内容。

2. 个体中药材贸易商

目前，亳州区域内有大量人员从事中药材贸易行业，以亳州本地人为主要群体，以长期在亳州生活、经营的产地药企、药商为辅；这些个体中药材贸易商已经成为亳州市中药材产业的主体，因此也是亳州市金融服务的主要对象。

3. 中药材加工企业——饮片厂

目前，亳州区域内有饮片厂大约100家；这些饮片厂既是亳州市中药材产业的核心，也是金融服务的核心。考虑到经营能力较强的饮片厂其大宗原材料采购大都从中药材原产地直接购买而非亳州本地采购，如何推动这些企业在产业链金融中发挥核心作用也就成为突破口。

4. 中成药厂、医药物流企业、医院和药店

中成药厂从饮片厂收购回饮片后，进行加工生产成符合国家标准的中成药，然后将药片销售给医药物流企业，再由后者销售给医院。整个生产和销售环节需要符合国家的若干规定，标准化程度较高。在亳州，无论是药厂还是医药流通企业的数量都在四、五家左右。

（二）坚实的内在条件：转型发展的药都农商行

药都农商行2009年启动改制工作，先后于2010年和2012年完成农合行和农商行的组建，完成了由信用联社向农村商业银行的一次转型。截至2014年6月末，药都农商行总资产达148.42亿元，存款余额

130.96 亿元，贷款余额 97.12 亿元；实现各项收入 4.85 亿元，综合利润 2.39 亿元；不良贷款和不良占比分别为 6265.39 万元和 0.66%，资本充足率 16.08%，拨备覆盖率 490.62%，贷款损失准备充足率 900.72%，流动性比率 29.28%。电子银行业务年交易笔数达 500 万笔，业务替代率约 53.67%。累计发放银行卡 196.75 万张（其中：独家代理的金融社保卡累计发放 99 万张）；POS 机具布放总量突破 1 万部，达 10268 部（其中：固话 POS 机具已经实现城区主要行业、街道，农村行政村和较大自然村的全覆盖）；设立 ATM 132 台，离行式自助银行网点 36 个；办理网上银行 64380 个；手机银行自今年 1 月初推广以来，累计办理 43302 个，目前日均交易笔数 4000 余笔，日均交易金额 1.2 亿元。

药都农商行作为亳州市的重要金融机构，在服务亳州市的经济发展中，特别是支持中药材产业发展中，一直发挥着重要的作用；而转型发展后的药都农商行更是侧重"三农"、立足中药材、面向中小微企业。这就为中药材产业链金融的发展提供了坚实的内在条件。

二、药都农商行中药材产业链金融的产品模式

从整个产业链金融的发展来看，产业链金融产品的研发主要围绕于应收账款、预付账款、存货、核心企业担保四种途径。为满足中小微企业"短、频、快"的融资需求，根据中药材产业的运营、结算、物流等结合应收账款、预付账款、存货，药都农商行主要设计了以下四种产业链金融模式：

（一）应收账款融资模式

该模式是指商户将符合中国人民银行规定的应收账款权利质押给药都农商行，药都农商行提供资金融通的一种授信形式，该模式一般有两种表现形式，一是应收账款质押融资，二是应收账款转让融资。

（二）预付账款模式

该模式是指以卖方与买方签订真实交易合同产生的以预付账款为基础并为买方提供的、以合同项下的商品及其产品的收入作为第一还款来

源的融资方式。即企业用现有的或未来的货权进行抵押、质押，实现融资服务，即以买卖双方签订真实贸易合同产生的预付账款为基础，为买方提供各类短期融资产品组合。

（三）存货抵、质押模式

该模式是指借款客户以自有或第三方合法拥有的货物作抵、质押的授信产品，需要第三方物流企业或仓储监管企业对客户提供的商品实行监管。

（四）核心企业法人账户透支模式

该操作模式是指药都农商行根据中药材产业链上的客户申请，在客户综合授信额度内核定一个透支额度，当其结算账户存款不足以支付时，在核定的透支额度内直接透支取得信贷资金以满足客户短期融资和结算便利的一种授信业务。

三、核心企业法人账户透支

（一）产品设计的主导思想

饮片厂和药企在亳州中药材产业中是核心力量。由于规模相对较大，其资金需求量较大，金融服务要求也较高。因而选择其中具有一定规模、实力较强、信用较好的骨干企业为主体，通过这些核心骨干企业的营销渠道，将其上下游的企业和农户构建成一个商圈，以中药材市场的产业链贯通药都银行的金融服务链。

亳州有数万药商（中药材经销商），是药都农商行客户群中的中坚力量。药商资金需求季节性强，不仅有大量的临时资金需求，也有频率很高的金融服务要求，还有在药材淡季时闲置资金的投资理财需求。这类客户在亳州数量众多，是中药材产业链的两个重点环节。

根据中药材产业链不同节点企业对资金需求的季节性、临时性等特点，为解决中药材产业链上重点客户在正常经营活动中的临时支付不足问题，药都农商行开设了核心企业法人账户透支授信产品。根据客户申请，药都农商行在核定账户透支额度的基础上，在规定的期限内，允许客户在账户存款不足以支付款项时，在核定的透支额度内进行透支，以取得资金满足正常结算需要的一种临时性信贷便利。

（二）具体业务模式

1. 产品简介

核心企业法人账户透支融资模式是指核心企业作为药都农商行授信客户并存的债务人，与上下游客户共同直接承担对药都农商行的债务，并按药都农商行的相关规定，履行还款等义务。核心企业法人账户透支产业链融资如图8.7所示。

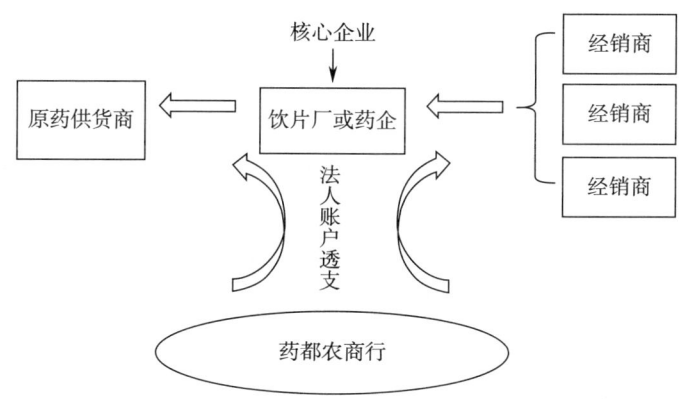

图8.7　核心企业法人账户透支产业链融资简图

2. 客户对象

产业链金融核心企业法人账户透支业务的客户一般定位为：一是核心企业；二是主要结算依托药都农商行、管理规范、经营资金来往频繁的中药材产业链上的经销商，即信誉良好，经营情况正常，财务管理规范，在银行开立了存款账户，并取得一定授信额度的本地中药材经销商（包括原药供货商）、中药材生产及加工企业（核心企业）等企业法人。核心企业法人账户透支业务的客户对象如图8.8所示。

3. 产品特色和优势

特色：有效解决企业正常生产经营过程中的期限短、发生频繁、额度较小的临时性资金需求；手续方便快捷，使用和归还资金不需要额外手续；在有效期内，融资额度循环使用。

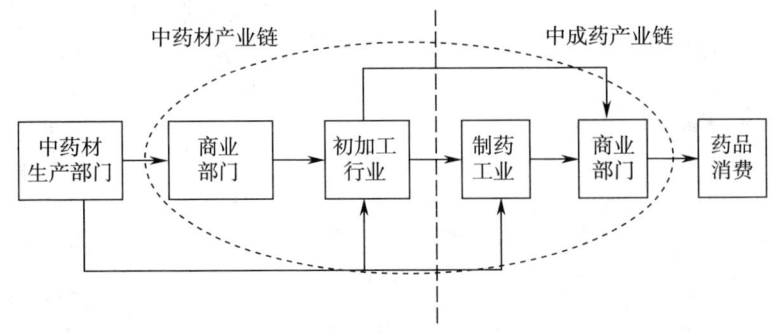

图8.8　核心企业法人账户透支业务的客户对象

优势：从银行获得一定额度的提款权，从而降低应急资金储备、提高资金利用效率；额度循环使用，手续方便快捷，有效节约中小企业经营成本和时间。

4. 准入条件

①经营情况正常，财务管理规范，存款余额或结算量较大，融资金额较小，间歇性或临时性融资需求的中药材生产或加工企业；销售周转较快、单笔融资金额较小，核心企业偏好现金购货，提前实现销售收入的中药材经销商（包括原药供货商）。

②资信状况良好，无商业不良信誉风险记录，贸易双方无逾期或违约记录。

③在药都银行开立结算账户，与我行有良好的合作关系。

④有稳定的购销渠道。

5. 额度有效期限

一年核定一次，有效期为一年。

6. 透支额度

法人账户透支额度不超过200万元。

7. 透支办理流程

①企业向银行提出法人账户透支业务申请，并提供必需的资料；

②企业从在银行开立的基本存款账户或一般存款账户中指定一个账户为透支账户；

③企业与银行签订透支业务合同；

④企业向银行支付透支额度承诺费；

⑤企业使用透支资金，无须提前通知银行或提出专门的申请。

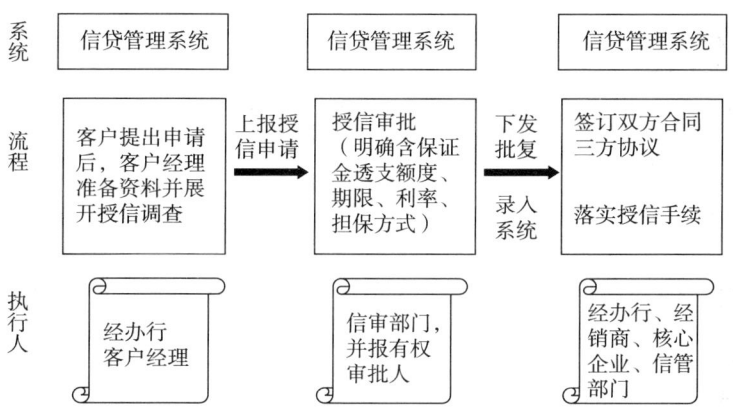

图8.9　核心企业法人账户透支整体流程图

（三）法人账户透支业务注意事项

1. 一个法人客户在药都农商行只能有一个有效的"法人账户透支"账户。同一授信批复项下只能有一个有效的透支协议，若批复下生成第二笔透支协议，则该笔透支协议必须取代上一笔透支协议（无论上次透支协议是否过期）。

2. 客户申请法人账户透支业务的总额度不得超过其综合授信额度，具体额度由信审委核定。

3. 单笔透支不设最低透支额，最高不得超过透支额度。

4. 要求在还款方式上选择"一次性还本付息"选项。

（四）透支合同管理

1. 约定透支账户：仅限于一般账户或基本账户。

2. 约定额度使用费用

额度使用费 = 核定的透支额度 × 额度使用费年费率

①额度使用费按年一次性计收；

②可根据核心客户合作程度及经销商资质及网络情况酌情收取；

③额度使用年费率原则不低于0.2%。

3. 约定利率：一般采用中国人民银行颁布的1年期人民币贷款利率为基准，透支利率上浮50%。

四、小结

核心企业法人账户透支模式是药都农商行开展中药材产业链金融服务的重要产品之一。中药材产业链金融系列的研发，使得药都农商行融入了中药材产业经济的每一个环节，实现了药都农商行由服务地方经济的主力银行向地方经济发展综合服务提供商转型，不仅可以在融资方面支持地方经济的发展，还为地方经济乃至全国中药行业的发展提供了更多的综合服务。

（执笔：冯漪　孙军锋　张云起）

案例四　民生银行国内保理模式

一、基本情况

（一）国内保理

国内保理是指保理商为国内贸易中以赊销的信用销售方式销售货物或提供服务而设计的一项综合性金融服务。卖方（国内供应商）将其与买方（债务人）订立的销售合同所产生的应收账款转让给保理商，由保理商为其提供贸易融资、销售分户账管理、应收账款的催收、信用风险控制与坏账担保等综合性金融服务，主要适用于赊销结算方式的国内贸易。按照不同分类方法，可分为国内双保理、单保理或者有追索权、无追索权保理等。

中国的保理业务量占GDP的比重低于全球平均水平。随着我国经济的快速发展，这一占比也将迅速提高。同时，从全球趋势来讲，贸易中信用证使用日益减少,赊销记账交易不断增多,这都预示着中国的保理市场有着巨大的开发潜力。

同时,中国金融当局已经认识到保理业务对于社会经济发展和平衡的作用与贡献,也看到了中国保理业务的巨大发展空间。相关机构已经制定指导性文件支持中国保理业务的发展。中国保理市场越发受到重视,并趋于规范化、国际化。

我国保理产业虽已取得举世瞩目的成绩,但仍有巨大的市场空间,面临经济新常态所带来的机遇和挑战,还将大有可为;保理作为一项与贸易活动紧密联系的金融服务,应当更接地气,贴近客户的需求,这需要保理从业人员把准市场脉搏,切实为实体经济服务,为自贸区、"一带一路"等国家战略服务;在当前的国情和产业现状下,合作对保理产业发展的意义更甚于竞争,应当以积极开放的心态,加强全方位、多层次的合作交流,共同改善经营环境,实现互利共赢。

民生保理在国内属于后起之秀,但是短短几年,凭借着专注的态度与专业的素养,业务增长和水平都上升到新的高度,在业界以及客户中获得很高的声誉,并逐渐形成自己特殊的品牌地位。自2008年保理部成立以来,民生银行保理业务迎来高速发展时期,保理业务量连年位居国内同业前列。伴随业务高速发展,保理专业团队迅速成长壮大,也获得了很多国内外的荣誉。2013年,民生银行保理业务被《亚洲银行家》评为"2013年度中国最佳中小企业银行业务"。

(二) 国内保理融资流程

国内保理融资流程如图8.10所示。

1. 国内双保理业务流程操作方法

(1) 销货方销售商品给购货方,其中销货方为保理申请人;

(2) 销货方向保理行即销货方开户行申请办理保理;

(3) 保理行对销货方进行资信调查,同时销货方靠护航向购货方开户行发出保理约请书;

(4) 购货方开户行对购货方进行资信调查;

(5) 购货方开户行向保理行即销货方开户行开具保理额度确认书;

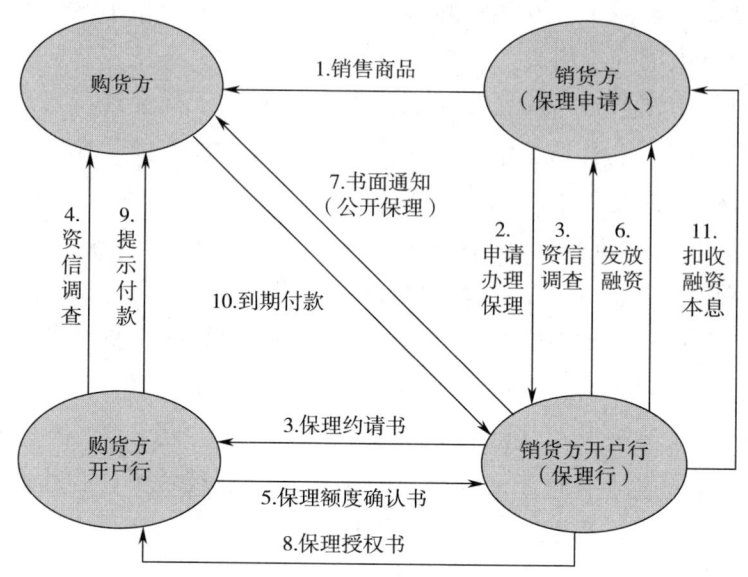

图 8.10 国内双保理业务流程

（6）销货方开户行向销货方发放融资；

（7）销货方开户行书面通知购货方；

（8）销货方开户行向购货方开户行授理保理授权书；

（9）购货方开户行提醒购货方付款；

（10）到期购货方向销货方开户行付款；

（11）销货方开户行向购货方开户行扣收融资本息。

2. 国内单保理业务操作流程方法

（1）销货方即保理申请人销售商品给购货方；

（2）销货方向销货方开户方申请办理保理；

（3）销货方开户行对销货方和购货方进行资信调查，同时对两者之间的交易情况进行调查；

（4）销货方开户行向销货方发放融资；

（5）销货方开户行书面通知购货方；

（6）销货方开户行提示购货方付款；

（7）到期购货方付款给销货方开户行；

（8）销货方开户行对销货方扣收融资本息。

第八章 其他产业链金融模式

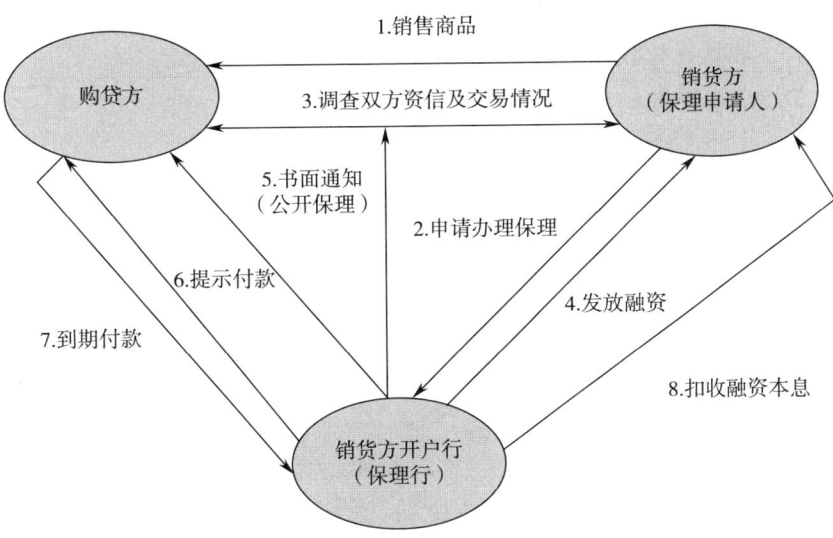

图 8.11 国内单保理业务流程

3. 有追索权、国内明保理业务操作流程

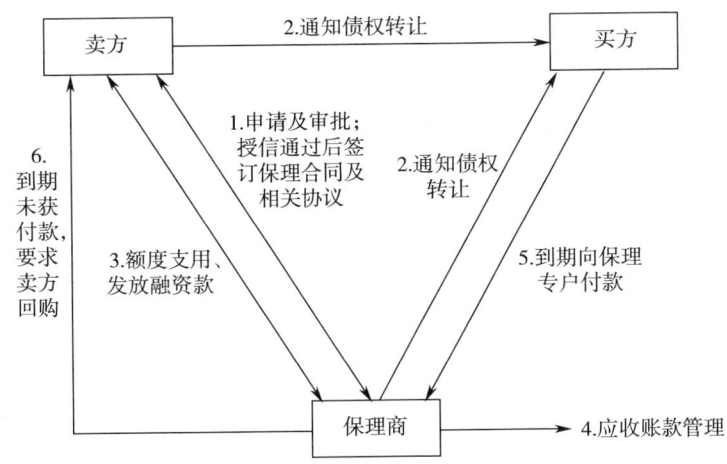

图 8.12 有追索权、国内明保理业务操作流程

（1）卖方向保理商申请办理保理，经保理商审批，授信通过后与保理商签订保理合同及相关协议；

（2）卖方通知买方债权转让给保理商的同时，保理商向买方通知债权已由卖方转让给它自身；

253

（3）卖方向保理商阐明自身额度支用，同时保理商发放融资额；

（4）保理商对收到的应收账款进行应收账款管理；

（5）到期买方向保理商专户付款；

（6）到期保理商未获付款，有条件要求卖方回购。

4. 无追索权、国内暗保理业务操作流程

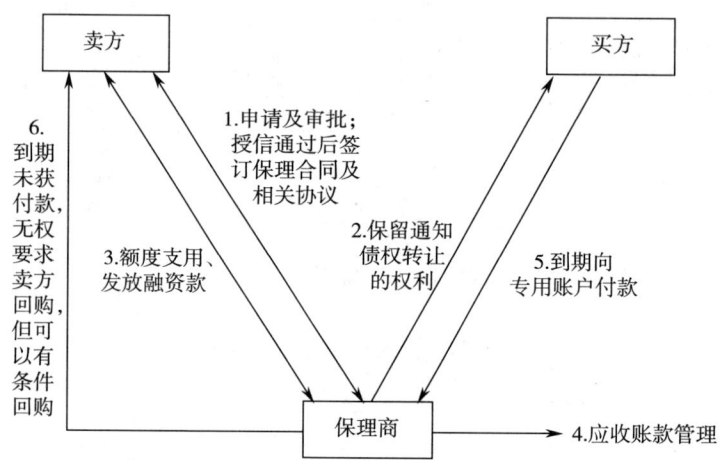

图8.13　无追索权、国内暗保理业务操作流程

（1）卖方向保理商申请办理保理，经保理商审批，授信通过后与保理商签订保理合同及相关协议；

（2）保理商保留通知债权转让的权利；

（3）卖方向保理商阐明自身额度支用，同时保理商发放融资款；

（4）保理商对收到的应收账款进行应收账款管理；

（5）到期买方向保理商专户付款；

（6）到期未获付款，无权要求卖方回购，但可以有条件回购。

二、国内保理业务

（一）民生银行国内保理流程

卖方企业出售商品或是提供服务给卖方企业，并受到来自卖方企业的应收账款。

第八章 其他产业链金融模式

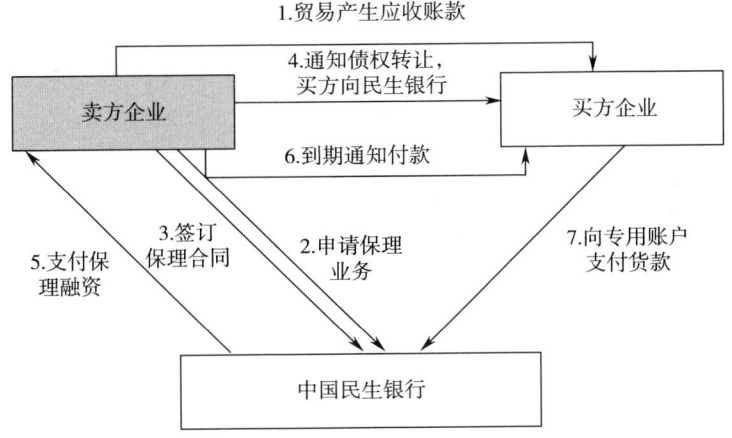

图 8.14 中国民生银行国内保理

（1）卖方企业使用从买方企业收到的应收账款向中国民生银行申请保理业务；

（2）经过中国民生银行的审核等程序，卖方企业与银行签订保理合同，并将应收账款转让给银行；

（3）卖方企业通知买方企业债权转让给银行并向民生银行付款；

（4）民生银行向卖方企业支付保理融资；

（5）卖方企业通知买方企业到期付款给银行；

（6）买方企业向专用账户支付货款给银行。

（二）融资要求

1. 融资比例

一般不超过应收账款的 100%。

2. 融资期限

与对应应收账款期限匹配，一般不超过 3 年。

3. 融资利率

按同期贷款利率执行。

4. 手续费

手续费为 0.2%~2%。

（三）不宜操作情况

买方为中小企业或个人；

产品品质不稳定造成商务纠纷；

产品价格变动迅速易造成商务纠纷；

付款期限过长；

付款条件过于复杂；

卖方应收账款管理混乱。

（四）金融创新

民生银行一直秉承灵活、创新的产品开发理念，适应经济新常态发展，立足企业需求，研发了一系列适应当下经济环境的保理产品。

（五）供应链保理模式创新

供应链保理模式是指以核心企业为核心，应收账款为依托，由银行为其上下游企业提供客制化的融资业务。

具体来讲，在供应商与民生银行合作的卖方保理业务中，供应商将其拥有的针对核心企业的优质应收账款转让给民生银行，民生银行通过对业务贸易背景的真实性审核，挑选由民生银行授信核心企业推荐的有一定贸易合作年限及供应量资质的供应商，通过对核心企业进行债权转让确认或账款支付确认、贸易及回款监控等方式，锁定核心企业的资质和应收账款，给供应商发放保理融资。这样，不仅从整体控制了银行风险，保证保理还款来源即核心企业付款义务，也满足了融资主体由核心企业向大量中小供应商的转变。

1. 无追索权保理创新

无追索权保理是以卖方转让其应收账款于保理商为前提，由保理商向卖方提供包括应收账款坏账担保在内的保理金融服务。在应收账款无法得到清偿时，由保理商承担应收账款的坏账风险。民生银行可通过五种模式为买方核定信用额度，满足客户降低坏账率、优化财务报表、改善资产负债指标等需求。

2. 银租通模式创新

银租通模式是指民生银行撮合具有优质固定资产的客户与租赁公司操作售后回租业务，并受让租赁公司的应收租金，为其提供保理融资的金融方案。该产品创新通过售后回租，客户可以盘活固定资产，加速固定资产折旧，并能获得较低成本的中长期资金，满足企业发展需求。

3. 进口保单创新

进口保单是民生银行为拓宽可提供服务的客户范围，为创造更多同业保理商合作机会研发的全新进口保理业务产品。该产品通过与中信保合作，在对进口商投保并获得信用额度后，为进口商提供信用风险担保的服务。该产品解决了非融资客户的授信问题，有利于稳定保理商合作关系，并通过提供进口商信用风险担保，为客户的信用增信，为客户获取更多的贸易机会。

创新是民生银行企业文化的基石，除了根据客户需求不断进行产品升级外，民生银行也着眼网络化转型升级、银企互联、与第三方平台对接等方式重塑全新的互联网信贷服务体系，并开发供应链系统实现客户线上一体化操作。民生产业链保理深化了与中小供应商的合作。民生银行跳出单一银行为企业服务的传统供应链模式，提出国内双保理新思路。即由银行内不同分行或两家银行分别担任卖方保理商和买方保理商为客户提供服务。在该模式下，保理商双方根据各自在授信、客户关系、资金等方面的优势，按照协议进行分工合作，帮助核心厂商更好地发挥其在供应链中的增信作用，有利于上下游企业获得银行授信支持，降低融资成本，从而获得稳定长久的合作关系。

在近几年的产业链保理实践与探索中，民生银行在医药、电子、能源、冶金等传统与新兴行业，积累了大量产业链保理的成功案例，依托此模式开展的保理业务无论从客户数量还是业务规模都取得了突飞猛进的发展。民生通过此方法将大量闲置的核心企业授信进行重新评估与调整，加入批量上游中小型供应商捆绑授信，将不具备优势的业务转化成批量产业链保理业务，极大盘活了授信资源。同时随着业务模式的不断变化与特质化定制，积累了一批新的产业链客户，批量式的营销开发，使业务具有巨大的创利能力、增长能力以及存款沉淀能力，利用产业链保理架起了与中小供应商合作的桥梁。

三、风险与风险控制

（一）风险分析

1. 应收账款风险分析

在保理业务的实际操作中，客户提出的保理需求可能是多样的，比如客户可能会以某栋大楼全部住户的房屋租金债权来要求提供保理服务等，在这种情况下，一些商业银行会担心受让这样的非买卖合同所产生的金钱债权，在法律上是否有效。笔者认为，法律之所以禁止或限制某些债权的转让，主要是考虑债权转让以通知债务人为生效要件，无需债务人同意，这样易使债务人在某些特殊债权关系中因转让而处于一定的被动和不利地位。为平衡债权转让关系中当事方之间的利益，法律出于保护债务人的目的，防止债务人因债权人转让债权而遭受损失，所以对某些债权的转让作出禁止或限制规定。

在保理业务中，商业银行买入的只可能是金钱债权（即应收账款），而金钱债权的债权人的更迭，对债务人来说几乎不会造成任何利益的损害。一般来说商业银行受让各类金钱债权均应该是不为法律所禁止或限制的。

2. 隐蔽保理业务中的风险问题

因为隐蔽保理中应收账款债权转让并未通知买方，所以当买方向卖方支付应收账款时，即构成对应收账款的清偿，而商业银行此时无权要求买方向自己支付应收账款，而只能转而要求卖方向其支付所受领的应收账款款项。因此，隐蔽保理业务对于商业银行来讲存在着两个较突出的风险：一方面，尽管应收账款已转让给商业银行，但在应收账款债权的外观上，卖方仍是买方的债权人，商业银行无权向买方直接主张债权，在卖方不积极主张债权或某些紧急情况下，可能妨害商业银行债权的最终实现；另一方面，由于买方直接向卖方支付应收账款款项，商业银行仅能转而向卖方请求支付，如卖方发生道德风险或支付困难时，商业银行的应收账款债权有不能收回的风险。

(二) 建议与对策

1. 明确条件，谨慎择客

商业银行在决定是否向销售商提供国内保理业务时除了需要了解买卖双方的资信、交易性质等基本情况外，还要根据买卖双方自身的情况将其纳入授信管理的业务范围；同时，明确保理申请人应具备的条件。因此，国内保理业务的申请人应具备至少如下四个条件：

(1) 申请人应是在中华人民共和国境内依法注册登记的企（事）业法人或者其他经济组织；

(2) 申请人应在商业银行分支机构开立有人民币基本账户或一般存款账户，且与商业银行之间有着良好的业务合作关系；

(3) 申请人无不良商业信用记录，且具有健全的经营管理体系，特别是具备成熟的财务管理系统，所处的行业具有明显的优势与良好的经营效益；

(4) 申请人的保理款项金额应在商业银行授信额度范围内。

2. 根据客户背景，选择适用类型

交易客户的资金实力、商业信誉等背景情况，不仅是商业银行进行授信管理和受理国内保理业务申请的重要因素，同时也是商业银行为销售商提供何种类型国内保理业务的重要参考。适用不同类型的国内保理业务的关键在于买卖双方之间履约能力的对比。在买卖双方之间，若销售方的资信状况、履约能力相对强于买方的，商业银行应当适用有追索权的国内保理业务类型；反之，在买方的资信状况、履约能力相对强于销售商的情形下，商业银行则应当适用无追索权的国内保理业务类型。此外，对于不同背景的客户适用不同的国内保理业务类型亦具有重要的战略意义。

3. 强化交易跟踪管理

从一定程度上说，国内保理合同的签订标志着商业银行对整个交易过程的参与和控制。销售商与买方完全履行合同义务是商业银行对应收账款顺利回收的关键，因此，合同的履约风险发生与否将决定商业银行在国内保理业务中收益的大小。对于商业银行而言，国内保理业务中的合同履约风险主要表现为买方未按合同约定履行付款义务。买方未按合同约定履行付款义务的情形主要有因销售商未按合同的约定履行义务导致买方无义务付款和销售商完全履行合同义务而买方未按照合同约定履行付款义务两种。为了规避因合同履约风险带来的收益损失的可能性，商业银行对整个交易的过程应主动介入、跟踪管理，着重了解销售商与买方是否严格履行合同约定的义务，分析、判断交易双方的履约风险发生及权益实现的可能性，从而决定采取不同的风险救济措施实现对国内保理业务的期待权益。

（执笔：耿勇）

第九章 传统贷款模式

案例一 江苏民丰银行企业保证循环贷

一、基本情况

对于宿迁市来说，支持小微企业发展具有突出的战略意义；因为宿迁市90%的企业属于小微企业。但是长期以来，宿迁市金融机构为了保障贷款的安全性，贷款的投向倾向于向大、中型企业，因此对小微企业贷款的满足率较低。

作为宿迁人民自己的银行，民丰农商银行具有得天独厚的优势。首先，宿迁市城乡区域发展的不平衡较为突出，具有明显的区域性特征，而宿迁市民丰农商银行比大银行更容易准确把握当地的经济特点，对当地企业的经营情况也更熟悉。其次，江苏民丰银行实行"一级法人、二级管理"的扁平式管理方法，具有决策链条短、速度快的特点，能够更好地针对宿迁市中小企业的不同需要设计出不同的金融产品，提供个性化服务，提高贷款审批效率，及时满足中小企业客户资金需求。最后，虽然江苏民丰商业银行的资产规模、金融市场份额占宿迁市市场的整体份额较小，但资本收益率、资产收益率、人均利润率等盈利性指标大多优于国有商业银行，比大银行具有更强的盈利能力，因而可为针对宿迁市中小企业的业务创新提供更有利的资金保障。

民丰银行的前身为宿迁市区农村信用合作联社，是宿迁市区唯一一家独立的地方性法人金融机构。近年来，民丰银行以年均30%以上的速度快速发展，主要经营指标增速连续多年领跑全省同业。2011年民丰银行引进德国德士金融信贷技术建立小微企业"信贷工厂",这一模式要求在对信贷产品进行标准化、系列化、体系化打造的基础上,像工厂生产产品一样,对货款进行全流程管理、标准化处理、批量化发放,具有条件宽、门槛低、还款方式灵活等特点。因此,这一模式使原本因无财务报表、有效抵押物等被银行拒之门外的小微企业获得平等信贷服务的机会。近年来,民丰银行先后获得江苏省"服务中小企业工作先进单位"、江苏省联社"经营目标综合考核优胜单位""风险覆盖能力考核优胜单位""净收入增长能力专项考核优胜单位""信息工作先进单位"等多项荣誉称号。

为支持辖内小微企业做大做强,江苏民丰农商银行坚持服务小微企业的市场定位,全力做好小微企业金融服务,致力于成为小微企业的专业金融供应商。因此在引入本土化的"信贷工厂"模式的同时,开发出了适宜于当地小微企业发展的产品——企业保证循环贷款。它具有门槛低、手续简、放款快等特征,有效解决了小微企业担保难、贷款难的难题。

二、产品设计

(一)设计思路

2011年民丰银行引进德国德士金融信贷技术建立小微企业"信贷工厂",这一模式要求在对信贷产品进行标准化、系列化、体系化打造的基础上,像工厂生产产品一样,对货款进行全流程管理、标准化处理和批量化发放。民丰农商行在对贷款调查时必须遵循规范检验技术。一是采用交叉检验技术考察客户的还款能力。由于大部分小微客户没有规范的财务报表,客户经理采集的数据多为口述,所以该行依据实地、现值和谨慎性三大原则为借款人制作资产负债表和损益表等,并通过交叉检验对信息进行二次检验,确保所采集信息的真实性。二是采用软信息不对称偏差分析考察客户还款意愿。在收集可以勾勒客户社会真实面貌的软信息后,填制"软信息测评表",依据不对称偏差分析进行逻辑判断,为决策提供依据。

在"信贷工厂"模式下，贷户数量及贷款总额的快速增长也增加了风险管控难度。为此，民丰农商行制定了标准化的贷后监控操作规范和逾期处理流程，对客户经理首次贷后和日常贷后作出明确规定，要求首次贷后必须落实贷款目的履行情况，要详细列明用途要素，并与贷款金额进行核对；日常贷后必须详细核实水电费单据、应收账款、存货等信息，并将连续的数据做成贷后曲线图，以便更好地跟踪了解企业生产经营情况。

"信贷工厂"模式不仅提高了借贷的效率，降低了贷款的门槛和风险，还拓宽了业务范围。在江苏宿迁，小微企业对资金的需求是极为迫切的。由于规模较小、资金有限，所以经常会发生货款无法及时回笼而缺少流动资金的事，但是直接去贷款又会花费不少时间。为此，民丰农商银行针对小微客户的信贷需求，推出了一种可以一次申请多次借贷的"循环贷"产品。也就是说银行可以向客户提供一种在预定期限内可循环使用的融资产品，然后客户通过银行申请以后可拿到一定的信贷额度。当需要消费或者资金应急的时候，由于已经事前通过申请、审核，客户只需要在现成的额度内进行贷款，随用随贷，不用每次用款时都去办理贷款申请、审批等繁琐手续。"循环贷"有一定的授信期限，这个期限内可以无数次随借随还。除了可以多次借贷、随借随还之外，"循环贷"的另一个特点就是在利率方面的优惠。由于可以提前还款，客户贷款后，在资金富余时可以随时提前还款减少利息。银行对于提前还款部分，只按资金实际使用天数计收利息，不产生其他费用，对于未使用的贷款额度也不会收取利息，从而真正降低了小微企业的借贷成本。

（二）企业保证循环贷产品

1. 产品介绍

一次授信，签订最高额保证合同，两年内资金循环使用，手续简单，办理速度快。

2. 产品对象

有本地实力较强单位保证的企业。

3. 产品特点

借款人与保证人分别同我行签订最高额贷款合同、最高额保证合同，能在不超过授信有效期和可用额度的条件下随时获得贷款支持。且在授信期间内，一次授信、循环使用、借还自由、成本节约。可用于贷款、敞口承兑汇票、保函等各类授信业务。

4. 产品配套要求

一是实行"严授信、宽用信"，注重授信环节企业生产经营及发展前景调查。二是把贷后检查做实。贷款授信后，客户经理要做实贷后检查工作。做到每季度收集一次企业"四表"（水费表、电费表、税表、财务报表）和购销合同，现场拍照一次。半年内进行一次企业生产经营状况分析，照片及分析报告要报送总行相关部门，作为循环资金使用审批依据。

三、小结

（一）实现了业务风险的有效控制

小微企业"信贷工厂"这一模式要求在对信贷产品进行标准化、系列化、体系化打造的基础上，像工厂生产产品一样，对货款进行全流程管理、标准化处理和批量化发放，并对贷款调查时遵循规范检验技术，这有利于提高借贷效率，降低借贷风险。

（二）拓展了业务范围，提升了业务量

该产品需由当地有实力的企业提供担保，有效解决了小微企业贷款难的问题，降低了企业贷款的门槛，也拓展了银行的业务范围。

（三）解决了江苏省宿迁市小微企业资金需求的问题

小微企业规模小，资金有限，经常会发生货款无法及时到账的情况，企业保证循环贷产品可以让小微企业随贷随换，方便灵活。

（执笔：孙亚梅　冯漪）

案例二　北京银行"5+5"惠农行动支农探索

一、基本情况

2015年以来，北京市全面贯彻落实中央一号文件及中央农村工作会议精神，全面深化改革，推进发展方式转变和产业结构调整，全市农业生产经营形势向好，农村经济发展稳中有进，农民收入水平显著提高。

农村金融是支持服务"三农"的重要力量，涉农产业本身的弱质性、自然风险、信用风险、风险控制机制以及农业投资报酬率相对较低等因素，导致当前农村金融服务仍是整个金融体系中的最薄弱环节。就此，北京下发了《关于做好2015年首都农村金融服务工作的通知》，要求银行业结合北京地区实际情况，采取切实有效措施支持和促进首都农村金融服务转型升级。

服务京津冀一体化战略，着力对接京津冀一体化进程中的涉农金融服务要求。继续抓好重点龙头企业认定、扶持工作，加强农业金融政策支持，推出"龙头企业信用保"政策，对企业300万元以下的流动资金贷款需求，由北京市农业产业化龙头企业协会推荐，市农业融资担保公司进行信用担保，北京银行给予贷款，实现无抵押快速放款。

经过多年的发展，北京银行已经具备为京郊农民服务的雄厚实力。作为北京地区首家通过设立品牌倡导金融服务民生理念的金融机构，北京银行推出了"5+5"金融行动计划等惠民支农行动，涵盖了与百姓日常生活息息相关领域的各项金融服务，力求实现以理念带领品牌发展，以品牌推动惠民服务，以惠民践行社会责任。

二、产品设计

（一）"5+5"惠民金融行动计划介绍

"5+5"行动计划是北京银行积极探索体质机制的创新，有效激发内部活力,利用多种新技术手段推动普惠金融发展的主要成果之一。秉持着着力打造高效便捷的惠民金融服务平台的理念,北京银行推出了众多金融科技创新惠民工作,"5+5"惠民金融行动是最具有代表性的一项,也是最为成功的一项。

北京银行与北京市农委开展合作,共同推出北京银行"5+5"金融行动计划。所谓"5+5"行动是指,为京郊农户办理50万张专用借记卡"京卡富民卡"、发放50亿元支农小额贷款扶持农村地区劳动力自主创业、增收致富,为部分远郊区县的农民设立流动服务车等新举措。北京银行充分发挥以往在城市开展金融服务的经验,探索出与农民生活息息相关、与小微企业携手共赢的金融服务模式,全力满足农村地区的多样化需求,提供贷款、储蓄理财、日常缴费、ATM自助服务、POS机具消费等多种金融服务,全面满足京郊农民"投资理财、贷款创业、支付结算"三方面核心金融需求。

从具体的实践来看,北京银行已在京郊地区精心设置了"富民直通车"自助金融一站式服务,将金融服务深入村镇"最后一公里"。"富民直通车"一站式服务包括:一是设立一站式服务区,在服务区安装了助农取款POS机、自助型开卡机、网上银行体验机、手机银行体验机及客服直通电话,为农户提供取款、开卡、电子银行、客服咨询指导的综合性一站式服务;二是为村内民俗旅游经营户免费安装了收银POS机,并为其办理"富民卡",改善了村内支付环境,解决了经营户刷卡收银问题;三是安排"5+5"流动服务车下乡服务,将现代化的支付手段引进偏远乡镇,填补农村金融服务空白。北京银行为京郊农民提供的便民服务,极大地缓解了京郊偏远地区农户"取款难、路程远、手续繁"的现实难题,进一步满足了乡镇地区的基本金融需求,为下一部深入创新发展农村金融工作奠定了良好的渠道基础。

(二)产品设计的主导思想

北京银行推出"5+5"惠民支农金融产品主要是为了改善农村金融环境,加大金融支持"三农"工作力度,通过切实举措缓解农民贷款难等问题,支持农民小额贷款,促进农村经济发展、农民增收。

"5+5"行动计划创新了商业银行支持新农村建设的服务模式，旨在满足农民发展生产的资金需求，进一步推进都市型现代农业建设，从而推动北京农村经济建设迈上一个新的台阶，并使农民从便利的金融服务中直接受益。

"5+5"行动计划的主要特点包括：开设了农户贷款绿色审批通道，快速完成审批手续；北京市农委对及时还贷者进行一定比例的贴息；根据京郊农村实际情况，提供多种担保方式；针对农村地区人口居住分散、银行网点较少的情况，北京银行提供流动服务车辆，普及金融知识，从而为京郊农户提供便捷、优质的金融服务。

农村金融面临最大的问题是缺少抵押物，农业经营季节性强，受到天灾影响大，银行无法有效为其授信。北京银行与市农委、市妇联、市农业担保公司开展全面合作，通过北京市农业融资担保公司为三农企业担保，解决了授信不足的问题，保证了三农企业拥有足够的资金保证其发展。

（三）"5+5"惠民支农金融主产品——"短贷宝"与担保公司担保

"5+5"惠民支农行动创新性地解决了京郊农民贷款困难的问题。通过与市农委、市妇联、市农业担保公司开展全面合作，通过北京市农业融资担保公司为三农企业担保，解决了授信不足的问题，而面对农民的贷款仍是以"短贷宝"为代表的短期贷款产品。

1. 担保公司担保

为京郊农民贷款，首先要解决的是农民的授信问题。作为北京银行"5+5"惠民支农行动最大的合作方，北京市农业融资担保有限公司为农民担保，解决了这个问题。北京市农业融资担保有限公司的担保流程见图9.1。

2. "短贷宝"

在京郊农民或"三农"小微企业获得担保后，他们就可以向北京银行申请贷款，贷款的基本形式是北京银行的"短贷宝"产品，该产品具体情况如下：

（1）产品介绍

"短贷宝"是指我行向个体工商户、企业主（包括企业的主要股东、

中国小产业链金融发展与案例

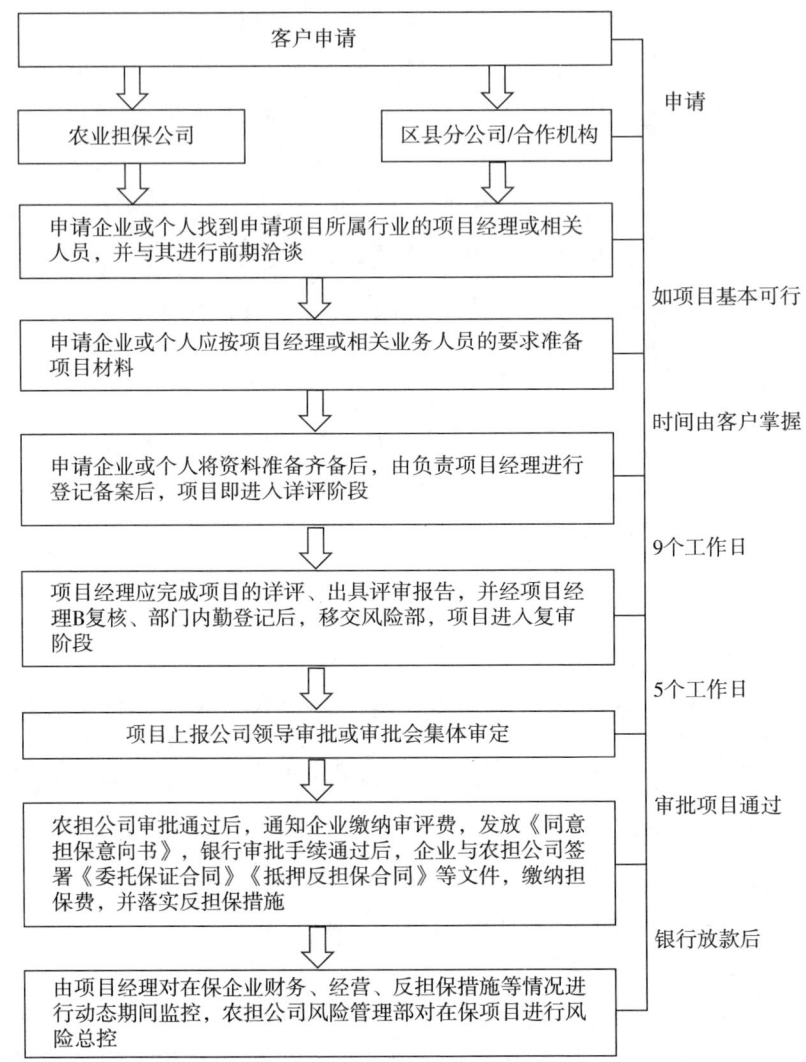

图 9.1 北京市农业融资担保有限公司担保流程

法定代表人或实际控制人等）发放的用于其企业正常经营活动的个人贷款或个人授信。

（2）产品特色

贷款申请"简易快"

简：提供资料简洁，贷款手续简便；

易：专为中小企业主和个体工商户量身打造的紧急融资通道；

快：快速审批，即时到账。

担保方式多样化：支持抵押、质押、担保公司保证、房产抵押+担保公司保证、市场经营管理公司保证、信用等多种担保方式。

一次授信循环用

授信期内，贷款可循环使用，随贷随还，额度不使用不必支付利息，减少不必要的利息支出，降低贷款财务成本。

资金到账讲速度

贷款签约后，符合条件的客户可立即放款，资金实时到账，为您省心、省力。

贴心服务解后忧

短信天使的还款提醒、扣款成功、扣款失败等短信服务，以及贴心的生日祝福，解除您贷款后的后顾之忧。

（3）申请条件

受信人须为具有完全民事行为能力的中国籍自然人，年龄18周岁（含）以上，且授信到期时年龄不超过65周岁；

信用良好，无不良信用记录，有按期偿还贷款本息的能力；

其他需符合我行相关规定的条件。

（4）附加服务

贷款余额100万元（含）以上的客户，可获得贵宾金卡一张。

贷款余额200万元（含）以上的客户，可获得贵宾白金卡一张。

贵宾客户专享以下服务：网点绿色通道、专属理财产品设计、业务减免费优惠、功能强大的专属财富版网上银行服务、商场VIP会员服务等。

三、金融创新点

（一）创新性的抵押、担保方式

针对农村个人或小企业主无法提供有效抵押物，无法顺利获得银行授信额度的困难，北京银行与市农委、市妇联、市农业担保公司开展全面合作，通过北京市农业融资担保公司为三农企业担保，解决了授信不足的问题。

（二）拓展了业务范围，提升了业务量

北京银行主动进入"三农"金融这一蓝海，通过布局"5+5"惠民支农行动计划，预计发放共50亿元的贷款，极大地推动了北京银行的发展。

（三）解决了京郊农民发展中的资金限制问题

随着国家对"三农"政策的重视，"三农"企业发展越来越需要足够的资金支持，北京银行的"5+5"惠民支农行动为京郊"三农"企业发展提供了保障。

四、小结

（一）本案例金融创新产品的主要优势

1. 三农问题一直是国家政策重点扶持解决的问题。
2. 农村金融环境较差，急需改善，加大金融支持"三农"工作力度。
3. 北京银行作为地方性商业银行，拥有广泛的资源，对京郊农民的支持更具针对性。

（二）京郊农民及"三农"小微企业融资需求特点

1. 潜力巨大：作为农业大国，"三农"企业对金融产品的需求程度远超想象；
2. 时效性强、季节性强、需求时间集中：资金需求季节性强，不仅有资金需求，也有很高的金融服务要求，要求金融产品能够满足"三农"企业的需求；
3. 重视合作社的作用：农户分散贷款的需求非常少，单从农村的资金需求看，合作社、大户比较多一些，通过扶持龙头企业、合作社等新型经营主体，拉动产业发展，从而让分散的农民从整个产业链上获益。

（执笔：徐正达　冯漪）

案例三 甘肃银行
"银行+涉农企业+农户"模式

一、基本情况

甘肃银行于2011年11月19日正式挂牌成立。作为由省政府直接管理的地方法人商业银行，甘肃银行自成立以来就高度关注小微企业发展，并坚持以客户为中心、以市场为导向，扎扎实实服务实体经济，大力支持小微企业。在不断积累支持小微企业发展经验的过程中，甘肃银行深刻地认识到，加强小微企业金融服务工作，是一项关系到地方经济发展的重要工作，也是该行认真履行社会责任的现实要求，更是甘肃银行实现自身健康可持续发展的必然选择。未来，甘肃银行将致力于进一步积极探索为小微企业提供金融服务的新模式，不断提高服务效率和服务质量，为地方经济发展作出贡献。

近两年来，小微企业融资难、融资贵的问题尤为突出，融资已成为制约小微企业发展的主要"瓶颈"。作为省委、省政府为破解实体经济发展中融资难问题而组建的地方法人银行，甘肃银行从成立之初就高度关注小微企业发展，把服务小微企业作为一项市场定位，坚持走支持实体经济发展的可持续发展之路。为此，甘肃银行在全省分支机构相继成立了"三农小微金融业务部"，充分发挥地方法人银行"管理半径短、决策效率高"的优势，把甘肃银行服务"三农""小微"发展的渠道和触角延伸到了全省范围，为支持全省小微企业发展提供了一个平台。

针对不同行业小微企业客户"融资难"问题，甘肃银行坚持产品创新，分别研发了适用于供应链上下游小企业"手拉手"的贷款产品、批发零售客户的"商贷易"贷款产品、品牌经销商客户的"流贷易"贷款产品和个人农机车辆消费贷款等特色产品，有效解决了小微企业在融资过程中遇到的"客户担保方式、授信期限、缺乏完善财务报表体系"等问题，满足了不同行业小微企业和涉农小微企业融资需求。

在不断创新产品满足不同小微企业融资需求的同时，甘肃银行始终坚持"以客户为中心"的服务理念，把"强基础、提效益、防风险"的管理要求与支持小微企业客户发展有机结合，建立标准化服务模式，通过简化贷款申报手续、提高审批效率、缩短业务办理时限等措施，为小微企业客户提供便捷高效的金融服务。

针对甘肃省农业为主的特点，甘肃银行为更好地服务于当地养殖和种植业产业链的发展，不断完善服务农户发展的机制，创新符合农户金融需求的产品，全力支持甘肃省涉农企业、农户的发展，并针对甘肃省定西市通渭县种植养殖业特点，创新推出"合作社+农户担保贷款"模式，有效落实精准扶贫工作，促进产业链各利益主体协调发展。

二、产品设计

（一）产品设计的背景介绍

近年来，临洮县围绕建设特色经济强县的目标定位，深入实施生态立县、产业富县、工业强县、商旅活县、文化兴县战略，全力推进"六大工程"，精心建设"六大片区"，全县经济社会呈现出了转型跨越发展的良好态势。由于该县农村贫困人口多、贫困程度深，特色产业弱、农民增收难度大，特别是融资贷款难一直是制约全县转型跨越发展的最大瓶颈，推进扶贫攻坚行动是全县上下的首要任务。立足这一情况，甘肃银行坚持把解决农民贷款难问题作为实施扶贫攻坚行动的突破口，在学习借鉴外地先进经验的基础上，立足于金融创新，在保证风险可控基础上，探索提出了"发挥致富能人作用创办带动专业合作社——合作社筹集担保资金——合作社从商业银行贷款——合作社向农户发放贷款"的农村金融新模式。这一具有创新性的融资贷款模式，得到了各方的高度认可和大力支持。

这一创新金融产业链模式解决了农户进入市场的问题。通过企业和农户之间的对接合作，企业为正在养殖奶牛或准备养殖奶牛的农户提供了很多服务，包括银行贷款担保和保证市场等服务，解除了农户养殖奶牛的后顾之忧，提高了原奶的质量，提高了自己的竞争力；农户在相当长的时间内不用担心产品的销售问题。农户对生产的稳定预期将会提高农户养牛的积极性,有助于整个产业结构的优化。此外,银行贷款额度的提高以及农户收入的增加,有利于农户扩大再生产,促进农业生产的发展。

此外,该模式有利于企业加强经营管理,积极开拓市场。农产品加工经营要面对自然风险和市场风险,企业通过这种模式与农户对接,可以减轻企业的负担,原料生产由农户负责,加工产品由企业负责,等于自然风险由农户承担,企业只承担市场风险,可以节约企业部分用于原料生产方面的资金投入,使其能够集中精力用于开拓市场和新产品开发。

(二)产品设计的主导思想

精准扶贫工作大幕拉开后,为了更好地推进精准扶贫工作,甘肃银行在通渭县确定了"银行+企业+农户"模式,通过优选当地实力强、诚信度高、有帮扶带动能力和意愿的涉农企业作为精准扶贫帮扶企业。这些企业共有的特点就是以农业生产为主营业务,农民可以用精准扶贫贷款发展养殖和种植业,帮扶企业负责收购,或者将精准扶贫贷款直接投资,帮扶企业在年终付给农户约7%的"投资收益"。

甘肃银行借助"银行+企业+农户"模式,通过龙头企业把农户生产与国内外市场联结起来,实现种养加、产供销、贸工农一体化经营,使农产品从生产到消费的各个环节有机联成一个完整的产业体系,使龙头企业与农民接成利益共沾、风险共担的经济共同体,提高整个产业链抗风险能力以及竞争力。

在该金融服务过程中,鉴于仅仅依靠农户资金、信用情况难以从银行融资,导致资金链十分紧张,整条农业产业链不稳定,出现失衡状况,因此以产业链中资金实力更强、信用状况更强的涉农企业为出发点,为供应链提供金融支持。一方面,将资金有效注入处于相对弱势的上下游配套的农户手中,解决农户缺乏自有资金、融资难和供应链失衡的问题;另一方面,将银行信用融入上下游企业的购销行为,增强其商业信用,促进农户与涉农企业建立长期战略协同关系,提升供应链的竞争能力。此外,借助银行信用的支持,还为中小企业赢得了更多的商机。而在此过程中，银行能够将自身的贷款对象扩展到本不符合条件的农户，在扩大市场的同时，有效控制风险。

（三）具体业务模式

1. 适合对象

主要是致力于种植或者养殖业务的农户。

2. 产品特色

担保灵活、利率惠民、注重实效、手续简便。

3. 申请条件

生产经营正常，符合国家产业政策和环保政策。

4. 贷款期限

根据具体农作物、养殖产品种类周期性的不同，贷款期限存在差异。

5. 贷款利率

为降低渔民融资成本，实行利率优惠。

6. 贷款办理流程

（1）贷前调查人员除应按照一般的调查方式和内容对贷款申请人、债务人的主体资格、经营状况等进行调查外，需提供相关凭据附入贷款审批资料；

（2）涉农企业签订担保证明；

（3）贷款经最终审批通过后，客户经理应逐一落实贷款审批附加意见和有关要求，签订贷款协议；

（4）按照有关规定和相关约定发放贷款。

简言之，通过贷款直通车或柜面申请→客户经理上门调查→签订担保合同→审查审批→签订借款合同→贷款发放。

7. 需提供的材料清单

借款人须提供以下资料（个人申请贷款按照其他管理规定提供资料）：

（1）借款申请书；

（2）经年检的借款人营业执照复印件、组织机构代码证复印件、信用等级复印件及有效的贷款卡；

(3) 开户证明书。

8. 风险控制

贷款合同签订后，由专职的监管信贷员定期针对贷款人和担保企业进行跟踪监督。

三、金融创新点

（一）实现了业务风险的有效控制

鉴于涉农企业资金规模较大，信用水平高，抗风险能力强，在贷款过程中，引入涉农企业能够优先降低违约风险，强化控制手段，实现了业务风险的有效控制。

（二）拓展了业务范围，提升了业务量

"龙头企业＋农户"的模式中，银行能够将自身的贷款对象扩展到本不符合条件的农户，使得更多农户能够满足贷款要求。在扩大市场的同时，吸引了一批农户、企业在该行开设基本账户，提升了业务量。

四、小结

这一创新金融产品在龙头企业和各参与者主体之间建立了互利互惠的利益关系。

这一创新金融产业链模式解决了农户进入市场的问题。通过企业和农户之间的对接合作，企业为正在养殖奶牛或准备养殖奶牛的农户提供了很多服务，包括银行贷款担保和保证市场等服务，解除了农户养殖奶牛的后顾之忧。此外，该模式有利于企业加强经营管理，积极开拓市场。农产品加工经营要面对自然风险和市场风险，企业通过这种模式与农户对接，可以减轻企业的负担，保证供应链的稳定。

甘肃银行致力于推进农村金融创新，为客户着想，审核简单迅速，利率较低，有良好的客户关系。

（执笔：武泳　孙军锋）

案例四　温岭农商行渔业产业链金融[①]

一、基本情况

(一) 产业发展情况

渔业是温岭市重要的基础产业，更是温岭农业经济的一大支柱产业。进入 21 世纪，随着中日、中韩渔业协定的实施，渔场面积缩小、捕捞强度增加、海水污染加剧、渔业资源衰退，渔业生产面临着严峻的形势。温岭市积极加快水产养殖业的发展，制定《温岭市现代渔业示范园区规划》，下发《关于促进渔业持续健康发展的若干意见》（温政发〔2014〕8 号），对渔业产业发展制订了发展纲要、目标，调整优化渔业产业结构，创新渔业经营体制，提高渔业产业化水平等。提升传统海洋捕捞业，加快发展理念、经营方式和管理模式等的转变。海洋捕捞必须坚持养护和合理利用渔业资源的方针，严格控制和压缩捕捞渔船数量，调整渔场、调整作业，适当发展深水流网、延绳钓作业，限制帆式张网，鼓励开发小宗鱼类和上层资源。稳步发展远洋渔业，促进生态高效养殖业，扶持重点水产加工企业，实现生产发展、装备先进、渔民增收、产品优质，着力打造生态平衡、平安和谐的现代渔业新格局。

(二) 产业链运行情况

渔业产业链由渔船生产捕捞、渔业初级产品收购、产品加工、产成品销售等主体环节构成。在渔业产业链物流资金中，渔业产品从渔船生产捕捞节点流向渔业初级产品收购节点、产品加工节点、产成品销售节点，最终流向消费者；产业链中的资金流则刚好相反，由消费者流向销售节点、加工节点，终流向渔船生产捕捞节点。在渔船捕捞生产环节，

[①] 来源：温岭农商行提供。

根据不同的渔船作业方式,生产周期也不一样:大拖风作业方式的,生产周期一般在当年的9月15日至次年的6月1日结束。拖虾作业的,一般在当年的8月1日至次年的6月1日结束;灯光围捕作业的,一般在当年的7月1日至次年的5月1日结束。不同作业方式的渔船,其渔货交易方式也不一样:拖虾的渔货一般通过货运船寄回港,在市场上出售;大拖风的渔货一般在洋面上卖给接鲜渔船,然后进入市场、冷冻企业;灯光围捕的渔货一般在洋面上卖给冷藏船只,然后进入市场、冷冻企业,以进入冷冻企业为主。而产业链中信息流则是双向的。条件不变时,当渔业产品价格上升时,产品价格则由销售节点,传导到加工节点、收购节点,最后到达渔船生产捕捞节点。在此过程中,由于消费价格上升,促进加工增加供应量,收购节点增加收购价及收购量,诱使渔船生产捕捞节点增加捕捞投入;当投入加大,渔产品供应量大于需求量时,将导致各节点的价格下降,最终销售价格下降。

(三) 产业链金融服务现状

根据对渔业产业链的前期调研,我行实行产业倾斜,重点支持,以产业链服务方式支持海洋捕捞、渔产品加工、海水养殖等产业。针对渔民建造渔船资金投入量大的特点,我行及时进行了担保及还款方式的创新,推出了"海之丰"渔船抵押贷款。针对中游水产加工企业及下游销售商在每年9月后为春节备货资金需求较大,我行推出农户小额贷款卡贷款及创业卡贷款,灵活配置资金使用期限。

(四) 客户营销

我行组织支行成立"农链通"产业链业务营销团队,制订服务方案,实施分层营销。由支行行长负责核心企业的营销工作,客户经理负责供销链及配套服务客户的发掘、营销及业务办理。我行以营销"核心企业"为突破口,在有效控制风险的基础上,对以核心企业为中心的产业链进行差异化营销,深入挖掘农业产业链的生产链及辅助链,充分了解行业经营特点、市场供销关系、链条结构、融资需求等要素,搜集相关产业链信息,加大对产业集群的信贷支持,倡导发展"中间型"及

"紧密型"农链通产业链组织。通过与客户面对面接触沟通,了解企业生产经营情况,资金需求情况,担保企业情况,再结合本行实际,确定是否与客户建立信贷关系。在确定核心企业营销成功的前提下,梳理核心企业产业链相关节点上的客户,逐步拓宽延伸产业链。对营销成功的产业链可进行综合授信或几个节点单独授信。产业链金融服务的原则是成熟一组发展一组,成熟一链节发展一链节,成熟一户发展一户。

二、风险识别及控制

(一)产业风险及准入政策

1. 产业风险识别

温岭市的渔业产业风险主要包括以下几点:一是近海渔业捕捞中,海洋受污染,海水资源枯竭;二是海水养殖中,鱼类疫病风险;三是休闲渔业行业不规范,存在安全风险;四是渔业加工流通体系面临市场风险;五是当地渔船生产捕捞主要享受以柴油补贴、渔业机具购置补贴的财政补贴政策,无法享受远洋渔业以增值税、关税、所得税等优惠的税收优惠政策,且在温岭市今年的一打三整治中,许多无证渔船面临拆解风险。

2. 准入政策

我行积极准入远洋渔业、当地生产捕捞、现代养殖、仓储加工、销售等大户及龙头企业,加大投入力度,给予重点扶持;选择性准入以龙头企业为核心的产业链上下游可发展企业及个人;审慎准入落后产能、生产不景气等渔企、渔户;严禁进入政策限制的企业或个人,如涉渔"三无"船舶。

(二)产业链风险识别与控制

1. 风险识别

渔业产业链的风险主要有外部风险和产业链内部自身风险。外部风险主要有自然风险、政策风险、市场风险;内部风险主要有管理风险、合作伙伴关系风险、技术风险和信息传递风险。渔业产业链的风险在各个风险链节之间传递,其中管理风险、合作伙伴关系风险、市场风险和信息传递风险贯穿整个产业链之中,而自然风险、技术风险则存在于渔产品生产的各个过程。

2. 风险控制方法

我行不断加强产业链的风险管理,特别是风险预警管理,在风险发生之前,通过各种风险控制工具,尽量消除各种风险隐患,减少风险发生可能,预测各种风险损失程度,制定应变措施,以便风险在难以避免和转嫁的情况下,将风险控制在企业自身可承受的范围之内。

(三) 生产经营主体项下的风险识别与控制

1. 风险识别

渔船生产捕捞环节受自然影响较大,风险点有:(1)海洋受污染,海水资源枯竭;(2)捕捞船的总体数量及捕捞船个体吨位和船上设备配置;(3)个人捕捞经验直接影响渔业捕捞产量;(4)自然灾害、意外风险。

收购环节中风险点主要有:(1)接鲜船经营户客户群风险,经营户上下游客户群数量、质量;(2)经营户接鲜经营年限,经营判断海产品品质、短期销售价格变化的能力;(3)海上作业的风险。

加工环节风险点主要有:(1)加工生产企业原材料进货渠道是否畅通;(2)加工企业加工食品是否安全,是否符合标准;(3)加工产品销路是否良好;(4)加工产品是否具有高附加值;(5)产品替代率高不高;(6)管理人员素质高不高,个人信用情况,有无不良嗜好;(7)企业或有负债是否在可控范围;(8)借款主体是否属限制类或淘汰类行业。

销售环节风险主要有:(1)经济发展趋势;(2)客户消费群体及消费爱好;(3)产品性价比高不高、替代品多不多。

2. 风险控制方法

根据渔业产业链中物流、资金流的特点,我行主要从以下几方面对产业链节点进行风险控制。

(1)在渔船生产捕捞环节,除分析借款人的信用状况、捕捞工作年限、生产经营情况外,还应加大借款意外人身保险及渔船财产保险,对借款尽量采用抵质押、保证等担保类贷款。

（2）在收购节点，主要分析借款人收购工作年限、上下游客户群的数量、质量，销货渠道是否畅通等合理确定借款人的期限。

（3）加工节点，主要分析借款人的管理能力、原材料进货渠道、产成品销路情况，借款人识别市场变化的能力，食品安全问题的认识，短期、长期偿债能力的分析，适时调整借款人的信用等级、贷款额度、贷款期限。

（4）销售环节，主要分析借款人的借款人的信用状况、历史销售、当前销售形势及资金回笼情况，确定信用供给。

三、产品设计

（一）树立"细胞培育"理念，提升产业链金融服务认识

为推动不同经济体的发展，我行结合当地经济特点，积极转变思路，以"细胞培育"为切入点，着力从两个维度开展"细胞培育"，推动众多产业、行业发展。一方面通过对相同组织不同行业的"细胞培育"，推动相同组织的发展，如通过对不同专业合作社这一"细胞"的培育支持，推动专业合作社的全面发展；另一方面通过对相同行业不同组合的"细胞培育"，推动相同行业的发展，如通过对渔业行业从捕捞、收购、加工到销售这一产业链上不同经营主体组合形成的经济体的支持，推动渔业行业的发展。

（二）推行三元贷款综合授信模式

"农链通"贷款依托于农户与农民专业合作社、农业龙头企业等主体之间形成的利益联结关系，搭建多方融资服务平台，拓展和深化了对产业链构成各主体的金融服务。目前，我行开发了"公司+合作社（家庭农场）+农户""公司+农户""公司+公司"三种模式，对产业链各节点农户、合作社、公司进行统一整体综合授信，贷款按需使用，较好地解决了涉农产业链生产、加工、流通、销售及其配套服务的全过程各节点资金需求问题。

(三) 开发"农链通"贷款管理系统

为更科学地管理"农链通"贷款，在掌握相关产业链各个节点生产规律、交易关系及资金需求的前提下，我行与开发公司合作，在 2013 年 10 月已上线运行"阳光信贷客户信息管理系统"的基础上，于 2015 年成功上线"农链通"贷款管理系统一期工程，有效利用多方信息，将"阳光信贷客户信息管理系统""核心系统"和"农链通贷款管理系统"有机结合。

(四) 实现产业链客户系统管理

客户经理将相关信息录入"农链通"贷款管理系统，通过系统的客户信息采集模块、产业链维护模块、统计分析模块，改变了以往客户管理重于个体、关联性不强、无法进行客户信息比对和再挖掘等情况。

1. 链条客户管理（个体）

对产业链客户信息进行独立管理，对接大信贷系统及阳光信贷系统，可通过客户号关联查看客户的详细信息，包含家庭信息、负债资产信息等。

2. 链条管理

以核心企业为中心，抓取其上下游（供应商、经销商）形成一条链条，一个行业可存在多个链条（抑或多个客户群组），以行业＋核心企业名称的形式来命名链条名称。后续的营销服务、风险管控将以链条为单位进行展开，链条中的客户关系发生变化需客户经理及时维护更新。

四、小结

某水产食品有限公司属水产加工企业，主导产品为鱿鱼，太阳鱼，安康鱼，虾仁等海产品，产品为精加工，主要出口欧盟、日本等国家和地区，另有小部分内销。其上游产业链包括渔业捕捞及收购两部分，下游产业链为销售。在产业链环节中，各节点紧密性较好，从一线渔船作业进港后接鲜商贩跟进收货，再销售到加工企业，产业环节少，交易成本低。同时，因相知相熟的关系和市场价格透明度较强。在利益分配上，交易双方往往采取双方互惠互利政策。各节点在合作过程中，因核心企业主要以外销为主,西方国家对产品的质量要求较高,因此核心企业与上下游之间采取合同约束机制。在上游辅助链环节则无合同约束,双方合作均是建立在相知相熟的人际关系上,无一定的约束力。

该产业链基础良好,各经营者在各行业都有多年的从业经验,经营状况良好,家庭,企业资产负债率在可控范围内,我行给予该农链通贷款整体综合授信2674万元。其中对7户渔户接鲜经营户授信207万元,支持经营者水产品的收购;对29户渔业捕捞户授信1247万元,支持经营者改造节能渔船,购置节能渔具,优化渔船动力推进装置;对某水产食品有限公司授信1000万元,帮助企业升级加工设备及支付货款。对4户渔具设备经营户授信180万元,支持经营者购买渔具设备;对2户渔业服务公司经营户授信。

案例五 徽商银行"金徽通"茶叶"小组贷款"

一、基本情况

六安市是皖西山区重要的产茶市,六安茶区主要分布在霍山、金寨、舒城、金安、裕安等县区的多个乡镇。近几年,六安市的茶园面积和茶叶产量占全省比重总体上呈增长趋势。霍山县和金寨县茶叶产出较多。随着六安茶产业的发展,茶叶企业数量和规模都在扩大,茶叶种植和加工在各个县区已经开始逐渐显现出产业集聚效应。随着茶谷经营模式的快速发展,在农村中涌现了大批合作组织,但茶叶龙头企业还相对脆弱,不能主导某一名优茶叶的生产、加工和销售,产业的集中化程度较低。同时,六安茶叶生产销售的基本是初级产品,茶叶深加工几乎处于空白,产业链短,产品附加值低。目前,六安市茶产业正处于二次产业升级阶段,六安市正在为打造全国乃至全球闻名的茶产业基地而努力。这一目标的实现需要金融行业的大力支持。

徽商银行是经中国银监会批准,全国首家由城市商业银行、城市信用社联合重组成立的区域性股份制商业银行,总部设在安徽省合肥市。徽商银行在经营中一直坚持"服务地方经济、服务中小企业、服务广大民众"的市场定位,业务持续较快发展,综合实力逐步增强,经营管理水平稳步提升,规模、质量、效益协调发展,树立了"地方银行""市民银行"和"中小企业银行"的良好社会形象,已经成为安徽省内乃至全国银行业具有较高知名度和一定影响力的区域性商业银行。

作为安徽省人民自己的银行,徽商银行在推进安徽六安茶产业发展中有着重要的作用。为了保证茶产业的发展,改变小微企业的融资环境,2011年9月底,徽商银行在金寨设立了第二十四家县域支行。金寨支行成立后,认真研究当地经济的特色和小微企业的特点,全面加强与当地县政府的银政合作,积极争取总分行支持,创新产品解决小微企业融资难的问题。通过创新金融服务产品以支持茶产业中茶园、茶叶收购商和茶叶经销商的短期资金困难问题,实现茶产业与自身的共同发展。

经过多方调研,2013年3月,徽商银行六安分行金寨支行明确了以园区、专业市场、合作社、行业协会、核心企业上下游客户群体为板块,通过标准化产品的再组合及创新特色产品,开发制定了"金徽通"金融服务方案。该方案进一步创新了担保方式,采取优选"3—5户小微企业联保"的方式,并由金寨县政府提供风险金进行补充担保,实现有效增信,满足革命老区小微企业流动资金和短期固定资产贷款需求。

二、产品设计

(一)产品设计的主导思想

茶叶合作社的社员都是茶叶收购的小企业主或者私营企业主,持有资金有限又缺少担保来源,资金就成为困扰茶叶合作社的最大问题,只能眼睁睁地看着赚钱良机与自己擦肩而过。"金徽通"产品的出现正是为了解决茶业收购方资金短缺问题。

"金徽通"产品按照"工、农、商、业"四大系列,为各行各业的小微企业量身定做了不同的标准化产品和特色产品。"传统工业的很多小企业主,可以通过注册的商标,开展商标权质押贷款;金寨很多农场主,可以通过林权抵押来获得贷款支持;很多小商品流通行业,资金需求具有明显的短频快特征,我们就在金徽通产品里融入了快捷贷、易保贷等产品,帮助他们更快更方便地获得资金支持。而对于六安最大的农业产业——茶产业而言,"金徽通"提供优选"3—5 户小微企业联保"的方式,由金寨县政府提供风险金进行补充担保,实现有效增信,满足革命老区小微企业流动资金和短期固定资产贷款需求。

"金徽通"授信服务通过茶叶协会为板块,3—5 户茶叶企业自愿组成联保体,相互提供连带责任保证担保并各自提供授信额度5%的定期存单质押,金寨县政府提供 20% 风险金补充担保为企业联保提供保障。同时,"金徽通"还针对茶叶收购企业的资金需求季节性特征,对授信额度进行了创新,可以短期内临时性增加授信额度,灵活性大大增强。

(二)"金徽通"内含主产品——快捷贷、易保贷

"金徽通"产品是在快捷贷、易保贷两个产品的基础上发展而来的,升级了征信机制,扩大了征信范围,创新性地提供了授信质押模式。虽然在形式上有所升级,但本质上还是这两种产品的有机组合。下面我们将详细介绍这两种产品的特点,并介绍"金徽通"是如何在这两种产品的基础上发展起来的。

1. 快捷贷

(1) 产品定义

该产品是指徽商银行为满足小企业贷款需求急、办理手续简捷的融资需要,在分析借款人第一还款来源的基础上,主要依据其提供足额有效的抵(质)押财产和特定保证而办理的流动资金贷款。

(2) 适合对象

贷款对象为经工商部门登记的小企业客户。借款人必须同时符合以下基本条件:

企业成立满一年,在本行开立基本或一般结算账户;

有固定的经营场所,产品有市场,经营有效益,经营状况良好;

借款用途合理,用于自身生产、经营资金需要,不得用于固定资产投资、股权等投资,不得用于国家禁止生产、经营的领域和用途;

企业及其主要股东信誉良好，具备履行合同，偿还债务的能力；

能提供本行认可的有效担保；

本行规定的其他条件。

（3）产品特色

简便的贷款手续。快捷贷手续简便，节约大量的时间成本。

标准化的操作流程。标准化的借款条件、标准化的操作流程，保证借款的高效便捷。

高效的审批。限时调查评估（两个工作日内），限时审批（两个工作日内），资金将在第一时间进入企业账户。

（4）贷款额度

单户最高额度不超过1000万元。

（5）贷款期限

不超过一年。

（6）贷款利率

整贷零还，低息高效。一次发放，多次还款，以等额本息的计算方式全面让利，让客户实付利息大为降低。例如，某客户贷款100万元，采取"整贷零还"的方法，若按照基准利率上浮30%，一年到期后的利息约为93600元。而采取"整贷零还"的方式，一年利息为51444.7元，节约利息42000多元，利息支付大幅下降了45%之多。

（7）贷款办理流程如图9.2所示。

2. 易保贷

（1）产品定义

该产品是指小企业向徽商银行提供一种主担保方式，并可以组合其他补充担保措施向我行申请授信，我行为小企业核定用于其生产经营活动的表内外授信业务。包括流动资金贷款、银行承兑汇票、保函、国内信用证。

（2）产品特点

担保组合自由。通过"1+N"的担保组合，起到"1+1>2"的作用，为小企业提高授信额度。

还款方式灵活。可根据需要灵活选择等额本金、等额本息、一次性

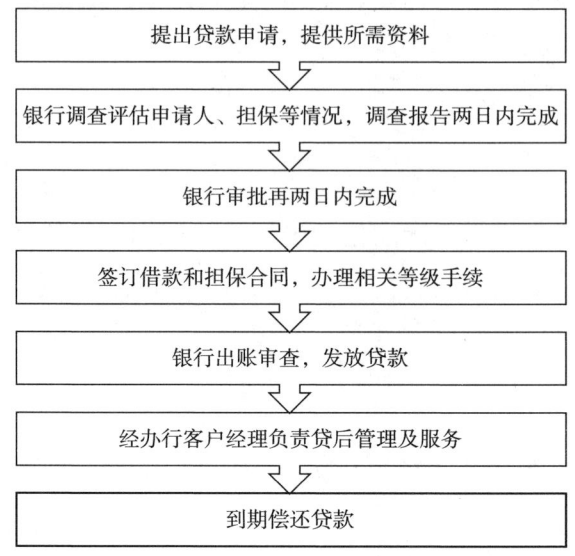

图 9.2　贷款办理流程

利随本清、不定期不等额等多种还款方式。特别针对短期流动资金贷款引入分期还款的观念，减轻企业一次性还款压力，降低企业融资的财务成本。

产品组合自由。本产品可以单独使用，满足优质小企业的大部分表内外需求，也可与小企业特色产品组合使用，按小企业综合授信业务流程申报、管理。

额度高，期限长。存量客户最高可达 3000 万元，新客户最高可达 2000 万元，期限最长可达 3 年，为企业提供长期稳定的融资渠道。

快捷高效。贷款调查于 3 个工作日内完成，收到调查报告后两个工作日内出具审批意见，保持我行在授信办结效率上的竞争力。

（3）申请条件

企业成立 2 年（含）以上或主要股东（含实际控制人）在本行业从事 3 年（含）以上；

主营业务清晰，所属行业为当地的优势行业或特色行业，具有较好成长性，近两年销售收入及盈利水平保持稳定增长趋势，具备偿还债务的能力；

企业资信情况良好,其实际控制人无不良嗜好、无恶性不良信用记录;

在我行信用评级一般应为 A 级(含)以上,最低不应低于 A‑级;

客户有较强与我行长期、全面合作的意愿,愿意将我行作为其主办银行甚至是唯一银行;

能够提供合法、有效、足值的担保,且企业实际控制人必须承担全额个人连带责任保证;

本行规定的其他条件。

(4) 贷款额度

原则上存量客户最高不超过 3000 万元,新客户最高不超过 2000 万元。

(5) 贷款期限

额度期限通常为 1 年,最长不超过 3 年。

三、金融创新点

(一) 解决了小微企业融资难的问题

认真研究当地经济的特色和小微企业的特点,全面加强与当地县政府的银政合作,明确了以园区、专业市场、合作社、行业协会、核心企业上下游客户群体为板块,通过标准化产品的再组合及创新特色产品,满足革命老区小微企业流动资金和短期固定资产贷款需求。

(二) 创新了担保方式

徽商银行采取优选"3—5 户小微企业联保"的方式,并由金寨县政府提供风险金进行补充担保,实现有效增信。在"金徽通"产品设计中,除了传统的担保抵押方式外,该行还通过行业协会、合作社、商会、龙头企业等为小微企业担保,或者采取"公司/合作社 + 商户 + 风险金"的业务模式,支持小微企业和涉农企业的发展。

(三) 创新了授信额度模式

由政府提供风险金进行补充担保,实现了政府增信,提升了贷款额度。针对农业性质企业的临时性、季节性的资金需求,可以短期内临时性增加授信额度,从而解决小微企业的特殊化资金需要。

四、小结

(一)本案例金融创新产品的主要优势

1. 安徽六安革命老区茶叶收入占农业收入的60%以上,茶产业的发展对当地经济有着重要影响;

2. 茶业销售季节日交易额逾500万元,资金规模大。该项目的成功可以为企业和银行带来共同收益,促进共同发展;

3. 当地政府大力扶植茶叶产业,为农业小微金融提供信贷支持。

(二)茶叶产业的特征

1. 轻资产:大部分茶叶合作社的社员都是茶叶收购的中小企业或私营业主,持有资金有限又缺少担保来源,难以获得大量的资金;

2. 季节性:资金需求季节性强,每年的4—5月需求大量的资金进行交易,淡季对资金需求不强烈,需要银行快速授信贷款;

3. 地方政府支持:作为革命老区,缺乏大企业支撑,中小企业是当地经济的主体,因此地方政府对当地中小企业发展提供大力支持,愿意为中小企业担保。

(执笔:徐正达 张云起)

案例六 北京农商银行板栗收购贷款产品

一、基本情况

板栗是北京传统特色果品,也是北京郊区农民的主要收入来源,板栗产业发展对促进农民增收和实现首都统筹发展目标具有重要意义。其中，怀柔是北京板栗的主产区，素有"板栗之乡"的美称。板栗种植面积广，存量大，是怀柔地区重要的产业。但是一直以来，由于收购板栗从采摘到收购时效性很强，如何在短时间内满足板栗收购户对资金的需求，是农户们和当地政府关心的重大问题。

近年来，国家不断加大对"三农"的扶植力度，金融政策相对宽松，因此，北京农商银行在开发有关板栗收购的贷款产品以推动板栗产业发展方面，具有政策上的优势。同时，北京农商银行以服务首都都市化农业产业建设、支持区域特色农业发展为目标，不断加大"三农"产品和服务创新的工作力度，推出"便利农贷、创业农贷、暖心农贷、特色农贷"等有关农业贷款服务。此外，在有关板栗产业的发展上，北京农商银行积极与当地政府、担保公司等展开广泛而深入的交流，因此比大银行更容易准确把握当地的经济特点和农户的需求，对板栗产业链的运行和发展也更熟悉。

北京农商银行大力发展普惠金融，积极支持新农村建设和城乡一体化发展，加大轨道交通、棚户区改造、新型城镇化建设、环境保护等信贷投放力度，全力服务首都产业升级、结构调整和提质增效，支持国家在推进京津冀协同发展中的重点项目，成为支持首都经济建设和服务市民百姓的重要金融力量，先后获得国务院授予的"全国新型农村和城镇居民社会养老保险工作先进单位"，北京市人民政府授予的首届"质量管理奖"提名奖等一系列荣誉称号。实施创新驱动发展战略，积极推进流程银行建设。坚持以科技创新为支撑和引领，统筹推进组织管理体制创新、考核机制创新、营销体系创新，共投产各类科技项目超过2000个，应用系统从50个增加到140个，同城信息安全技术达到国内一流水平。深入推进"3110"工程建设，打造全方位、多层次的服务渠道，不断完善网上银行、电话银行、手机银行、微信银行、直销银行等全天候、立体化的服务网络，客户体验全面改善。积极推进"流程银行"建设，实现了票据提入集中、授权集中、后督集中、参数集中的"四集中"工程，基本建成"集约化生产平台"，大大提升了业务处理能力和服务效率。

为推动北京郊区板栗产业的发展，2012年8月北京农商银行开发出了针对北京郊区板栗特色农业发展的专属创新产品。自实施以来，为助推板栗产业链形成、促进栗农增收致富发挥了重要的作用，为满足首都"三农"日益多层次、多元化的金融服务需求提供了有力支持。

二、产业链介绍

板栗产业链主要由板栗生产、板栗流通、板栗加工和板栗消费四个环节构成（见图9.3）。其中，生产链是板栗产业链的开端和最重要环节，体现了板栗产业的产品生产、生态保育和景观营造等功能。经营主体是众多栗农、科技园区和示范基地。流通链是指板栗产品从生产者手中到生活消费者和生产消费者的整个过程，完成商品所有权和实物形态的转移，体现了板栗产业的价值实现过程和服务功能。流通的开端就是收购行为，包括收购大户、小商贩、合作组织等。正是通过收购这一行为的过渡，才开始了板栗形态的改变并最终创造价值。加工链是板栗及副产品经过加工形成商品的过程，包括不改变产品物理特定的初加工和改变产品物理特性的深加工。这一过程，仓储、设计、加工、包装等服务被融入产业链条中，提升了产品附加值。消费链是由板栗产品消费所引发的一连串消费，实现了板栗产业的生活和服务功能。其中，板栗收购环节是实现从生产到消费的重要环节和关键环节，因为板栗从采摘到流通具有时效性和季节性，同时短时间内对资金的需求量也极大。

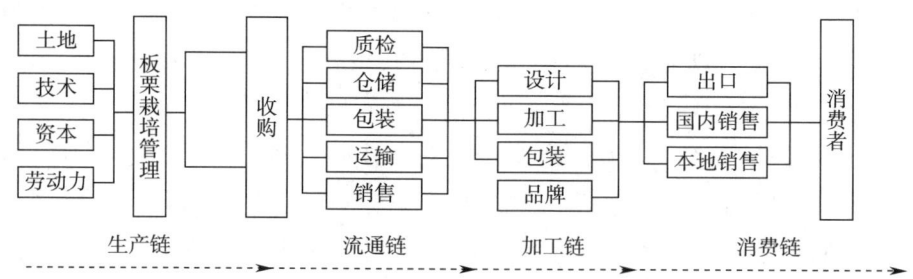

图9.3 板栗产业链

因此，北京农商银行为促进板栗产业链的发展，针对板栗的收购环节，开发出了板栗收购得贷款产品，重点面向板栗收购大户发放，用于满足板栗收购所需流动资金的农户贷款。

三、产品设计

1. 适用客户

经营稳定、信誉良好且得到当地区县或乡镇政府支持推荐的板栗收购大户。板栗收购大户是指专门从事板栗收购业务,规模较大、实力较强的农户。

2. 产品特点

采用额度授信、循环使用的贷款模式。在贷款额度和提款期内,借款人可以根据资金需求循环支用贷款,随用随贷、随贷随还,且在本行的贷款余额不得超过核定的贷款额度。

提款期为每年的8—11月,非提款期不得支用贷款。

板栗收购贷款的授信期限最长不超过3年;额度项下的单笔贷款期限不超过9个月,且单笔贷款最后到期日不得超过额度有效期。对于与本行初次建立信贷关系的借款人,授信期限原则上不超过1年。

板栗收购贷款额度最高不超过500万元(含),且不超过借款人当年板栗收购计划所需总资金的70%。对于与本行初次建立信贷关系的借款人,贷款额度原则上不超过100万元(含)。

3. 办理条件

从事板栗收购3年(含)以上,上年销售收入在200万元(含)以上;

能够提供当地区县、乡镇政府出具的推荐函,或在当年区县、乡镇政府拟扶持的板栗收购大户名单内。

四、金融创新点

(一)降低了贷款业务风险

虽然向收购户提供贷款具有一定的风险性,但是通过深入地和当地政府合作,做好贷前管理,北京农商银行可以增加对收购户信誉和经营状况的了解,降低业务风险。

（二）拓展了业务范围，提升了关注度

北京农商银行首次开发的板栗收购贷款业务，拓展了业务范围，吸引了板栗产业对北京农商银行的关注。

（三）创新贷款模式，解决了板栗收购过程中资金限制问题

北京农商银行首次推出板栗收购贷款，创新使用了额度授信、循环使用的贷款模式，方便板栗收购农户根据资金需要，在不超过授信额度的条件下循环使用，不但充分满足了板栗收购期内的流动资金需求，降低农户融资成本，更在板栗丰收、收购价格持续走低的情况下，对稳定板栗收购价格起到了积极作用。

（执笔：梁露茜　孙亚梅）

后　记

本课题组在2016—2017年共收集、整理了80篇左右的案例,其中40余篇(部分得到了更新)选编在本书中。这些案例由课题组各成员或根据调研所得,或根据公开资料(如新闻报道等),或在机构提供资料的基础上按照案例的格式进行整理、编撰而成。

综合而言,有些案例是企业直接供稿;有些案例是与企业合作完成;有些案例是课题组撰写并经过企业的审核确认;有部分案例根据报道和企业官网资料整理。我们认为案例内容与当时的报道及公司官网没有实质性差异的,没有再请企业进行确认。金融市场环境近年变化较大,由于收集、撰写案例到出版之间时间跨越较大,案例编写时的情况与目前的状况相比会有很大的变化;我们的案例研究是对当时现状的研究,主要目的是介绍已有的供应链金融产品及其具体流程,如有个别案例与现在的情况有出入,敬请案例企业谅解,同时也请读者基于当时的背景来理解案例。

我们在此要特别感谢所有提供支持的供应链金融机构;同时,诚挚地感谢世界银行国际金融公司东亚和太平洋地区金融基础设施援助团队的指导,感谢浙江银监局给予课题组调研浙江省农村金融机构的支持,感谢中国仓储与配送协会及其金融仓储分会为本课题发动、组织会员机构提供支持。